名师工程
高效课堂系列

新课程·新理念·新教学
丛书编委会主任：马立 宋乃庆

让母语融入学生心灵

提升学生语文素养的高效施教艺术

黄桂林◎著

西南师范大学出版社
全国百佳图书出版单位 国家一级出版社

图书在版编目（CIP）数据

让母语融入学生心灵——提升学生语文素养的高效施教
艺术/黄桂林著. —重庆：西南师范大学出版社，2011.5
（名师工程系列丛书）
ISBN 978-7-5621-5357-3

Ⅰ.①让… Ⅱ.①黄… Ⅲ.①语文课－教学研究－中小
学 Ⅳ.①G633.302

中国版本图书馆 CIP 数据核字（2011）第 099840 号

名师工程系列丛书
编委会主任：马 立 宋乃庆
总策划：周安平
策 划：李远毅 卢 旭 郑持军 郭德军

让母语融入学生心灵——提升学生语文素养的高效施教艺术
黄桂林 著

责任编辑：任志林 陈 琛
封面设计：大象设计
出版发行：西南师范大学出版社
地址：重庆市北碚区天生路 1 号
邮编：400715 市场营销部电话：023-68868624
http://www.xscbs.com
经 销：新华书店
印 刷：九洲财鑫印刷有限公司
开 本：787mm×1092mm 1/16
印 张：17.75
字 数：300 千字
版 次：2011 年 7 月 第 1 版
印 次：2011 年 7 月 第 1 次印刷
书 号：ISBN 978-7-5621-5357-3

定 价：30.00 元

《名师工程》

系列丛书

编者的话

当前，以人为本的教育理念正在逐步深化，素质教育以及基础教育课程改革不断推进。在这场深刻又艰苦的教育改革中，涌现了无数甘为人梯、乐于奉献的优秀教师。他们积极探索、更新观念、敢于创新、善于改革，在实践中创造性地发展、总结了很多先进的教育思想、教育理念；创造性地开发了很多新的教学模式、教学内容和教学方法。这些新思想、新模式、新方法在实践中极大地提高了教学质量，是教育改革实践中的新内涵和宝贵财富。这些优秀教师就是我们的名师，这些新内涵就是名师的核心教育力。整理、总结、发展、推广这些教育新内涵，是深化教育改革、完善教育体制、提高教育质量、提升教师水平的一件大事。

教育，是民族振兴的基石；教师，是教育发展的根基。

胡锦涛总书记在全国优秀教师代表座谈会上指出："教师是人类文明的传承者。推动教育事业又好又快发展，培养高素质人才，教师是关键。没有高水平的教师队伍，就没有高质量的教育。"十七大报告又进一步强调了必须加强教师队伍建设，不断提高教师的素质。当今世界，社会进步一日千里，科技发展日新月异，知识更新的周期越来越短。教师作为"文明的传承者"更要与时俱进，刻苦钻研、奋发进取，尽快提升自身素质和能力，为推动教育事业的健康发展贡献自己的力量。

基于以上，西南师范大学出版社策划、组织出版了大型系列教育丛书——《名师工程》。希望通过总结名师的创新经验、先进理念，宣传名师的核心教育力，为广大教师职业生涯提供精神源泉和实践动力，在教育实践层面切实推动从教者职业素养的提升。通过《名师工程》实现"打造名师的工程"。

丛书在策划、创作过程中力求实现以下特色：

一、理念创新，体现教育的人本精神

教师角色在以人为本的教育理念下发生了重大的变化，教师的素质和能力也面临更高的要求。如何弘扬、培植学生的主体性、增强学生的主体意识、发展学生的主体能力、塑造学生的主体人格等问题成为教师在目前教育中亟待解决的难题。丛书以教育管理者和教师为主要读者对象，通过教师综合素质的提高而将人本教育的思想落实到教育实践中，真正实现教育培养人、塑造人、发展人的本质要求。

二、全面构建，系统提升教师的教育能力

丛书选题的最大特点就是系统、全面地针对教师教育能力的提升而展开。施教者的能力决定教育的效果，教育改革的落实、教育效果的提高无不体现在教师身上。丛书针对不同教育能力、不同教学要求、不同教育对象，有针对性地设置选题。棘手学生、课堂切入、引导艺术、班主任的教导力、互动艺术、课堂效率、心灵教育等等，这些鲜明的主题从教育的细节出发，从教育实际情况出发，有针对性地解决问题，让教师在阅读中学有所指、读有所获。

三、科学权威，体现教育的时代前沿性

丛书邀请全国各地著名的教育工作者执笔，汇集在教育改革与实践中涌现的先进理念、成果和方法，经过专家认真遴选、评点总结而成，代表了目前教育实践中先进的教育生产力，具有时代前沿性，是广大一线教师学习、借鉴的好素材。

四、注重实践，突出施教的实用价值

丛书采用了通俗的创作方法，把死板的道理鲜活化，把教条的写法改变为以案例为主，分析、评点为辅，把最先进的教育理念和方法融入有趣的情境中。经典的案例，情境式的叙述，流畅的语言，充满感情的评述，发人深省的剖析，娓娓道来、深入浅出，让教师更充分地领会先进、有效的教育方法。

在诸多教育、出版界同仁的支持与努力下，《名师工程》陆续推出了《名师讲述系列》《教学提升系列》《教学新突破系列》《高中新课程系列》《教师成长系列》《大师讲坛系列》《教育细节系列》《创新语文教学系列》《教育管理力系列》《教师修炼系列》《创新数学教学系列》《教育通识系列》《教育心理系列》《创新课堂系列》《思想者系列》《名师名课系列》《幼师提升系列》《优化教学系列》《教研提升系列》《名校长核心思想系列》《名校系列》《高效课堂系列》《班主任专业化系列》等系列，共110多个品种，后续图书也将陆续出版。

丛书在出版创作过程中得到各地、各级教育部门与教育工作者的大力支持与帮助，在此一并表示感谢！

教育事业是全社会共同的事业，本丛书的出版一方面希望能对广大教育工作者有所帮助，共飨先进成果；另一方面也是抛砖引玉，希望更多的教育工作者参与到出版创作中来，百家争鸣、百花齐放，为促进教育事业的发展共同努力！

目　录

序　言

第一章　锤炼语言：开启语文学习之门

第二章　训练语感：落实语文学习归宿

第三章　关注生活：拓展语文学习空间

第四章　研读文本：指导语文学习方法

第五章　多元解读：突出语文学习主体

第六章　寻求平衡：追求语文学习境界

序　言

　　语文，是民族文化的积淀、民族精神的体现、人类智慧的聚焦。语文，向人们展示的是五彩缤纷的自然世界、纷繁复杂的情感世界，以及蕴涵丰富的哲理世界。理想的语文教学，是要带领学生徜徉于这些世界中，去亲近民族文化、汲取民族精神、吸纳人类智慧，使每个学生都能享受语言欣赏和语言表达的快乐，使师生双方都能体验思想碰撞和心智拓展的愉悦。这就引出了本书所涉及的话题——享受语文。

　　享受语文，对教师而言，是一种追求、一种境界；对学生而言，则是一种企盼、一种幸福。教学双方的享受互为依存，只有当学生把语文学习当做享受的时候，教师的语文教学才能进入享受的境地。可见，让学生享受语文，对教师而言，还是一种使命，一种责任。这就形成了本书重点关注的话题——如何让学生享受语文。

　　如何让学生享受语文呢？本书从教学语言、语感训练、生活拓展、文本研读、多元解读、平衡寻求等六个方面，在理论与实践结合的层面上，介绍了彰显语文魅力、引领学生享受语文的教学艺术。

　　让学生享受语文，必须彰显教学语言的艺术魅力。教师要精心锤炼语言，以富有美感的语言来展示形象、渲染情境；引发兴趣，诱发情感；引领方向，拓展思路；矫正偏差，放大精彩，使自己的教学语言成为神奇的钥匙，带领学生去开启语文的大门，感受语文的奇妙。

　　让学生享受语文，必须彰显语感训练的艺术魅力。语感素养，是语文素养的核心；语感训练，是语文教学的灵魂。要引领学生亲历语言实践，想方设法地带领他们走进文本，走近人物，用心灵去拥抱语言，用智慧去感悟语言，以使学生在语感训练中提升精神、发展语言、张扬个性、完善人格。

让学生享受语文，必须彰显生活拓展的艺术魅力。生活是语文的原型和资源，语文是生活的展示和浓缩。生活离开语文，将黯然失色；语文离开生活，将失去根基。要建立起文本与生活的联系，让课堂向生活开放，让文本与生活互通，让课堂成为"学生生活"的天地，让生活成为"言语活动"的课堂，让语言在与生活的嫁接中获得生命活力，让语文因生活而精彩，让生活因语文而增色。

让学生享受语文，必须彰显文本研读的艺术魅力。阅读教学的过程，是引导学生通过言语实践，将教材所提供的语言材料转化为自己的语言能力的动态过程。这种转化既要依赖学生的自主阅读，能动内化；也要依赖教师的及时指导，相机诱发。要引领学生走进心灵与思维双向参与的精神活动，让他们去深入研读文本，在文本的自主解读、深度解读、有效解读中获得精神境界的提升和言语能力的发展。

让学生享受语文，必须彰显多元解读的艺术魅力。多元理念的提出，给语文课程改革带来了新的活力：文本解读的拓展，给了学生放飞想象的天地；文本解读的超越，给了学生个性发展的空间。教师要尊重学生的个性特点，突出学生的主体地位，让他们凭借自己的生活积累、情感积累和知识基础去解读语言，让阅读成为学生心灵舒展、个性张扬的过程，成为学生享受生活、展示生命的过程。

让学生享受语文，还必须彰显平衡寻求的艺术魅力。理想的阅读教学，是诸多因素的协调和各种关系的平衡。教师须致力寻求平衡，在平衡中深化、在平衡中突破、在平衡中超越，要切实处理好"语言与精神""知识与能力"等诸方面的矛盾，寻求各类关系的平衡，追求语文教学的最高境界。

让学生享受语文，内涵极其丰富，本书论及的只是其中很小一部分。期待这本书或多或少能给读者一点启发，也期待有更多的教师加入到这一专题的研究中来。

锤炼语言：开启语文学习之门

　　教材中的每篇课文，都是作者凭借语言文字，表达自己丰富的精神生活，揭示自己复杂的内心世界的经典作品，都是语言文字和精神生活高度统一的经典之作。阅读教学的重要任务，就是让学生在语言文字的解读中，用心灵去拥抱语言，用智慧去感悟语言，把阅读过程当做和作者交流、与作者交心的过程，使每个学生都能从中感受到语言欣赏和语言表达的快乐，使师生双方都能从中体验到思想交流的幸福和心智拓展的快乐。

　　教学语言艺术是教师创造性地运用语言进行教学的艺术，它在课堂教学中的作用是其他任何教学手段都难以动摇和替代的。教学中，兴趣引发、情感诱发、情境创设、目标提示、方法指点、思路拓展等，都离不开教学语言。在阅读教学中，要引导学生全身心地拥抱语言，需要讲究教学语言的生动性和形象性、趣味性和情感性、针对性和灵活性、联系性和层次性，从而以精妙的教学语言引领学生开启语文学习的大门，让学生投入语言的怀抱，去领略丰富多彩的自然世界，感受纷繁复杂的情感世界，享受精神生活和语言学习的愉悦。

新课导入的语言艺术

研究表明，如果在新课开始，教师就能以有效的方法唤起学生注意、安定学生情绪、激起学生兴趣，使学生以良好的心态投入学习，那么整个课堂教学就成功了一半。我们知道，新课开始时，学生往往精力分散，心神不定。对此，教师除了通过神情暗示、动作提示外，还可根据教学目标和学生实际，精心设计导语，以发挥导语"集中注意、激发兴趣、凸显目标"的多重功能。

一、顺手牵羊，巧妙联系

上课伊始，学生虽人在教室，但心大多还在课间活动中。此时，教师大都会给予语言的提示和神情的暗示。而如果教师能把课堂的"喧闹"与新课的导入巧妙结合，往往可以收到一石三鸟之效。比如，一位教师来到教室，发现不少学生心不在焉，便灵机一动，笑容满面地走上讲台，对同学们说："看你们这么高兴，老师也很高兴。相信上完这节课，大家会更高兴。知道为什么吗？"此刻，教室里鸦雀无声，学生一个个睁大眼睛，好奇地看着老师。教师顿了顿，又说："因为我们生活在远离大海的苏北农村，大多数同学没有去过海边。可是今天，老师要带你们到一望无际、美丽无比的海边去旅游，去那里欣赏美丽的景色，感受神奇的画面，倾听大海的歌唱。"（板书课题：大海的歌）这下，同学们发出了一阵快乐的笑声。很快，学生就跟着教师的引导，循着课文的描述，开始了海边之旅。其实，课前学生的分心，与教师所说的"到海边旅游"本是风马牛不相及的，但教师煞有介事的话语，不仅使学生安静了下来，而且使他们兴奋了起来。这样，课前的风波通过巧妙的导语，顺利转化成了教学资源。这说明，新课导入的语言不仅要在备课时精心设计，还要根据实际情况灵活变动，以便求得新课导入的最佳效果。

二、引入情境，激发情感

人文性和工具性是语文学科区别于其他学科的显著特点之一，这就决定了情感因素在阅读教学中的特殊作用。语文课文大多有自己的情感基调，或喜或忧、或悲或愤、或低沉或高昂、或明快或凝重。新课开始，教师要以有效的导语带领学生进入课文情境，促进学生在课文阅读中与作者和文中人物产生情感的共鸣和心灵的共振，以深切感受课文情境、体会课文内涵、领悟课文情感。如阅读《卖火柴的小女孩》时，为缩小课文与学生的差距，让课文内容撞击学生心灵，一名教师这样设计导语：（语调激昂地）同学们，我们今天的生活是多么幸福美好啊，我们的每一天都是在快乐中度过的。（稍停后语调急转，变得低沉）可是，你们知道在 19 世纪中叶穷孩子的悲惨命运吗？这是一个大年夜，北风呼呼地刮着，鹅毛大雪一个劲儿地下着。在一条古老的大街上，一个小女孩正漫无目的地走着。你看她，光着头，赤着脚，一身破烂的单衣，一双小脚冻得青一块红一块的。她一手提着破筐，一手抓着火柴，扯着嘶哑的声音不断叫卖着。多么可怜的孩子啊！她是谁呢？她就是（投影出示课题，学生读题：卖火柴的小女孩）。

这样导入，有效地将学生引入了课文描述的情境中，使学生深深地感受到了天气的寒冷和小女孩的可怜，激发了他们对小女孩的同情。在此基础上阅读课文，学生就能顺利进入课文情境，深切感受小女孩的悲惨命运。

三、引进生活，激其生疑

对与学生生活存在较大距离的课文，教师可以把现实生活引入课堂，让学生形成与课文内容相对应的画面和情感，在此基础上设计问题，引导学生产生疑问。这样，就可为学生感悟文章情境、感受作者情感作好铺垫。请看《凡卡》一课的教学片段：

师：同学们，我们八九岁的时候肯定在干什么？

生：肯定在学校读书。

师：如果你在某个城市上学，你要给家人写信了，你想在信中告诉家人什么呢？

生：我要告诉爸爸妈妈，我在学校里生活得很好，请他们放心。

生：我要告诉他们，在学校里的生活太有趣了，老师对我很好，同学们也从各方面关心我。请家里人放心。

生：我要告诉爸爸妈妈，我学习很好，请他们不要为我担心。

生：我要告诉爸爸妈妈，我的学习很不错，我要买学习方面的资料，请他们寄钱给我。

……

师：是啊，老师也认为，要是你们在城里学习，要给家里写信，一定会把自己在学校里的一件件有趣的事情告诉家人，让他们放心。（稍停，语气变得低沉）可是，这里也有一个孩子，他才九岁，爷爷就送他到城里当学徒了。仅仅三个月时间，他就待不住了，要给爷爷写信。他在信中所写的内容可与我们完全不同。他的信中究竟写了什么呢？下面我们来学习《凡卡》这篇课文。（板书：凡卡）

在上述片段中，教师引导学生通过自我生活的想象描述，形成了与课文内容相对的情境，进而巧妙联系、精心设问，促进学生产生疑问，激起学生的探究欲望，从而为课文内容的理解、中心的感悟和情感的共鸣奠定了基础。

四、描述情境，引发兴趣

教材中的不少课文，或描写了美妙的景色，或叙述了生动的故事，对于此类课文，教师可精选其中精彩的画面或情节，通过具体形象的描述、声情并茂的讲述，来激发学生的学习兴趣，使学生在阅读前就对课文的重要内容和重要情节有所了解。如《桂林山水》可以这样导入：同学们，我们伟大的祖国是一个美丽的大花园，而桂林则是这个大花园中一颗璀璨的明珠。那里的水是那么清、那么绿、那么静；那里的山是那么奇、那么险、那么秀。谁到了那儿，都会被那奇特的风景所陶醉，被那美妙的景色所感染。今天老师就带大家去走一走，看一看。

这样导入，学生就会被桂林山水的美妙所吸引，同时也会对桂林山水的主要特点形成初步的了解。这样，他们就会全身心投入课文描述的境界中去，全身心投入到课文的阅读和景色的感悟与欣赏中去。

5

第一章 锤炼语言：开启语文学习之门

五、创设矛盾，促其探究

由于学生知识积累的有限和认识理解能力的欠缺，他们对某些知识的理解往往与课文内容存在明显的差异。对此，教师在新课导入时，可有机联系、合理运用各种资源，创设矛盾、引发疑问，以激发学生的探究欲望。如《在仙台》一课的教学中，教师这样导入：

师：同学们，你们知道鲁迅吗？谁能介绍一下他的有关情况？

生：我知道，他是绍兴人，在三年级时我们学过他的《三味书屋》，课文中介绍了他小时候读书的情况，我们知道他是一个珍惜时间的人。

生：我从课外书中知道，鲁迅是伟大的文学家、思想家、革命家。

生：我也从课外书上知道，鲁迅是对敌斗争的勇士，他坚持用他锐利的笔，写出充满火药味的文章与敌人进行斗争。

师：同学们知道得还真不少，但是你们听过鲁迅学医的故事吗？（学生茫然）课文《在仙台》写的就是他在日本仙台学医的经过。他为什么学医？为什么我们没听说他当过医生呢？（教师介绍鲁迅学医的原因和他弃医从文的故事）下面我们来看看他是怎样在仙台跟藤野先生学医的。

学生虽然对鲁迅并不陌生，但对鲁迅学医的原因，以及他后来放弃学医，改走文学救国道路的故事很少有人知道。为此，在上述案例中，教师通过矛盾的创设，诱使学生产生了疑问，从而为阅读探究奠定了基础。

六、剖析课题，明确目标

有不少课文的题目对课文内容和思路进行了暗示，对于这类课文，教师在新课导入时可引导学生分析课题，揣摩文章的内容和思路，使学生明确学习目标。如《草船借箭》一课中，教师这样导入：

师：今天我们学习一篇新课文。（板书"草船借箭"，学生读题）谁来说说题目的意思？

生：草船去向别人借箭。

师：哟，草船真神奇啊，它竟然能向别人借箭？

生：不是，用草船向别人借箭。

师：对了。那么，由课题你猜想课文可能写些什么呢？

生：课文可能写谁借箭、为什么借箭、怎样借箭、结果如何。

生：课文可能要写为什么要用草船借箭。

生：课文要写草船借箭说明了什么。

师：是啊，谁用草船借箭呢？向谁借箭呢？为什么要借箭呢？是怎样借箭的呢？结果怎样呢？这就是我们阅读这篇课文需要搞清楚的问题。

这样，根据课文题目，引导学生设问揣摩，教师再适当进行提取梳理，使阅读目标以问题的形式展现在学生面前，就保证了课堂学习的指向性。

课堂评价的语言艺术

在阅读教学中，评价是一面镜子，能让学生从中准确了解自己知识学习的状况；评价是一把钥匙，能让学生顺利开启知识宝库的大门；评价是一座灯塔，能为学生驶向知识学习的彼岸指明方向。研究表明，要充分发挥评价在阅读教学中的作用，以评价促进教学的深入，教师须精心设计评价语言，讲究评价的艺术。

一、坚持发展的学生观：突破"非错即对"的评价定式

在传统的阅读教学中，教师给学生的评价，大多是定正误、判对错。当然，正与误的判定是评价的重要内容，广泛应用于字词默写、课文背诵、组词扩词等方面；然而，像语言形象的构筑、语言意义的理解、语言情感的感悟、语言技巧的发现，学生难以一步到位，因而，在这些方面对学生的评价不是对错就能涵盖的，需要一个由浅入深、由表及里的动态引导过程，要通过评价引导学生循着"由错到对，由对到优"的阶梯，一步步地达到既定目标。为此，对课文内容的理解、情感的感悟和语义的挖掘等，要突破"非对即错"的评价定式，巧妙评价、细致引导、耐心启发、精心点拨。请看《卖火柴的小女孩》的教学片段：

师：（出示句子：多么温暖，多么明亮的火焰啊！简直是一支小小的蜡烛。这是一道奇异的光）大家读读这句话，从中你明白了什么？（学生自读体会）

生：小女孩把火柴的光看得非常神奇、非常温暖，看成是一道奇异的光。

师：从字面上理解是正确的，再想一想，小小的火柴真会这么温暖、这么明亮、这么奇异吗？

生：这是小女孩的感觉，是她内心的感受。

师：说得好，再联系上文理解理解。

生：一根小小的火柴，实际不足为奇，小女孩却把它看得这么神奇，这说明她太冷了。你看，这么冷的天，她却光着头赤着脚，一双小脚冻得红一块青一块的。在这样的情况下，她看到一根火柴发出的光，觉得非常神奇。

生：小女孩把一根火柴发出的光看得如此神奇，这说明她非常寒冷，迫切希望得到温暖。

师：你说得很好！这就告诉我们，在课文阅读中，遇到含义深刻的句子，可以联系上下文来理解。

在上述案例中，教师把立足点放在促进学生深入理解句义上，因而在教学评价中，通过方法提示、思路点拨等方式，使学生循着"表面意思——内心感受——真实原因——深刻内涵"的路子，一步一步地达到了教学目标。可见，在阅读教学中，对学生的评价，不能满足于回答正确，而要逐步引导学生在理解的全面、深刻、灵活的基础上，在表达的准确、具体、生动性上做文章。这样评价，就能促进学生不断发展。

二、坚持全员的学生观：跳出"非褒即贬"的评价模式

传统的阅读教学中，教师对学生的评价自觉不自觉地形成了"非褒即贬"的模式，学生答题符合教师的期望时，教师多以赞扬、笑脸和鼓励的目光相迎；学生答题不符合教师预期，教师则以语言的批评、严肃的目光相送。这样，优秀生因屡次成功而沾沾自喜，后进生则因屡次失败、屡遭冷眼而灰心失望。我们知道，素质教育是全员的教育，保证每一个学生的发展是素质教育的根本前提。一个班级，由于多方面的原因，学生之间总有差异。我们虽然很难使每个学生都变得优秀，但使每个学生在原有基础上得到充分发展，却是可能的，也是必须的。课堂是让学生体验成功的主要阵地，教师必须充分发挥评价的作用，善于捕捉每个学生的成功之处，挖掘每个学生的闪光点，巧妙地加以引导，灵活地加以提示。尤其对后进生来说，成功并不容易，正因为如此，对他们的成功更要百般呵护，要睁大眼睛善于发现，要开动脑筋善于挖掘。在答题过程中，学生端正的姿势、洪亮的声音、自然的神情，都可以加以肯定；学生一个词语用得好，一个句子说得不错，也都可以加以赞扬。即使学生的答案完全错误，也可以从答题的胆量等方面予以肯定，而尽可能少用"不对""你错了"等语言来进行评价。这样，给学生成功的机会、成功的喜悦、成功的动力，就能使他们在不断的成功中逐步摆脱后进，保证全体学生的发展。

三、坚持自主的学生观：改变"非此即彼"的评价标准

在传统的阅读教学中，对课文内容的理解、中心的归纳、感情的体会，多是教参引路子、教师定标准、学生猜谜语。在教学过程中，教师根据自己设计的标准答案，一步步地引导，耐心细致地启发，非要把学生引进自己设计的圈子不可。正因为如此，学生在答题的过程中，只要稍微与标准答案有差距，教师就判断为错，而只有与标准答案完全吻合，教师才予以肯定。课堂教学到了这种地步，实在是语文教育的悲哀。语文教育，说到底是对人的教育，不仅要提高学生的语言素养，而且要完善学生的个性品质，培养学生的健康心理、提升学生的精神境界。因此，阅读教学中的评价，一定要以学生语言的充分发展和人格的充分完善为基准。这就要求教师消除理解的定式、破除评价的模式、废止统一的标准，放飞学生的心灵和情思，让他们在独特的心理活动中得到个性化的感悟和个性化的收获。这样的阅读教学才是色彩斑斓的，这样的学生发展才是富有个性的。请看《滥竽充数》的教学片段：

师：通过这则寓言的学习，你一定懂得了不少道理，现在，如果让你跟寓言中的人物会面，你想对他们说些什么？

生：我认为，这件事全怪南郭先生，我遇到他一定会说："南郭先生啊，你也太糊涂了。自己一点真才实学也没有，怎么有这个胆量混在乐队里呢？"

师：不错。如果他有真才实学，是不会落到这样的结果的。还有吗？

生：我也认为这件事怪南郭先生，我遇到他会说："自己没有本领可以去向别人学，学到本领后再到乐队里来。怎能一点本领没有，去蒙骗别人呢？"

师：劝得真不错。还有吗？

生：我认为，这件事也与齐宣王有关，如果我与他见面，我一定会这样说："齐宣王啊，你是一个国王，做事竟这样马虎。如果你能深入实际，了解真实的情况，南郭先生一定不会在乐队里混这么久。你这样怎能为人民谋利益呢？"

师：说得好！其他人呢？

生：我认为，这件事与南郭先生家里的人也是有关系的。我若遇到他家里的人，一定会说："如果你们真的关心和爱护南郭先生，应该让他去学本领，绝不能让他去胡乱骗人。"

师：同学们说得多好啊！是啊，如果齐宣王深入实际、了解实情；如果其

他人出于善意、给予指出；如果家里人目光远大、不贪小利，他就不会落到如此下场。这就说明：齐宣王的高高在上、腐败无能；其他人的事不关己、高高挂起；家里人的目光短小、贪图小利，都是产生"南郭先生"的重要原因。

学生的发言，有不少是与教参中的标准答案对不上号的。但是，仔细一想，学生说的却很有道理，我们何必非要把学生的答案统一到教师既定的路子上来呢？如果都像这位教师这样，善于挖掘教材中的创新因素，合理评价、善于引导，那么，学生就一定能对课文有更深刻的感受，他们的创造能力、个性品质也会得到更充分的发展。

教学点拨的语言艺术

在阅读教学中，适当的点拨诱导，是引发思维、拓展思路、开阔背景、启发创造的有效手段。义务教育小学语文教学大纲指出："教师要发挥创造性，针对教材的实际和学生的年龄特征，采用灵活多样的教学方式。""教师要在学生读书思考的基础上，适时适度进行指点，引导学生围绕重点展开讨论和交流，鼓励学生发表独立见解。让学生在阅读实践中逐步学会读书，学会独立思考。为了提高阅读教学的效果，教师必须在教学过程中察言观色、察微观细，根据教学实际情况，在学生的阅读理解遇到困难或出现偏差时，有针对性地进行点拨，让学生凭着教师的指点，靠着自己的努力，逐步达到教学目标。

一、点面拓展，发散点拨

思考问题要多角度、分析问题要多层面、解决问题要多方法，这是引导学生理解课文内容、感悟作者情感的重要手段。由于生活积累和认知能力的局限，小学生思考问题多呈现点线状态，思路难以拓展，思维空间不够开阔，问题与目标间多呈现出点的沟通、线的联系。这种直线型的答问模式很难使学生的思维迸发出智慧的火花。因此，教师可围绕问题、认准目标、巧妙拓展、合理联系，使问题与目标之间构成由点到面的拓展和由面向点的聚焦。如在引导学生理解"这幅画一直挂在我的书桌前，因为我需要它"（《挑山工》）的意思时，学生多就事论事，为此，教师可这样引导：作者在什么时候需要它，需要它的什么？这样，学生的思路就能呈现多向性：在他遇到困难的时候，需要挑山工勇往直前、不畏艰险的精神，以鼓励自己战胜困难；在他遇到挫折的时候，需要挑山工坚持不懈、百折不挠的精神，以激励自己坚持到底；在他工作马虎、不求上进的时候，需要挑山工脚踏实地、步步求实的精神，以勉励自己毫不松懈……这样引导，就能在思路的拓展、思维的发散中，促使学生深入理解句义，培养学生思维的创造性。

二、巧用模糊，灵活点拨

汉语文字中蕴涵的丰富性、不定性和灵活性，决定了教学中对相关语句阅读感悟的模糊性。在阅读教学中，教师要捕捉蕴涵丰富的语句进行发散，其重要目的就在于最大限度地挖掘语句的含义，使学生深刻地感悟文章所要表达的思想感情。学生的生活经历有别，语言积累程度不同，阅读能力也有差异，因此，他们对语言的感受也一定各不相同，正所谓"一千个读者就有一千个哈姆雷特"。为此，教师可进行模糊处理，只要学生的理解有一定的合理性就行，没有必要非要弄个水落石出。如在阅读《鸟的天堂》，引导学生理解"我仿佛听见几只鸟扑翅膀的声音，在我注意看时，却不见一只鸟的影儿"一句时，一名教师这样引导：

师："仿佛"是什么意思？作者为什么要用"仿佛"呢？

生：作者认为当时有鸟在扑翅膀，但是注意去看时，没看到鸟，不能确定是否真的有鸟，所以在这句话中用"仿佛"。

生：我认为当时没有鸟扑翅膀。这是作者听了朋友的介绍后，急切地想看到鸟，以至耳边好像传来了鸟儿扑翅膀的声音。我们都有这样的体会，当我们急切地想见到某个人的时候，耳边仿佛就会响起他的话语。所以我认为，听到鸟儿扑翅膀的声音是作者的错觉，是他心念神往的结果。这是作者用"仿佛"一词的原因。

生：我认为这句中用"仿佛"有两种可能：一种可能是当时真的有鸟在扑翅膀，但是作者注意去看时却没有看到，不敢确定是否真的有鸟在扑翅膀；另一种可能是当时鸟都在巢里栖息，作者听朋友介绍后，渴望见到鸟，以至耳边传来鸟儿扑翅膀的声音。

师：大家分析得很有道理，到底是什么原因呢？恐怕只有作者才真正明白。但是有一点大家清楚地看到了，一个"仿佛"，好像把我们带到了大榕树下，使我们也产生了作者那样的感觉，感受到了"鸟的天堂"的意境；另外，我们还感受到了作者用词的准确。

这样点拨，引导学生进行模糊处理，使语言的丰富内涵最大限度地呈现在学生面前，使学生深切感受到了汉语的无穷魅力。

三、启发联想，形象点拨

引导学生理解和挖掘语言的含义，借助联想和想象来创造形象、进行表达，是促进学生深入地感悟课文情境，体会课文情感的重要方法。教师可抓住语言形象的聚焦点巧妙设问、精心点拨，引导学生在自己的头脑中创造形象。如阅读《粜米》时，对"旧毡帽朋友手拿或多或少的一沓钞票，他们会想些什么"这一问题，多数学生往往仅局限于对农民心中难过的理解。教师可这样引导：旧毡帽朋友手拿或多或少的一沓钞票，会想到哪几个不同的场面？这样，就可引导学生想象出一家人欢欢喜喜挑粮上船、旧毡帽高高兴兴划船前往、回家后全家人凄凄苦苦的场面，使学生深切感受到旧中国农民命运的悲惨，理解作者寓于"送"中的丰富情感。

四、有效提示，思路点拨

由于理解能力的限制，学生在阅读中总会遇到这样那样的难点，如不及时加以引导，则会出现学生与教材间的断层及学生与教师间的异步，使得学生思维出现中断，难以延续。为此，一旦学生出现理解偏差或力不从心的现象，教师就可有的放矢、巧妙铺垫，帮助学生接通思路。或通过背景介绍，缩小学生与教材的时空差距；或通过有关的人物简介，沟通学生与人物的情感；或通过有机的复习，架起新旧知识间的桥梁；或通过精练的知识讲解，降低知识理解的难度。这样点拨，就能化解学生的阅读难点，帮助他们逾越思维障碍。如阅读《我的战友邱少云》，对"邱少云在烈火烧身时会想些什么？这说明什么"这一问题，若学生的理解不着边际，便可以"如果你在邱少云身旁，看到他烈火烧身会想些什么"来引导学生理解作者"担心、焦急、矛盾、难过"的复杂心理；以"如果你是邱少云，烈火烧身时会对烈火、战友、朝鲜人民、祖国人民、敌人分别说些什么"来引导学生感受邱少云"严守纪律、勇于献身"的可贵品质。这样点拨，让学生置身于情境中，能有效地缩短学生与教材和文中人物的距离，帮助学生接通思路。

五、指导方法，联系点拨

联系是重要的思维方法，是构成知识通路、缩小认知偏差、促进知识迁移的有效方法。在阅读教学中，教师一旦发现学生以孤立的眼光分析事物，在内容的理解上出现"走投无路"的境地时，就应及时点化，把学生的思维引向相关的联系中。既可联系现实生活，借助原型启发；也可联系所学知识，借助知识铺垫；还可联系相关学科，借助横向迁移，从而拓展知识理解的空间、拓宽知识理解的背景。如在阅读《草船借箭》时，为让学生理解命题艺术，理解由"借"字所反映出的诸葛亮的神机妙算，可引导学生思考：这箭其实并不是借的，为何课文要以"草船借箭"为题呢？如果学生答不到点子上，教师可这样点化：你们平时借东西有何特点？课文中的箭有这样的特点吗？使学生明白：借东西方便，借东西要还。课文中十万支箭不用造就到了手，很方便，这无异于借；这些箭与曹操交战时便要回到曹操那儿去，这又类似于还。课题中的"借"字既暗示了事情的线索，又概括了课文的内容，更反映了课文的中心。以"草船借箭"为题，既合情合理，又耐人寻味。这样联系生活进行点拨，能有效地沟通学生的思维，促进他们对课文的深入理解。

六、引导梳理，整体点拨

由于缺乏知识的驾驭能力，学生思考问题往往显得零散细碎，对知识难以形成清晰的条理和整体的印象。为此，教师可在学生多方面探索相关知识的基础上进行"整体思维"的点化，引导学生将零碎的知识聚成点、连成线、组成面、构成体，以形成对知识的整体认识。如果学生对知识的掌握缺乏条理，可进行"理序"点化，引导学生对知识进行梳理排列，使其条理化；如果学生对知识的掌握比较散乱，可进行"整合"点化，引导学生对知识进行扣线串珠，使其整体化。如引导学生阅读《美丽的公鸡》一文后，为让学生深入理解课题的含义，可这样引导：你觉得课文中的公鸡美丽吗？为什么？如果学生难以整体理解，可这样点化：你认为它哪些地方是美的？为什么？引导学生理解：公鸡有大红的冠子和花花绿绿的外衣，它的外表是美的；公鸡知道自己错了，能够改正，这样知错就改，说明它的品质也是美的；公鸡听了老马的话，能每天起来打鸣催人早起，为人们做事，它的行为也是美的。这样引导，就使学生整体理解了公鸡的形象。

第 **4** 节

教学过渡的语言艺术

阅读教学是由教材、教师、学生等诸多因素组合而成的整体，各个教学环节之间既相互独立，又相互联系。要提高教学效果，不仅要保证每个教学环节始终指向教学目标，而且要使各教学环节之间有机关联、互相贯通、层递推进，以寻求课堂教学"1＋1＞2"的整体效果。这就要求我们不仅要精心设计每个教学环节，还要细心考虑教学环节之间的过渡，以使课堂教学层次分明、联系自然、衔接紧密。

一、设问过渡

在阅读中，设问不仅可以激疑引思，而且可以关联教学环节、推进教学进程，帮助学生构建知识体系。因此，教师须抓住教学目标、教学内容、教学环节的联系点精心设问，使教学内容的变更、教学目标的推进、教学环节的展开有机结合。如阅读《琥珀》一文时，一名教师先引导学生从课文结尾处弄清琥珀的样子，进而这样引导：这块琥珀真是神奇啊！两个小东西是怎样相遇的？它们又是怎样钻进松脂里去的？又是怎样变成琥珀的？如果你是科学家，能根据琥珀的样子推测它的来历吗？——引导学生进行推测。在此基础上继续引导：大家思路开阔，想得真是不错。那么，科学家到底是怎样推测的呢？我们与科学家想的是否一样呢？下面我们来细读课文——引导学生阅读探究。这样设问，就能使课堂教学环环相扣，联系紧密。

二、内容转换

课堂教学目标的推进与教学内容的变更有着紧密的联系，教学内容的变更决定了教学目标的推进，教学目标的推进依赖于教学内容的变更。教师可根据教学内容的变换巧妙设计过渡语，以教学内容之间的联系昭示教学目标的推进和教学环节的变换。如《林海》一课的教学中，一名教师以"引入情境、欣赏景色、赏析文字"的方法引导学生阅读了写"岭"的内容后这样引导：同学们，通过欣赏大兴安岭的"岭"，我们深切感受到了大兴安岭中"岭"的千姿百态。但是你知道吗？大兴安岭的"林"更是美丽无比，现在我们就去欣赏欣赏——引导学生看图欣赏、阅读课文，感悟"林"的美。教师接着引导：欣赏了俏丽的"林"，我们简直被大兴安岭的神奇画面迷住了。但是你别着急，在你尽情地向远处眺望，欣赏神奇的林海之后，再俯视脚下，一幅神奇的画面又会出现在你的眼前，让你大开眼界——引导学生继续阅读写"花"的一段。

上例中，教师把课文的阅读化作了美好景色的欣赏和神奇境界的漫游，通过巧妙的导语，把学生欣赏美景的眼光和阅读课文的进程有机地联系了起来。这样的导语，就如同一条纽带，把教学的各个环节紧密地结合了起来，给学生以美的享受，同时也最大限度地利用了教学时间，提高了课堂教学效率。

三、角色变换

研究表明，在阅读教学中，引导学生合理充当文中角色，不仅能缩小他们与作者、与文中人物间的心理差距和情感差距，让他们设身处地地感受语言情境、语言内涵和语言技巧，还能根据课文内容的变换及时调整人物角色，促使教学环节之间有机沟通。因此，在引导学生扮演角色的过程中，教师可根据内容的变更，及时调整学生角色，变更角色行为，促进学生在多角色的扮演中加深对课文内容的理解和情感的感悟。如阅读《再见了，亲人》的第一段时，一名教师这样引导：同学们，如果你就是大娘呢？你为什么会为志愿军洗衣服而几夜都没有合眼呢？你为什么要冒着枪林弹雨为志愿军送打糕呢？为什么要丢下自己的小孙子而救助志愿军伤员呢？——引导学生充当角色，感受大娘与志愿军的深情厚谊。在此基础上，教师继续引导：同学们，如果你们是朝鲜人民的杰出代表，现在你们又成了小金花，这一节写了你的什么故事？你在故事中充当了什么角色？——引导学生体会小金花与志愿军之间的深情厚谊。这样使学生不断变换阅读中的角色，不仅增加了学习的趣味性，促进了学生对课文内容、课文情感的感悟，同时也有机地构建了教学环节之间的联系。

四、目标递进

阅读教学，大都要引导学生经历"感受语言形象——挖掘语言含义——感悟语言情感——发现语言技巧"的过程。为此，在课文内容的阅读感悟中，教师可根据上述思路设计过渡语，以促进教学目标的推进。如在阅读《凡卡》最后一节时，一名教师这样引导：大家一边轻声读一边想象，读了这一节，在你眼前出现了什么画面——还原语言形象；看到了这样的画面，你知道这一节告诉了我们什么呢？你从凡卡的梦中知道了什么？为什么凡卡的希望不能实现？——探究语言内涵；知道了凡卡想方设法写成的信爷爷收不到，知道凡卡的愿望也不能实现，你心情怎样呢？你能通过朗读把这种感情表达出来吗？——感悟语言情感；作者为什么要以凡卡做梦结尾呢？这样写有什么好处？——探究语言技巧。这样引导，教学环节的变换就充分反映了教学目标的推进。

五、总结赞叹

在阅读教学中，教师可在语言内容的理解、语言情感的感悟、语言技巧的领会中，通过对课文所叙述的内容、描述的人物，刻画的景物，以及对课文的语言技巧等方面进行充分肯定，进而引入新内容的阅读和感悟。如《桂林山水》一课中，在阅读写"水"的内容后，一名教师这样引导：桂林的水是多么美呀！它是这样的静，静得让你感觉不到它在流动；它是这样的清，清得可以看见江底的沙石；它是这样的绿，绿得仿佛是一块无瑕的翡翠。桂林的水这么美，那桂林的山又怎样呢？下面我们一起跟着作者去看一看。这样引导，就能使课文内容之间的变换与教学目标之间的变换有机地融合在一起。

六、诱导表达

教师还可以随着教学的进展，以有效的方法诱发学生的情感，激发学生的表达欲望，拓展学生的表达思路，唤起学生的情感共鸣和心灵共振，并以表达来关联各个教学环节。一名教师在《生命，生命》（人教版新课标第八册）的教学中，围绕"生命探究"这一主题，引领学生走进飞蛾、香瓜子、杏林子，感悟其顽强的生命力。在此基础上，教师以如诗如画的语言，对生命进行了概括，使生命化为窗外的依依杨柳、室内的张张笑脸和黄鹂的清脆歌声。进而，教师要求学生打开记忆的闸门，或写一首小诗、或写一段感言、或写一件小事，阐述自己对生命的见解：

"生命是杨树传送种子的杨絮，生命是小草顽强生长的嫩芽，生命是小蚂蚁寻找食物的身影，生命是陪伴张海迪顽强学习的轮椅，生命是探险者勇往直前的勇气。"

　　"生命是海里游动的小鱼儿，生命是天上展翅飞翔的大雁，生命是不毛之地上勇敢前行的骆驼，生命是茫茫沙漠里翠绿的灌木丛，生命是我们心目中追求的生命之树。"

　　……

　　在学生笔下，生命的空间如此开阔、生命的形象如此鲜明、生命的内涵如此清晰……此刻，生命对学生来说，不再是抽象的概念，而是具体的形象；不再神秘莫测，而是可感可及的。教师通过引导学生自由表达，巧妙地沟通了教学环节，使学生的综合素质得到了提高。

第5节

导思诱答的语言艺术

在阅读教学中，教师精心设计提问，对激奇引趣、激疑引思，促进语言训练、思维训练与情感熏陶的结合，提高教学效果是颇有帮助的。而教师在教学中根据提问情况，相机诱导，教给学生回答问题的方法和技巧，对于充分调动学生学习的主动性和积极性，提高提问的效益是十分重要的。因此，教师在教学中要讲究导思诱答的语言艺术。

一、矛盾引发：由矛盾的现象看统一的实质

课文是一个有机的语言系统，这一系统中的各部分内容有诸多的联系。教师根据教学目标，捕捉教材中看似矛盾的联系点，设问启思、挑起矛盾、凸显重点、唤起注意，可以强化学生对课文内容的理解。面对"矛盾引发"式提问，学生往往难以驾驭，教师可引导学生先去分析问题中构成矛盾的两个方面，以寻找隐藏在"矛盾"中的"统一"和"看似异常"中的"正常"。比如，"这是一把长满了红锈的鱼钩，为什么闪烁着灿烂的金色的光芒呢？这不是自相矛盾吗？"（《金色的鱼钩》）这一提问，旨在通过"长满红锈"与"闪烁着灿烂的金色的光芒"之间的矛盾，激发学生的认知冲突，引其生趣、导其探究，从而让学生理解句子的深刻含义。由于问题的容量较大，学生往往难以理解，教师可这样分步引导：第一步，把握矛盾：按理"长满了红锈"就不可能闪烁着"灿烂的金色的光芒"，因此，"长满了红锈"与"金色的光芒"是矛盾的；第二步，探究原因：这虽然是一个普通的鱼钩，但老班长却用它解决了缺粮的困难，救活了三个年轻战士，而自己却牺牲在草地上；第三步，理解内涵：从这个鱼钩上可以看出老班长忠于党、忠于革命事业、舍己为人的品质，老班长虽然牺牲了，但是他的崇高品质，永远铭刻在人们心中。这样，学生就会明白："长满红锈"是说鱼钩的样子，"闪烁着灿烂的金色的光芒"是说鱼钩体现

的精神。两者初看是矛盾的，实质是统一的。这样，由矛盾发现入手，进而深入剖析矛盾，就达到了消除矛盾的目的，使学生深刻体会到了矛盾中的内涵。

二、矛盾隐含：由矛盾的捕捉揭示问题的破绽

由于学生理解能力的欠缺，他们对课文内容的理解有时会与正确答案存在很大出入，甚至背道而驰。教师在教学中巧妙地捕捉学生认识能力的差异点，设置问题，将"矛盾"隐藏于问题之中，诱使学生"误入歧途"，增加认知落差，最终促其顿悟，是非常有效的。如处置扬科时，管家认为"他太小了""几乎站也站不稳"，而不送他去监狱，决定"打他一顿算了"。他对扬科为什么会这么同情呢？（《小音乐家扬科》）这样设问，目的在于利用学生认识的片面性和理解的肤浅性，促使其透过管家"善良"的现象看其"凶残"的本质，从而培养学生思维的深刻性。教师在学生基本理解后可告诉学生：对此类问题要冷静分析，识破圈套，揭露矛盾，不要轻易受骗上当。上述问题可以这么应答：这个问题本身是错误的，管家是一只凶残的恶狼，他明明知道扬科没有偷小提琴，是没有理由打扬科的；他也明明知道扬科已被打了一顿，是吃不消再打的，他为什么还要打呢？是他把扬科活活打死的，怎么可以说他同情扬科呢？这样，从揭示问题的矛盾入手，就具有无可辩驳的力量。

三、矛盾探究：由原型的启发看事物的相似性

教材中有些艺术之笔，初看有悖于常理，而细析又合情合理。抓住这些问题引导学生探究，对于他们深入理解语言内容、体会语言情感、品析语言艺术颇为重要。教师可抓住有悖于常理的知识点，挑起矛盾，激起学生深思。在学生难以回答时，可告诉学生，要多多寻找问题与生活之间的相似之处，借助现实生活帮助理解。如在《草船借箭》揭题时，教师在介绍孙刘联合抗曹，让学生了解了诸葛亮的任务（联合孙权抗击曹操）后可这样设问：真怪啊，诸葛亮与曹操势不两立，他为何要向曹操借箭呢？这样激疑，目的在于引发学生的阅读兴趣，并让学生通过对课题与课文内容联系的探究，理解课文的命题艺术和诸葛亮的聪明才智。如学生还是难以回答，则可在阅读课文、基本理解文章内容的基础上让学生这样思考：我们平时借东西有什么特点？课文中的箭有没有这样的特点？这样，学生便能明白：这十万支箭不用材料仅三天就到了手，到

手之际诸葛亮还大声谢曹丞相，这无异于借；这箭在与曹操交战时又要回到曹操那儿去，这又类似于还。一个"借"字暗示了这箭非同寻常的经历，赞颂了诸葛亮非凡的才智。以"草船借箭"为题，不仅合乎情理，而且耐人寻味，增强了命题的艺术性。

四、观念论证：由思路的拓展进行全面的阐述

小学生理解问题时多凭直觉寻求思维结果，不注重以周密的思维对自己的观点进行详尽的论述。为了培养学生严密的思维品质，教师可采取观念论证式的提问方法，让学生在表述观点的同时对自己的观念进行具体的论证。回答此类问题，可要求学生全方位地拓展思路，对相关情况进行多层次列举，对自己的观念进行多侧面阐述，以令人信服。如"蔺相如是如何要回宝玉的？他的方法好吗？为什么？"(《将相和》)设计这一问题，目的在于引导学生具体理解蔺相如的机智。前两题学生大都能顺利回答，而第三题学生往往会就事论事。教师可引导学生这样思考：他还可以用什么方法要回宝玉？如果这样要，结果如何？课文中的方法为什么能达到预期的结果？这样，学生就会明白：蔺相如用谎称璧有瑕疵的方法要回宝玉，足以说明他的机智。因为，如果直接要璧，秦王对璧爱不释手，是绝不肯撒手的；如果让秦王观赏够了再要璧，秦王会叫手下人珍藏起来；如果与秦王据理力争也是白费力气，因为他本来就是不讲理的人；如果抢璧，又有失体面。而说璧有瑕疵，可出其不意，攻其不备。秦王赏璧兴致正浓，绝不会料到蔺相如会如此"欺骗"他，而一旦明白过来，蔺相如又已做好了"撞璧"的准备，新一轮战斗又开始了。这样答问就显得周到严密，掷地有声，对学生的思维也是很好的锻炼。

五、情境引入：由角色的扮演寻求答问的依附

为缩小学生与教材的差距，教师可以采用假设提问的方式，让学生充当文中的角色，从而真正进入情境、理解内容、体会感情。教师可告诉学生，要根据课文内容，还原课文情境，置身情境之中，忘记自我，演好角色，从而准确地揣摩人物在特定情境中的所思所想，进而选择与问题最相关的依附点作答。如《争论的故事》(苏教版三年级下册)一文的开头这样叙述："从前，大山脚下有座小村庄，小村庄住着以打猎为生的兄弟俩。一天早上，一群大雁从他们

头上飞过，兄弟俩想射下一只大雁来充饥……"如教师简单地让学生说说这两句在课文中的作用，学生往往难以打开思路。而把学生引入情境，让他们扮演角色，他们就有说不完的话。请看下面的教学片段：

师：同学们，请好好读读这两句话（出示："从前，大山脚下有座小村庄，小村庄住着以打猎为生的兄弟俩。一天早上，一群大雁从他们头上飞过，兄弟俩想射下一只大雁来充饥……"）想一想：这两句话各告诉我们什么信息？这样的兄弟俩后来竟然没有射落大雁，如果你来到现场，会对他们说些什么呢？

生：你们以打猎为生，经验肯定很丰富，也许有百发百中的本领。可你们为什么连一只大雁也打不着呢？真是不可思议。

生：你们以打猎为生，箭法一定很好，可以说箭起雁落。怎么没有打到头顶的大雁呢？

生：一群大雁从头顶飞过，大雁肯定很多，而且离你们很近，可你们竟然没有打到，太不应该了！

生：如果是一两只还可以原谅，一群大雁从头顶飞过，结果一只都没打着，真是不应该。

（其他学生发言略）

师：是啊，他们以打猎为生，又是兄弟俩，配合应该很默契；而且是一群大雁，又是从头顶飞过，实在没有任何理由射不下来。那他们为什么又恰恰没有成功呢？下面我们继续阅读，看看到底是什么原因。

上述案例中，教师抓住不为人们所关注的"闲话"大做文章，通过情境的创设，让学生以"评价者"的口气，探究句子丰富的内涵。如果教师只是单纯地引导学生阅读，学生也许不感兴趣，内涵探究就不会这么深刻，语言魅力也不会这么凸显。而一旦对兄弟俩射落大雁的条件有了充分感受，学生对兄弟俩争论的"无谓"就有了更真切的感悟，对语言所蕴涵的道理也有了更深刻的理解。

第 **6** 节

美读指导的语言艺术

所谓"美读"，就是把作者的情感在读的时候充分传达出来，设身处地，激昂处还它个激昂，委婉处还它个委婉……这是叶老特别推崇的一种读书方法。"美读"既是"读"的训练方法，又是"读"的理想境界。纵观阅读教学，"读"作为语言训练的重要形式和方法已引起了许多教师的重视，在时间安排、形式选取、功能发挥等诸多方面较之过去都有明显进步，但距"美读"的要求还相差甚远。究其原因，主要在于教师对"读"的理解过于狭隘，对"读"的训练过分简单，片面注重形式上的要求，忽视实质性的指导。因而"美读"指导往往事倍功半，收效甚微。为寻求阅读教学中的"美读"境界，教师须在深入钻研教材、准确把握课文情感、反复自我练读、做好美读示范准备的基础上，采取有效的方法，借助精妙的语言，引导学生进入情境、感受情境。

一、精心导入，形成"美读"的情感基调

每篇课文都有其情感基调，或明快、或深沉；或欢畅、或悲哀；或活泼，或凝重……引导学生准确把握文章的情感基调，是"美读"的重要基础。学生对课文情感基调的把握往往须借助与之协调的课堂气氛，而课堂气氛的创设又很大程度上由教师的神情、导语所决定。因此，教师须根据课文的情感基调来选择导入方法，创设与课文的情感相协调的和谐气氛，从而为课文的"美读"奠定必要的情感基础。如《十里长街送总理》记叙了首都人民怀着极其沉痛的心情告别总理的悲痛场面，反映了全国人民对总理的深切怀念。根据课文的情感基调，可这样导入：教师手捧课本神情严肃、步履缓慢地进入教室，环视四周，确保教室绝对安静，形成不同寻常的肃穆气氛。进而这样导入：同学们，有关敬爱的周总理的故事你知道哪些？能说给大家听听吗？你认为总理是什么样的人呢？为什么？以背景拓展的方式，让学生整体了解总理的形象。既而语

调深沉地进行描述：同学们，谁能想到这样的好总理，在 1976 年 1 月 8 日，竟永远地离开了我们。噩耗传来，高山哭泣，江河鸣咽，全国人民处在无比的悲痛之中。这天，总理的遗体就要送去火化了，首都人民扶老携幼，伫立长安街两旁，与总理告别。《十里长街送总理》就具体描述了这叫人撕心裂肺的送别场面。这样导入，就为课文的理解和"美读"奠定了情感基调。

二、想象还原，强化"美读"的情感体验

小学语文课文，不论是写人叙事的，还是写景状物的，每篇课文都是客观生活（或客观事物）的描述。教学中，教师须引导学生借助想象调动起自己的生活经验，还原语言文字所描述的形象，使文中人"活脱"，事"活现"，物"活化"，使语言文字变成活的画面。这样，才能为课文内容的理解和情感的感受提供形象的基础，强化学生对语言的情感体验。如阅读《桂林山水》时，可让学生边读、边思、边想象：读了课文，在你眼前出现了什么样的画面？你看到了什么？听到了什么？想到了什么？这样通过想象，写景的语言文字就成了一幅色彩明快的桂林山水图——清绿的水、险秀的山、空中弥漫的云雾、江上行驶的舟船、山间开放的野花，便活现在学生眼前。这样，语言变成了形象，为引导学生感受画面，体会情感，进行"美读"提供了依据。

三、引入情境，深化"美读"的情感理解

"作者胸有境，入境始与亲"。学生与作者和文中人物心灵的沟通、情感的联系，是美读的重要基础。否则读书时当局外人、作壁上观，那就根本谈不上什么"美读"。因此，在让学生借助想象，将语言还原成画面的基础上，可引导学生进入文中、步入境里，促使学生察其境、通其心、感其情，从而发挥情境的感染效应，深化学生对语境和情感的理解。如在《十里长街送总理》的阅读中可这样引导：如果这天你来到了十里长安街上，看到这么长的队伍、这么多的人前来为总理送行，你心情如何？会说些什么？——引发学生心底的呼唤；如果你看到那满头银发的老奶奶、领着孩子的青年夫妇、泪痕满面的红领巾，你会对总理说些什么？——激发学生心中的怀念；如果你是《温暖》中的清洁工，《周总理的睡衣》中的护士，《关怀》中的学生，《一个降落伞包》中的小扬眉，你会对总理说些什么？——诱发学生真诚的思念。这样引入情境，

就能有效地缩小学生与文中人物的差距，使他们心灵沟通、情感沟通。这样，课文朗读就不仅是作者或文中人物情感的表达，而且是学生自我情感的流露，其效果是不言而喻的。

四、提示引读，促成"美读"的情感共鸣

一般情况下，在形象还原、体会情感的基础上引导学生进行朗读，学生大都能把课文所要表达的感情读出来。但由于阅历和认识能力的限制，有时仅靠形象的还原、角色的扮演，学生往往还是"身不由己""情不由衷"。此时，教师就要进行朗读提示，或描述画面，提示情境；或挖掘内涵，提示情感；或渲染气氛，提示语气，促使学生与作者和文中人物产生心灵的共振、情感的共鸣。如《卖火柴的小女孩》中有这么一段："'奶奶！'小女孩叫起来，'啊！请把我带走吧！我知道，火柴一灭，您就会不见的，像那暖和的火炉，喷香的烤鹅，美丽的圣诞树一样，就会不见的！'"这是课文情感的聚焦，一字一句都是小女孩心的呼唤、情的表露，感人肺腑、催人泪下。在引导学生理解内容，体会感情的基础上，教师可这样引读：读了这一节，在你眼前的小女孩是什么样子的？以引导学生想象小女孩衣服的破烂、身体的瘦小、满眼的泪水、下跪的双腿、上举的双手和颤抖的声音。随之以饱含深情的语言引发感情：同学们，现在你就是卖火柴的小女孩，这么寒冷、这么饥饿、这么痛苦、这么孤独，此时你看到了奶奶——世界上唯一疼你的奶奶，你会怎么喊啊？（稍停，酝酿感情）让我们一起向奶奶发出呼救吧！教师这样引导，就能有效地促进文字、情感、内涵的有机统一，教师、学生、作者的有机融合，从而使学生的朗读化为作者情感、文中人物情感的自然流露，达到"美读"的要求。

当然，"美读"的指导包含的内容较多，如语音、语气、语调、语速、停顿等。但我认为，只要抓住情感这一重点着力引导，其他内容的指导就能自然地融于其中，从而使"美读"达到预期的目的。

课堂引辩的语言艺术

在阅读教学中，根据学生认识、理解能力的差异，围绕教学目标，捕捉教学重点，挑起矛盾冲突，激发学生争辩，可以有效地融语言的理解、情感的体会、思维的发展、口语的训练于一体，促进学生对语言的理解和情感的感悟，强化教学效果。为此，在阅读教学中，教师可抓住教学的重点内容，捕捉学生阅读感悟中容易出现的偏差，通过生动、具体、形象的语言，挑起争端、引起矛盾、引发争辩。

一、巧用矛盾，以引辩让学生正确理解

语文教材中有不少"矛盾"点，每一个"矛盾"点，都是作者的潜心之笔。由于认识理解能力的欠缺，学生往往会被表面现象迷惑，对"矛盾"的理解容易出现错误。为引导学生正确理解，教师可提挈矛盾，引起争辩，帮助学生统一认识。如"鄂温克姑娘既大方又稍有点羞涩地表演了民族舞蹈"（《草原》）一句集中表现了两族人民的深厚情谊。但对"既大方又稍有点羞涩"的"矛盾"，学生难以理解。为此，教师可这样引导：你能发现句中的矛盾之处吗？——引导学生读句，让他们自己发现矛盾；真的矛盾吗？你能说明理由吗？——抓住矛盾，引导学生争辩；作者为什么这么叙述呢？——让学生深层探究，统一认识。通过引辩，学生便能明白：初看，这段话是矛盾的，因为"大方"是（举止）自然、不拘束的意思，而"羞涩"是难为情、态度不自然的意思，这显然是矛盾的；稍加分析，又可看出，说大方，是因为姑娘们看到远方的客人就像见到家里人一样无拘无束；说羞涩，是因为她们毕竟是年轻姑娘，面对从未见过面的客人，"稍有点羞涩"又是必然的。这样叙述，形象具体而又真实可信，表现了少数民族的人民对"我们"的一片真情，体现了作者遣词造句的精妙。这就使学生在"争辩"中正确理解了"矛盾"。

二、善用模糊，以引辩让学生清晰理解

"模糊性"是汉语的重要特点之一。课文中的许多词句，其丰富的蕴涵往往说不清楚、道不明白，难以精确表述。而正是这种模糊性，成就了汉语特殊的魅力。教师可抓住与文章中心密切相关的"模糊处"，挑起话题、引起争论，从而使模糊处给学生留下"清晰"的印象。如《在仙台》中的"颇受优待"这四个字具有相当的模糊性，而这四个字对理解藤野先生"正直无私，毫无民族偏见"的品质颇为重要。教师可这样引导：你认为鲁迅在仙台受到了什么样的优待？这算不算优待呢？为什么？在辩论中，教师相机点拨，有目的地引导学生分别联系"当时的背景""鲁迅的食宿""藤野的表现"等因素进行具体分析，从而使学生明白：首先，联系当时的背景看，这是一种"尽了努力"的优待。当时正值清朝末年，中国是弱国，中国留学生在日本多受歧视，而鲁迅却得到了"不但学校不收学费，几个职员还为我的食宿操心"的待遇，这应该是一种优待，从中能够看出日本人民对鲁迅的友好。其次，从鲁迅的食宿看，这是一种"无能为力"的优待。鲁迅的住处蚊虫颇多，每日都要喝难以下咽的芋梗汤，而这些是几个职员无能为力的，因此严格来讲又算不上"优待"，从而看出日本政府对中国留学生的歧视。最后，从藤野先生的表现看，这是一种"物以稀为贵"的优待。藤野先生给鲁迅精心修改讲义、纠正血管图，为他肯不肯解剖尸体而担心，对他的学业给予无微不至的关怀。总之，职员关心的是生活，是为鲁迅个人着想；而藤野先生关心的是事业，是为中国人民着想的。这样引辩，"颇受优待"的内涵就给学生留下了清晰的印象。

三、捕捉空白，以引辩让学生形象理解

很多课文都运用了"留白"艺术，它给学生的想象提供了自由驰骋的广阔空间，这些"空白"的填补具有较强的灵活性。为此，教师可抓住对中心思想的理解起决定作用的"空白"点引导学生争辩，补充空白，促进学生深入理解课文。如《董存瑞舍身炸暗堡》中有这么一句："他抬头眺望远方，用尽力气高喊着：'同志们，为了新中国，冲啊！'"到底董存瑞望向哪儿呢？引导学生想象补充，充实课文内容，对引导学生深入理解董存瑞为了新中国而英勇献身的精神颇为重要。对"远方"一词，学生的理解往往存在差异，有人认为"远

方"是指可以看到的地方，有人认为"远方"是指可以想到的地方，两种理解均有道理。为此，教师可这样引导：你认为"远方"指哪里？他望到了什么？为什么？通过学生的争辩，就能形成广阔的形象空间：他望到远方的首长正带领战士们向敌人冲来，因此，他高喊："同志们，为了新中国，冲啊！"要战士们在首长的带领下英勇杀敌。他望到了新中国成立时全国人民欢呼雀跃、奔走相告的情景，他要战士们为了来之不易的新中国而英勇杀敌。他望到了家乡的父母、家乡的人民正在望着他们，他要同志们英勇杀敌，让家乡的父老，让全国人民等待胜利的消息……这样引辩，就能借助一个个具体的形象，使学生充分地理解董存瑞为新中国勇于献身的伟大精神。

四、借用精妙处，以引辩让学生深入理解

课文中的一些语句，往往具有内涵、情感、形式的精妙之处。为发挥这些语句的语言训练功能，教师可抓住精妙之处，引导学生争辩，从而使学生对语言内容的理解、语言情感的感受、语言规律的发现融为一体。如《夜莺的歌声》中有这样一段："人哪！战争一开始这里就没有人了。"小孩不慌不忙地回答，"刚刚一开火，村子就着火了，大家都喊：'野兽来了，野兽来了'——就都跑了。"这段话是小夜莺机智勇敢的品质的集中体现，也是作者语言艺术的集中展示。而对此，学生往往不注意去理解，或者难以深刻理解。教师可这样引导学生争辩：从整篇课文看，你认为小夜莺的主要任务是什么？（配合游击队跟敌人作战，千方百计把敌人引向我们的埋伏圈）你认为小夜莺这样说好吗？为什么？这样学生就会各执一词，莫衷一是。有人会说：既然他要引诱敌人，就应该千方百计讨好敌人，取得敌人的信任、讨得敌人的欢心，这样骂敌人，是很难达到目标的。有人则说：取得敌人的信任，绝不能简单从事，否则就会引起敌人的怀疑，小夜莺这样说反映了他的勇敢和机智：说勇敢，是因为他敢当面痛骂敌人；说机智，是因为他没有直接骂敌人，而是借村里人之口，骂了敌人又叫他们哑巴吃黄连，有苦难言。而正是他"毫无顾忌"的"孩子气"，使得敌人完全放松了对他的警惕，最终取得了敌人的信任，这又进一步突出了他的机智。这样争辩，谁是谁非，不言而喻，从而促进了学生对文章内容、中心思想和语言艺术的深入理解。

五、抓住偏差，以引辩让学生准确理解

学生理解课文时，容易出现偏差。为此，教师可抓住其"偏差"点，创设矛盾，引发争辩，从而帮助学生准确理解课文。如《小音乐家杨科》中有这样一段："管家看了扬科一眼，这个瘦小的孩子睁大了惊恐的眼睛。怎么处置他呢？把他当做小偷惩办吗？他太小了，几乎站也站不稳，还用送到监狱里去吗？管家最后决定：'打他一顿算了。'"对此，学生往往会被表象所迷惑，认为管家对扬科是很同情的。为了引导学生透过现象准确理解管家的实质，教师可这样引导：你认为管家是什么样的人？一部分学生会认为管家同情扬科，另一部分学生则会认为管家凶狠无比。此时，教师可顺势引导：管家对扬科到底是不是同情呢？请你联系课文内容说说自己的理解。通过争辩，学生就能明白：表面看来，处置杨科时，管家不"送他去监狱"，决定"打他一顿算了"，似乎有些同情，其实这正说明了他的奸猾和凶狠。既然扬科"太小""几乎站也站不稳"，又怎能挨一顿打呢？而且他又没有任何理由证明扬科偷小提琴。更何况，扬科已经挨了一顿毒打。另外，扬科被毒打致死，也是管家完全能预料到的。由此可见，管家对扬科没有丝毫的同情，他是一只披着人皮的狼。这就帮助学生准确地理解了课文内容。

巧用归谬的语言艺术

所谓归谬，就是先假定被反驳的论题或论据为真，并由其导出虚假的结论，从而推定该论题或论据为假的方法。在阅读教学中，教师应围绕教学目标，巧妙捕捉学生的认知偏差，以归谬的方法引导学生深入探索。这对于提高课堂教学的效率、训练学生的思维、培养学生良好的思维品质是大有裨益的。

一、归谬激疑，训练学生思维的准确性

学生往往会简单地把知识的现象当做知识的规律，使得知识的理解和迁移出现偏差。为此，教师可抓住学生易于出现偏差的知识点，将计就计，将学生引入"歧途"，再运用归谬法，激其生疑、促其探究，从而让学生准确理解知识、正确把握规律，训练其思维的准确性。比如，小学生对比喻句的判别，往往只看"好像""仿佛""似的"这些词语，而不注重理解语句的内涵，结果常常判断出错。教师可这样引导：

首先是分析句子，引其入歧。教师首先出示句子：大家看看下面的比喻句是用什么比喻什么。再让学生说说怎样判别比喻句。①太阳仿佛是一个大火球，高高地悬挂在天空；②她那苹果似的脸蛋是那么讨人喜爱；③石阶像一架天梯竖在前面；④扁担吱悠吱悠，好像一支支快乐的乡间小曲。学生一眼就能看出，这一组都是比喻句，并都能顺利说出用什么比喻什么，但也大都会轻易得出如何判断比喻句的错误结论：看句中有没有"仿佛""似的""像""好像"等词语。

其次是运用归谬，促其碰壁。在学生把握判断比喻句的所谓"规律"后，教师再出示下列句子，要他们说说每句话中分别用什么比喻什么：①这人好像在哪儿见过似的；②邱少云像千斤巨石，趴在火堆里一动也不动；③太阳像负着什么重荷似的慢慢地出来了；④他仿佛有什么心事。此时，学生必然会不知

所措，迷惑不解。因为除了第②句，其他三句都无法说明用什么比喻什么。

最后是适时点拨，引导理解。学生产生疑问后，教师结合第一组句子和第二组的第②句引导学生分析，使学生懂得：判断比喻句不能被"好像、似的、仿佛"等词语所迷惑，要对句子进行具体分析。如果是比喻句，则能清楚地显示出句子用什么事物来比喻什么事物；反之就不是比喻句。这样，学生就能准确地把握比喻句的判断方法了。

二、归谬拓展，训练学生思维的广阔性

学生由于受思维定式的影响，思考问题往往缺乏广度。为此，教师在教学中可抓住学生理解"偏窄"的知识点，先巧设问题，引学生进入"死胡同"，再运用归谬法促其顿悟，从而让学生转换角度、拓展思路，正确地理解知识。如阅读《跳水》时，学生往往不知船长用"开枪逼孩子跳水"的方法有何用意。为此，教师可这样引导：①引其入歧：孩子已经遇险，船长却举枪逼其跳水，他用这样的方法实在太不应该了。你们说这是为什么？这下，学生一定会赞同这一意见，并能轻易地说出理由，认为开枪逼孩子跳水太不近人情了，应想出安全可靠的方法。②拓宽思路：你认为救小孩可运用哪些安全可靠的方法？学生会想方设法、出计献策，一般会想出"围人墙接""抱棉被垫在甲板上""用渔网接""叫小孩抓住横木移至桅杆慢慢滑下"。③归谬反诘：大家想一想，如果分别运用上述方法，小孩能脱险吗？为什么？引导学生将他们所想的方法"付诸实施"，推测结果。联系当时当地的情况，学生一定能够知道：由于时间紧迫，上述方法均可能以失败告终。唯有跳水才最可靠、最有效。④得出结论：由此可见，船长具有什么特点？为什么？此时学生恍然大悟：船长是个机智果断的人，因为他本来是想打海鸥的，一发现孩子遇险，就能在瞬间对各种办法进行比较，而选择利用现成工具救孩子的最可靠的方法。另外，船长举枪并无开枪之意，而是吓唬孩子，逼他跳水。这样以归谬拓展思路，就能有效地训练学生思维的广阔性。

三、归谬掘进，训练学生思维的深刻性

学生理解问题往往难以透过现象，进入深层，缺乏思维深度。为此，教师可先引其"上当"，让其"浮光掠影"地理解，再运用归谬法，让他们自己发

现错误，从而引导学生撩开事物的面纱，深入探究并把握事物的本质，训练思维的深刻性。如《粜米》一文中有这样一句："旧毡帽朋友把自己种出来的米送进了万盛米行的廒间，换到手的是或多或少的一沓钞票"，句中的"送"字意味深长，但学生往往难以理解。教师可这样引导：①以错引错，促其误解：大家仔细读读，看哪个词作者用得不够准确？并说说为什么。学生很快便能找出"送"字，并能说明理由：因为米是卖给老板的，怎能说是"送"呢？②归谬反诘，得出结论：如果同样是 10 担米，农民在六月里向米行老板买要多少钱？（150 块）而现在卖给米行老板，只能得到多少钱？（50 块）这米是卖给米行老板的吗？为什么？这样学生就能明白：表面看来，农民把米卖给了老板，换到了或多或少的一沓钞票；但农民卖的钱只是米行卖的三分之一，可见，这米并不是卖的，几乎等于是"送"给老板的。③比较品味，理解技巧：用"卖"不可以吗？为什么要用"送"呢？引导学生理解：虽然这里也能用"卖"，但远不及"送"字合理精妙。一个"送"字，反映了米行老板的贪婪、农民的悲惨命运和旧社会的黑暗，也反映了作者对旧毡帽朋友的同情和对当时社会的痛恨。这样学生的理解就深刻了。

四、归谬变通，训练学生思维的灵活性

由于阅历和认识理解能力的欠缺，学生理解知识时易就事论事，思路呆板。为此，教师可抓住学生理解的"呆板处"，先引其出错，再运用归谬，促其转变思维方向，变通思维方法，引导学生灵活理解，训练学生思维的灵活性。如《将相和》一文中，"撞壁"是蔺相如爱国精神和勇敢机智的品质的集中体现，而学生理解这段内容时，多会简单从事，满足于抽象的概念。教师可这样引导：

①引出错误：蔺相如看到秦王无意交城，顾不得自己许下的诺言，便举壁想和脑袋一块儿撞碎在柱子上，这表现出了他的什么精神呢？学生一定会轻易上当，认为这表现了他为维护赵国的利益而不怕牺牲的精神。

②归谬反诘：这种精神固然是可贵的，可令人遗憾的是，价值连城的和氏璧撞碎了，他对赵王许下的诺言也就难以实现了。你们说是吗？学生就会恍然大悟：蔺相如并非真的要撞壁，而是抓住秦王"爱壁"的弱点，迫使秦王答应自己的条件，这说明他非常机智；而他敢将脑袋与和氏璧一起撞碎在柱子上，又体现了他勇敢的品质。

③再次误导：由此可见，不管怎么样他也不会把璧撞碎的，你们说是不是？学生一般又会认为，他不会撞璧，因为他曾许下了完璧归赵的诺言。

④二次归谬：如果秦王在蔺相如要撞璧时没有任何"表示"，他会不撞吗？学生又很容易明白：如果秦王真的无动于衷，蔺相如是会与璧同归于尽的，因为到了这一步，他也无须考虑"和氏璧"能否归赵了。国家利益要紧啊！这样引导学生由"撞璧"理解蔺相如的爱国精神和勇敢机智的品质，就灵活而又深刻了。

教学激励的语言艺术

心理学研究表明，在课堂教学中，教师充分有效地运用激励的艺术，借助语言这一最直接、最迅速、最通畅的手段，对学生的学习行为进行全面的观察和准确的判断，从而最大限度地挖掘学生课堂学习中可以肯定的因素，进行充分的、有针对性的激励，这对激发学生的学习兴趣、坚定学生的学习信心、诱发学生的学习动机、启发学生的积极思维，从而使课堂形成和谐热烈的教学气氛，使学生进入跌宕起伏的学习意境，使教学进入和谐共振的艺术境界，使学生得到心灵的充分舒展和语言的充分训练，是非常重要且十分有效的。

一、褒扬式激励

每个人都希望自己的工作和学习获得成功，希望自己得到别人的承认和赞扬，而学生的这种心理更加明显。面对人们的夸奖，特别是面对教师和家长的夸奖，他们的高兴劲儿简直难以形容。不仅如此，在听到别人的夸奖后，他们在很大程度上还会勉励自己继续努力，以获得新的成功，争取新的褒扬。可见，在阅读教学中，教师公正合理的褒扬，不仅能使学生产生满足感，还会使其产生新的动力。因此，在课堂教学中，教师要善于挖掘学生的优点。可以"理解问题是多么全面深刻、考虑问题是多么周到细致、分析问题是多么深入透彻"等语句来肯定学生对问题的理解；以"回答问题声音是多么洪亮、朗读课文感情是多么真切、上课听讲态度是多么认真"等来肯定学生的课堂表现；以"思考问题有自己的见解、情感感悟有自身的特点、分析问题有独特的方法"等来肯定学生的创新精神；以"能联系生活加以说明、能联系课外阅读加以表述、能联系相关学科加以理解"等来肯定学生的学习方法……这样，充分有效地挖掘学生的优点，对学生的成功之处及时给予肯定和赞扬，就能让学生在不断的成功中得到无限的学习乐趣和无穷的学习动力，保证学生一步步地向着教学目标迈进。

二、归因式激励

教育心理学告诉我们，学生在学习上获得成功，不仅希望人们承认其成果，而且希望人们承认其为之付出的劳动；学生在学习上遇到挫折，不仅希望得到谅解，而且特别忌讳别人从智力因素上追溯原因。针对学生的这一心理特点，我们可将归因理论运用于课堂教学，在肯定学生成绩的同时，注意帮助学生从学习态度和学习方法方面总结经验。如以"你理解这么深刻、说理这么透彻，说明你全身心都进入了课堂学习之中"来肯定其学习的专心致志；以"你朗读得这么富有感情，说明你和作者想到了一处"来肯定其理解的深度；以"刚学过你就背得这么流利，说明你不仅记忆力强，而且有科学的记忆方法"来肯定其学习方法。如果学生在课上答题出错，要在指出差错的同时从其学习方法和主观努力上剖析原因，而避免涉及智力因素。如"你不会背，不是记忆力差，而是功夫下得不够。如果你再用一点时间，肯定会背的""只要你上课认真听讲，你就一定能够理解""如果你细心读课文，就能正确理解"。这样，语言婉转，态度恳切，学生容易接受。这样进行归因激励，可以有效地促进学生在学习中扬长避短、长善救失，充分发挥学生的潜能。

三、信心式激励

信心是人们成功的内驱力。对学生而言，一旦树立起了学习的信心，他们就能坚定不移，认准目标，为之努力；就能直面困难，毫不气馁，努力克服；就能正视不足，采取措施，加以弥补……为此，教师可把"信心"作为阅读教学中激励学生的重要手段。对优秀生，要通过激励，引导他们一步步地向着新高度攀登。比如，"真了不起，如果你再坚持努力，将会更出色""你的想象是多么丰富、思路是多么开阔，好好努力，你会达到新的目标的"。对中等生，要通过激励，引导他们一步步地向着先进的行列迈进。如"答得不错，如果你考虑问题再细心一点，你对这一问题的理解就更叫人佩服了""真不简单，想不到一个简单的问题，你竟然想得这么深刻。这样下去，你一定会成为我们班的优秀生"。对后进生，要通过激励，引导他们一步步地摆脱后进，在教学中，要处处关心、信任他们，提问、朗读、角色扮演时要给予特别的关心，让他们看到自己在老师心目中的位置，看到自己的希望。另外，指名答题时要考虑其能力，并在提问后以"我相信你一定能正确回答""仔细想想，你一定能够胜任""大胆一些，你能行"等语言加以激励。一旦他们答对了，则以"瞧，我说行嘛""真不简单，答得这么全面具体""你看，这么难的题也答对了，真棒"来加以鼓励。这样激励，对于坚定后进生的学习信心，促进他们的转化是非常有效的。

四、愉悦式激励

在课堂教学中采取愉悦式激励，置学生于轻松愉快的气氛中，对于提高课堂教学效率是很有效果的。愉悦式激励的方法多种多样，可通过语言表述，带领学生进入情境，让学生进境、观景、悟情；还可通过语言诱导，让学生扮演角色，通过演示朗读来理解内容、体会感情；还可通过语言点拨，以课文为依据，让学生拓展情节，深化对课文的理解。如《秦兵马俑》一文阅读后，一名教师这样引导：同学们，通过课文的学习，我们深深地感受到了秦兵马俑的惟妙惟肖，感受到了秦雄兵百万、战车千乘的宏伟气势，感受到了中华民族的强大力量和英雄气概。大家想一想，如果你是秦朝的皇帝，这些兵马俑一下都变成了真的，他们要接受你的检阅，你能想象并描述检阅时的情景吗？这样引导，有效地活化了课文内容，学生通过生动、具体、形象的描述，对课文内容有了更真切的感受，对课文中心有了更深刻的理解。

五、目标式激励

目标是对学生进行激励的重要因素。它能使学生的学习活动具有明显的趋向性。在教学中，教师要给学生指明目标，并激励他们为之努力。阅读每篇课文之前，教师都应让学生首先明确学习任务。如《少年闰土》揭题时，教师可告诉学生：学习这篇课文，要搞清楚文章写了少年闰土的哪些事，反映了他的哪些特点，作者是如何写出他的特点的。另外，还可告诉学生，这节课我们要通过自学解决生字的音、形、义等问题，理解词义，初步了解课文内容，理清叙述顺序，给课文分段。这样明确目标，能有效地激励学生为目标的实现而努力。采用目标激励法，一是要注意目标的针对性，除了根据课文内容、类型、训练的要求而确定重点外，还要考虑学生的知识基础，保证其可行性。二是要注意检测的及时性，在教学过程中要采取有效方法对目标进行检测，以便根据信息反馈的情况对课堂教学进行调控，保证教学目标的实现。在进行目标检测时，要根据学生的发展水平，对目标的标准进行适当调整，使目标对每个学生都能产生激励作用。

新课结束的语言艺术

成功的阅读教学不仅要有引人入胜的开头，而且要有耐人寻味的结尾。因此，讲究结束语的设计，充分发挥结束语在课堂教学中画龙点睛的作用，是非常重要的。

一、总结：提纲挈领，整体梳理

新课结束时，教师可对课文内容、课文中心、知识要点等进行全面的或有选择的梳理，给学生留下清晰完整的印象。如《我的战友邱少云》可这样设计：通过《我的战友邱少云》这一课的学习，我们知道，课文主要讲述了邱少云为了战斗的胜利而在烈火中壮烈牺牲的故事，表现了他勇于献身、严守纪律的品质。我们还知道，读这类写人的文章时，要透过人物的外表体会人物的内心，把握人物特点；写这类文章时，要写好人物外表，更要写好人物内心，要能通过人物外表反映人物内心，突出人物的特点。这样小结，就使学生对课文内容和读写知识产生了清晰的印象。

二、存疑：引发思考，激发想象

新课结束时，教师可围绕重点、抓住特点、捕捉疑点来精心设问，从而以问促思、启发想象、诱发创造。如《小珊迪》一课可这样设计：同学们，课文已经读完了，饥寒交迫的小珊迪在身负重伤以后，仍然叫弟弟送还零钱；在生命垂危之际，仍然惦记着自己的弟弟，这是多么诚实、多么善良的孩子啊！他的品质是这么高尚，然而在资本主义社会里，他的命运又是如此悲惨。课文已经读完了，大家想一想，如果换零钱时珊迪并没有受伤，他会如何归还零钱，又会如何使用那挣来的一便士？如果他生活在现代，生活在我们身边，他的生活状况又会如何呢？这些问题能有效放飞学生的思绪，撞击学生的心灵，使教学效果得到深化，使学生心灵受到震撼。

三、号召：高昂激越，催人奋进

教师可捕捉语言文字与思想内容的结合点，以高昂激越的语调、真切感人的情感、活泼明快的语言提出要求，发出号召，充分发挥语文的育人功能。如《丰碑》的结束语可这样设计：同学们，课文已经读完了，而军需处长那舍己为人的高大形象却一直浮现在我们眼前。为了其他同志的温暖，一个负责分发物品的军需处长竟然身穿夹衣冻死在风雪之中，这是何等的感人！同学们，当别人遇到困难时，我们该如何见义勇为，如何挺身而出呢？军需处长以他的行动为我们树立起了人生的路标，为我们作出了响亮的回答。让我们把这高大的丰碑铭记心头，用它的精神激励自己，用它的品质鞭策自己吧！

四、诱情：情真意切，真实感人

教师可准确把握课文情感，以饱含深情的语言结尾，唤起学生的情感体验，激发学生的情感共鸣。如《凡卡》可这样设计结语：读了这篇课文，凡卡这个命运悲惨的孩子，就活脱脱地出现在我们眼前。多么不幸、多么可怜的孩子啊。九岁的我们，不少人还在父母的怀抱里撒娇，可凡卡却被送到鞋店当学徒，并在鞋店里受尽了折磨：带小孩睡着了，老板拿皮带揍了他一顿；洗鱼从尾巴上弄起，老板娘便拿鱼嘴直戳他的脑门；伙计们捉弄他，让他打酒、偷老板的黄瓜，老板随手捞起个家伙就打他；吃的呢，简直没有；老板让他睡在过道里，只要他们的小崽子一哭，凡卡就别想睡觉。同学们，凡卡的生活真是连狗也不如啊！他是多么希望爷爷能带他离开鞋店啊！可是爷爷本身是老爷家的守夜人，哪有能力带他回去呢？就连这封信爷爷也不会收到，因为信封上地址不详，又没有贴邮票。信已寄出去了，此刻，凡卡正做着甜蜜的梦呢，可是当他醒来的时候，一切都不会改变。可怜的凡卡啊，你尽快来我们这儿吧！

五、赞叹：融入情感，汇入心声

教材中的不少课文都表达了作者的赞美之情。教师可准确把握课文的赞美之情，以赞叹的方式设计结束语，融入自己真挚的情感，汇入自己赞叹的心声，使师生与作者的情感在结束语中得到融合和升华。如《草原》一课可这样设计结束语：《草原》这篇文章给我们留下了多么美好的画面啊！草原的景色是那么美：明朗的天空，美丽的白云，清新的空气，使人心旷神怡；无边的草原，成群的牛羊，高歌的牧童，令人无比向往。草原景色美如画卷，草原人民热情好客，他们到几十里外迎接客人，到几十里外看望客人，用珍贵的食品招待客人。课文已经学完了，但广阔草原的神奇画面，草原人民的深情厚谊，蒙汉两族的血肉情深，将永远铭刻在我们心中。让我们永远记住草原给我们留下的美好画面，让我们永远记住草原给我们留下的深深情意。

六、推测：巧妙联系，推测延伸

教师可捕捉课文内容与现实生活的联系点，合理推测，以唤起学生共鸣；有机延伸，以升华文章中心。如《挑山工》可这样设计结束语：课文虽然已经学完了，但课文中身穿红背心、挑着重担上山的挑山工的形象却时时浮现在我们眼前，作者需要那幅画，我们在座的每个同学不也需要那幅画吗？老师相信，在今后的学习生活中，当你们遇到困难的时候，一定会用挑山工那顽强不屈、勇于攀登的精神激励自己；当你们遇到挫折的时候，一定会用挑山工那步步踏实、永不退缩的精神勉励自己；当你们遇事动摇的时候，一定会用挑山工那坚持不懈、永不停息的精神鼓励自己。老师相信，挑山工的形象一定会时时在你们眼前闪现，挑山工的话语也一定会时时在你们耳边回响。

训练语感：落实语文学习归宿

　　"强化语感训练"是《语文课程标准》反复强调的重要思想，这是因为，人们感悟语言和生成语言主要靠的是语感，语感能力是左右人的听说读写质量的杠杆，语感能力强的人往往能一听就明、一说就通、一写就顺。因此，引导学生拥抱语言，就必须注重语感训练，并以此作为实施阅读教学的关键。进行语感训练，不仅要重视言语实践机会的创设，而且要注重对学生言语实践参与的引导，促使学生全身心地走进文本、走近人物、拥抱语言、舒展心灵。

培养语感的直觉性

直觉，是一种不经过复杂智力操作而直接迅速地认识事物的思维活动。语感的直觉性，是指在语言阅读（或听说）中，不需要经过深思熟虑，就能尽快把握语言内容，理解语言含义，领悟语言情感。培养学生语感的直觉能力，使学生形成快速阅读、准确把握语言含义的能力，不仅是促进学生学好语文的需要，而且是信息社会对学生素养的基本要求，必须予以重视。

一、大胆地猜测

就语文学习来说，直觉是指无须凭借有关的知识进行理性地思考，在一听一读之际就能把握语言的含义、正误、形象、味道等，而这种"把握"在很大程度上是凭着直觉进行猜测的。学生具备了一定的猜测能力，就能充分调动自己的知识积累，与课文构成联系，从而尽快地从文中把握语言信息。为此，在阅读教学中，教师可引导学生寻求课文中语言信息的发现点，引导学生对语言内容、语言内涵、语言情感去猜测、去发现。既可通过课题分析，推测课文内容、思路和重点；还可寻求课文联系，推测课文内容、中心和写法；也可根据事情起因，推测事情的发展、高潮和结局；还可根据人物心理，推测人物的动作、行为和语言。如阅读《飞夺泸定桥》一课，教师揭题时可这样引导：由课题你能知道课文写了什么事？可能按什么顺序写？重点写了什么？作者为什么要写这件事？这样，学生就很容易明白：课文是写飞夺泸定桥的事；既可以按"飞夺原因——飞夺经过——飞夺结果"的顺序写，也可以按"飞夺结果——飞夺原因——飞夺经过"的顺序写；课文的重点可能是写飞夺的经过。这样，在具体展开教学前引导学生对课文内容、中心、思路等进行猜测，能增强学生阅读感知的针对性，促进学生快速把握内容、理清思路、感知中心，形成语感的直觉性。

二、深入地透视

叶圣陶先生说："在语感敏锐的人心里，见了'新绿'二字，就会感到希望，自然的化工，少年的气概等等说不尽的旨趣；见了'落叶'二字，就会感到无常、寂寥等等说不尽的意味。"这里的"感到"，实际是由表象到内涵的透视，它是一种直觉的洞察、深刻的感悟。学生在阅读中具备了这种能力，就能透过语言文字去洞察丰富的内涵，探究精深的内核，把握语言的灵魂。因此，在阅读教学中，教师可选择课文知识点、情感、技巧的蕴涵点，作为引导学生发现的窗口，让学生透过窗口去深入地"看"，细心地"听"，认真地"思"，以透视丰富的内容蕴涵、意义蕴涵和情感蕴涵。如《琥珀》一文中，琥珀的来历虽是科学家推测的，但却叫人深信不疑。对化石的形成需要较长的时间等有关知识，小学生是略有所知的。为此，阅读中教师可直奔结尾，引导学生弄清"琥珀"的样子。接着这样引导：这块"琥珀"多么神奇啊，苍蝇和蜘蛛怎么会钻进松脂里面？它们又是怎样变成化石的呢？课文对此进行了叙述，而这些叙述，是科学家根据琥珀的样子想象出来的。如果你是科学家，能根据它的样子想象出它的来历吗？这样，学生无须深入思考，不必周密考虑，就能很快透视出科学家的推理思路和课文的叙述思路（苍蝇和蜘蛛出现→被包入松脂→松脂球形成→琥珀）。经常进行类似的训练，可以有效地培养学生语感的直觉性。

三、快速地浏览

语感直觉性的主要表现形式之一，就是能在对语言材料一目十行的快速浏览中有选择、有重点地把握信息。事实证明，语文教学高耗低效的主要原因之一是学生阅读量太小，课外阅读量微乎其微。要摆脱语文教学的困境，就必须建立一个开放的语文教材系统，给学生提供语言实践的广阔天地，以有效的方法加大学生的阅读量——既要拓宽他们的课外阅读面，还要增加他们的课内阅读量。要保证阅读量的增加与质量的提高能够同步进行，就必须培养学生快速阅读的能力。为此，教师应当对学生进行快速浏览（听读）的训练，在阅读（听读）时规定阅读时间、阅读篇幅和阅读要求，促使学生快速捕捉信息，准确把握内涵，使他们逐步形成快速阅读、快速分析、快速感知的能力，使新大纲规定的阅读实践量落到实处。如《小英雄雨来》篇幅较长，为了让学生尽快把握主要内容和重点语句，可要求学生速读浏览，在五分钟内搞清以下问题：课文写了雨来的哪几件事？你觉得雨来是怎样的孩子？最能突出雨来品质的是什么事？这就能促使学生尽快浏览，快速提取，把握要点。

四、广泛地质疑

研究表明，如果教师在语言材料探究前能提出与之相关的问题，就能搭建疑问与阅读经验、生活积累和阅读材料之间的联系，使学生的阅读目标更明确，从而提高阅读效率。为此，在阅读教学中，教师可捕捉重点内容，广泛设问，引导学生多提出质疑，为快速阅读、快速感悟奠定基础。如阅读《金色的鱼钩》时，可抓住"在这个长满了红锈的鱼钩上，闪烁着灿烂的金色的光芒"来进行引导：读了这一句，你会想些什么呢？这样学生就能进入广阔的探究空间：这鱼钩是谁的？它是怎么来的？它起到了什么作用？既然它长满了红锈，为什么又闪烁着灿烂的金色的光芒？这样引导，就能分解阅读目标，提高阅读速度。

五、多感官参与

鲁迅先生说："诵习一字，当识音形义三：口诵耳闻其音，目察其形，心通其义，三识并用，一字之功乃全。"然后"自文字到文章"，"意美以感心，音美以感耳，形美以感目"。直觉语感能力强的人，面对语言文字，无论是感知、理解还是领悟，都能充分而有效地调动自己的多重感官，用眼去观看、用耳去倾听、用手去触摸、用脑去思考……这样，课文就会以其描述的形象出现在学生面前，学生就能在"如临其境"的阅读心理图象中加深对语言情境的感受和语言情感的感悟。因此，为提高学生语感的直觉性，教师可抓住语言形象、语言蕴涵和语言情感的结合点，最大限度地调动学生的感觉器官，使他们全身心进入课文描述的情境之中，拓展语言理解的空间，拓宽语言训练的背景。如阅读《草原》时，为了促使学生走进课文情境，充分感受草原奇特的景色，一名教师这样引导：

师：（播放歌曲《美丽的草原我的家》）同学们，这歌声是多么的优美，多么的动听！它把我们带到了无边无际的草原。请大家闭上眼想一想，如果你现在到了草原，出现在你眼前的是怎样的画面呢？

生：我看到草原上遍地都是绿色的草、各色的野花、成群的牛羊，这景色真让人心旷神怡。

生：我看到无边的草原上，处处都有羊的踪影。远远看去，它们就像绿草中的白花，蓝天上的白云，还像碧海中的白帆。

师：草原的景色美，你说得更美！

生：我看到了小河，清清的河水在潺潺地流淌，小鱼在里面自由自在地游着，小虾在里面不停地嬉戏。

生：我看到牧民挥着鞭子，唱着民歌，骑着骏马，赶着牛羊，奔驰在千里草原上，真是神奇！

生：我听到了小鸟清脆的鸣叫，听到了蒙古姑娘高亢的歌声，听到了牧民隐隐的鞭子声。

（其他学生发言略）

师：是啊，无边的碧草，各色的野花，成群的牛羊，组合成了多么神奇的画面啊！置身于这样的画面中，你心情怎样？

生：我会忘记一切烦恼，我会感到世界的一切都是那样美好，仿佛到了世外桃源。

生：置身于这样的画面中，我觉得天变高了、变蓝了，一切都是那么美丽、那么诱人。

生：看到如此美丽的大草原，我真是无比高兴，如果能生活在这样的环境里，该多好啊！

师：我们心中的草原如此美妙，作家眼中的草原又是怎样的呢？让我们随作者一起去走一走，看一看吧。

这样引导，有效地调动了学生的知识积累、生活积累和情感积累，让他们从视觉、听觉、感觉等多方面入手，通过想象，组合成了形象的画面。这样的画面是融语言的意义蕴涵、形象蕴涵和情感蕴涵于一体的具体形象，融合了学生的主观感受和真切情感，为学生顺利地走进课文，具体地感受语言情境，深切地体会文章所表达的情感提供了保证。

培养语感的独特性（一）

《语文课程标准》指出，阅读是学生的个性化行为，不应以教师的分析来代替学生的阅读实践。教师要珍视学生独特的感受、体验和理解。语言文字一旦被作者用来表情达意，它就变成了具有生命的活体。一个人，只要他（她）具有一定的言语能力（书面的和口头的），在运用语言表情达意时，就必然会体现出自己的独特个性。而作为作者，他（她）独特的个性、独特的情思都是通过独特的语言形式表现出来的。在阅读教学中，教师的重要责任，就是要将课文描述的独特情境、作者表达的独特情感、语言运用的独特技巧展示在学生面前，让他们去感受、去领悟、去发现，以体会作者语言选择、语境描写、语义揭示、语情表达、语技运用的独特性，从而提升学生语感独特性的品质。

一、感受语言形象的独特性

语文教材中的多数课文，都是现实情境或想象情境的描述，其语言运用都有自身的独特之处。只有引导学生走进课文去体会语言形象的特殊性，才能让学生真正理解蕴涵于语言形象之中的语言意义和语言情感。为此，在阅读教学中，教师须着重引导学生从语言文字中读出语言形象，并促使他们在与以往积累的语言形象和客观形象的比较中，感受语言形象的独特性。如《一夜的工作》一文，描述了作者在总理办公室观察到的三个特殊情境：陈设简单、审阅认真、晚餐简单。阅读中，学生只有感受到了这些特殊之处，才能深刻理解总理可敬的品质。教学中，一名教师这样引导："那高大的宫殿式的房子就是总理的办公室，你想里面的陈设会怎样？走进总理办公室，你看到的是什么？""知道总理一夜要批阅一尺来厚的文件，你认为他可能会怎么批阅？事实上他是怎样审阅的？""总理工作了一夜，你觉得他该用什么样的晚餐？事实又是怎样？"这样巧妙引导、有机联系，使学生张开了想象的翅膀，合情的推测与实际的差距，构成了鲜明的对比，凸显了认知冲突，给学生带来了心灵的撞击和情感的震撼，使他们在情境的特殊性中深深感受到了总理"生活俭朴、工作勤劳、认真负责"的可贵品质。无疑，学生对总理办公室陈设和晚餐的简单及总理审阅文件时的认真态度的感受，是非常真切而又非常深刻的。

二、感受情感表达的独特性

"我们不能把语言作品看做是一种僵死的产品，而应视之为一种生产过程，不能只注意语言作为对象之描述和理解之中介的作用，而更应谨慎地回到语言与内在精神活动紧密交织的本源和语言与这一本源的相互影响上去。"（海德格尔《在通向语言的途中》，商务印书馆1997年版，210页）语言作品的形成过程，是作者运用语言来表达情感的精神活动过程，它是一个复杂的心理活动过程。引导学生感受作者的精神活动，体会作者在独特情境下的独特感受，是阅读教学的重要任务。为此，教师须以有效的方法把学生引入情境，变课文的阅读为生活的经历，让他们临其境、观其景、见其形、闻其声；叙所见、谈所闻、话所感、述所悟，使他们与作者或文中人物产生情感的共鸣。如"这口井什么时候修成的，已经没有人能够说清楚了。只有井口那些被井绳磨出的一道道深深的印痕，记载着它的年龄。"（《古井》）为引导学生感受古井的品质，一名教师是这样提问的：如果你就是这里的村民，祖祖辈辈享受了古井甘甜的水，你想对古井说些什么呢？巧妙的假设，促进了学生角色的转换；角色的扮演，又使学生真切地表达了对古井的赞美和感激。有的学生说："古井啊，你是什么时候修成的，已经没有人能说清楚了，不仅文中的'我'不知道，父辈们不知道，就是祖辈们也未必清楚。可见，你已经为我们服务了很多很多年了。在这里，我想向你表示由衷的感激！"有的说："古井啊，你的井口已经被井绳磨出了一道道深深的印痕，没有很长的时间，这些印痕是难以形成的。可见你为人们作出了多大的贡献啊！谢谢你！"有的说："这么多年来，你就是这样默默无闻地为人们服务，勤勤恳恳地为人们带来甜美和快乐，没有向人们索要一点报酬，真是值得敬佩！"……学生的表述各不相同，但他们对古井的敬佩和感激之情是一致的，对古井无私忘我、默默奉献的精神的感受是深刻的。

三、感受语言含义的独特性

独特的语境、独特的语情决定了蕴涵在语言文字中的独特意义。一些语言文字从表面看来没有什么特殊之处，但是作者往往凭借它来表达自己独特的情思。在阅读中，只有真正弄清语言文字中蕴涵的深刻含义，才能准确把握语言文字的思想内涵。语文教材所选的每篇课文都是作者独特感受的抒发，如果我们能把这一个个"独特"充分地展现在学生面前，引导学生去品味、去剖析，那么，学生从阅读教学中获取的就不仅仅是语言知识的理解、语言内涵的感悟和语言情感的体会，而且是课文情境的亲身经历、现实世界的自由描述、自我情感的真切表露、自我心灵的充分舒展和自我人格的完美塑造……这样，语文教学所给予学生的，一定是心灵的生长、素质的发展。为此，在阅读教学中，教师须带领学生走进课文，去深切感受课文情境、感悟语言意义、体味作者情感，以准确地理解文章语言含义的独特性。如"昨天是我的眼睛骗了我，那'鸟的天堂'的确是鸟的天堂啊！"（《鸟的天堂》）两个"鸟的天堂"包含的情感是不同的。为了促使学生感悟，一名教师这样引导：句中第一个"鸟的天堂"为什么加引号，你是怎么理解的？第二个"鸟的天堂"为什么不加引号，你又是怎么理解的？从这句话中，你感受到了什么？从而使学生领悟了语言的特殊含义：第一个"鸟的天堂"是指大榕树，因为人们把它称为"鸟的天堂"。第二个"鸟的天堂"是对大榕树的赞美，是说大榕树是鸟儿生活的乐园。这是因为榕树很大，适合鸟儿居住；人们很善良，时时保护鸟儿；很多鸟儿在此栖息，的确像个乐园。这就使学生感悟到了作者对榕树的赞美、对人们的赞扬、对鸟儿的喜爱。

四、感受语言技巧的独特性

语言形式与语言内容是密切相关的，语言形式的特征决定了语言内容的特征，只有把握了形式的独特性，才能把握内容的独特性，进而真正体悟作者的内心，触摸到作者的心灵。在阅读教学中，教师须帮助学生通过构筑语言形式与语言内涵的联系，引导学生剖析形式与内容的关系，通过形式独特性的玩索来感受和领悟内容的独特性。如"突然，一只老麻雀从一棵树上飞下来，像一块石头似的落在猎狗面前。"（《麻雀》）在一般情况下，老麻雀与石头没有什么相似之处，可是在这里，作者却把它比作石头，而且既形象又贴切。为了让学生更好地体会这个比喻的精妙，一名教师这样引导：读了这一句你觉得奇怪吗？为什么？引导学生产生疑问：为什么要把麻雀比作石头？接着这样引导：联系课文内容说说这时的麻雀与石头有哪些相似之处？作者为什么这样写？经过深入思考，学生就会明白：老麻雀速度很快，像石头落下一样；老麻雀来势很猛，像石头落下一样；老麻雀垂直下落，像石头落下一样。这样引导，就使学生懂得：老麻雀以最快的速度、最大的气势、最近的距离向下飞，就是要不顾一切地保护小麻雀。这样，学生就能在深切感受老麻雀对小麻雀的爱的同时，体会到作者语言的独特性。

培养语感的独特性（二）

《语文课程标准》指出，写作能力是语文素养的综合体现。写作教学要贴近学生实际，让学生易于动笔、乐于表达。教师应引导学生关注现实，热爱生活，表达真情实感。加强语感独特性的培养，既可引导学生向生活投去独特的目光，提高他们感受生活、认识世界的能力；也可引导学生以独特的方式，对生活、对世界进行自主的剖析和描述，使他们的语言五彩缤纷；还可引导他们在运用语言描述事物的过程中，充分张扬个性、发展个性、完善人格。为此，在语文教学中，教师须在语文与生活、课内与课外的联系中，寻找机会，练习表达，让学生说自己的话、表自己的意、抒自己的情，培养学生运用语言文字表达自己独特的内心感受的能力，使其能够运用自己独特的语言来表达自己富有个性的思想和情感体验，从而形成作文的独特个性。

一、天性自由放飞

人们对客观世界的独特认识，是形成独特语言作品的重要前提。要培养学生语感的独特性，教师须引导学生向客观世界投去独特的眼光，以获取独特的素材。我们发现，不少教师虽然经常把学生引向生活、引向自然，但在"生活"中，在"自然"里，学生始终得"完成"老师布置的"任务"，想玩不可能，想乐无机会。结果，没有自己的材料，没有自己的体会，只能用自己的笔写老师的话。因此，要培养学生语感的独特性，须让学生在生活中真正地体验，让他们自由放飞天性，自由放飞心灵。请看下列案例：一天午后，随着一阵紧似一阵的北风，雪花慢慢地从天空飘落下来。正在上课的孩子们，心一下飞到了窗外。上课的是一位年轻的女教师，看到此情此景，她马上丢下课本，大声说："同学们，看雪去！"孩子们如放飞的小鸟，拥着她来到操场。"同学们，尽情地看吧，尽兴地玩吧！"她这样一说，孩子们一下在操场上分散开来。

有的举起双臂，好像在迎接天外的来客；有的合起双手，好像在捕捉神奇的玉蝶；有的张大嘴巴，好像在品尝美味的冰淇淋；有的聚集在树下，倾听着雪花的声响；有的蹲在地上，细看着雪花的踪迹；有的在跑道奔跑，追逐着雪花的身影……那位开明的女教师也和孩子们一起出神地仰着头看着雪花。此后，她又在操场上了说话课。孩子们围绕雪景，尽情表达，各有创造，实在令人欣喜。好动、好玩、好奇，这是孩子的天性。虽然正在上课，但室外的雪景一下子引起了孩子们的注意。教师抓住大自然赐予的良机，把学生带到了雪的世界。孩子们玩得那么忘情，感受岂能不深？玩法这么独到，感受又岂会相同？

二、个性自由放飞

教学中经常有这样的现象：教师为了引导学生作文，搞了不少活动，但是，活动后，学生大多语言雷同、缺乏个性。重要的原因就是活动的限制过多，学生自主性不够，教师"引导"过了头，还没出发，就千叮咛万嘱咐，让学生带上笔记本，细心观察、认真记录。到了现场，更是细心提示、精心点化，从观察目标到观察方法，从观察顺序到观察重点，都要详细进行指导。这样引导，学生还能有自己独特的语言吗？因此，要培养学生语感的独特性，教师须在带领学生走向生活时，让他们根据自己的兴趣爱好，自主确定观察重点，选择观察方法，把握观察细节。如一名教师带学生寻找春天，观察前，教师问学生："我们到大自然中去找春天，可以观察些什么呢？"学生对小河、花儿、小草、小树、麦苗等都进行了列举。此时，教师提出要求："今天，老师没有什么明确的要求，你自己想怎么找就怎么找，除了刚才提到的事物外，看谁还能找到其他的事物。"结果，学生尽情地去玩、尽兴地去找：有的迎着大路快速奔跑，感受春天的风，说春天的风是那么暖、那么软、那么轻、那么柔；有的躺在草地上仰望天空，说天空是那么高、那么蓝，鸟儿是那么多，云层是那么薄；有的在泥土上慢跑，说春泥是那么软、那么松；有的到广场上去玩，说春天的广场孩子多了，风筝放起来了，人们更开心了……由此可见，生活是色彩斑斓的，只有引导学生以自己独特的观察方法，向生活投去独特的眼光，才能使他们感受到生活的多姿多彩，才能使他们产生有个性的思想和独特的情感。

三、情思自由放飞

　　人们的言语活动是用来展示自己的精神世界的，学生是各有个性的，他们的精神世界千差万别，对外部世界的感受也各不相同。在语文教学中，教师须以有效的方法引导学生进行富有个性的探索，鼓励他们用自己的话语，大胆地展示自己独特的精神世界。还是那位在大雪到来之时引导学生观看雪景的教师，在放手让学生充分感受雪景之后，她及时引导：同学们，我们各用一句话描写一下天空的景色，最好不要与别人说的相同。有的学生说："满天的玉蝶挣脱了玉皇大帝的束缚，纷纷来到人间向我们报到了。"有的说："雪花似柳絮飘、似棉花飞、似蝴蝶舞，好一幅美丽的图景。"有的说："雪姑娘经过长途旅行，感到疲劳了。你看她走路摇摇摆摆的样子。"有的说："看吧，老天爷正挥动巨大的手，把一团团棉花抛下大地。他要编织一条棉被，好让大地的一切暖暖地过冬。"……接着，教师又这样引导：看着漫天的大雪，我想你们一定有许多话要说，但老师只想让你们说一句话，来表达自己的希望，再说一段话来交代原因。结果，学生有盼雪下大的、有盼雪快停的、有希望雪不要下在公路上的、有希望下雪时天气不要太寒冷的……在交代"希望"的原因时，学生的表述更是各不相同，富有特色。一名学生是这样叙述的："并不是我怕冷，而是妈妈的腿受不了。妈妈的腿患关节炎已有三年了，每到冷天就疼得特别厉害，有时竟然疼得下不了床。看着妈妈拖着疼痛的双腿在家里忙碌，我真是难受极了。我想，要是把冬季从'四季'中去掉该有多好。可今天竟然下雪了，而且下得这么大。我仿佛看到妈妈抱着双腿在痛苦地呻吟，又好像看到妈妈正在一瘸一拐地去井边为我洗衣服……老天爷啊，你行行好吧；大雪啊，你快停吧！"

　　试想，如果观察下雪的景色后，教师来个"用一句话表达自己对雪的赞美之情"的统一要求，那么，不少学生必然会言不由衷；如果学生谈了自己的希望后，教师对看起来"不可思议"的言语横加指责，学生必然会学会说谎，又怎能说出如此自由开放、心愿不一、情感有别的片段呢？因此，我们需多些开明、多些开放、去掉限制、去掉束缚，让学生真心地感受生活，真实地表达情感。

第二章　训练语感：落实语文学习归宿

第4节

培养语感的敏锐性

研究表明，要学好语文，就必须具备两种敏感：一是对人生世相的敏感，二是对语言的敏感。培养学生敏锐的语感，既是培养学生对语言的敏感，又是培养学生对生活的敏感。一旦学生有了这两点敏感，他们就能敏锐地观察生活、理解生活，从生活的表面现象和生活的广泛联系中，理解生活的深刻底蕴；还会在语言阅读中，以有效的方法把语言文字中的生活现象展示在自己眼前，充分调动自己的生活积累，去更真切、更深刻地感受语言。因此，在阅读教学中，必须注重学生语感敏锐性的培养。

一、在推理验证的过程中培养敏锐的预测能力

对事物敏锐的预测能力，是一个人生活经验、知识积累、认识水平、思维能力的充分反映。随着生活经验的不断增加和认识能力的不断提高，人的预测能力也会不断增强。在阅读教学中，教师须围绕教学目标，把握知识要点，充分调动学生的生活经验和知识积累，让他们对语言内容进行推理和预测，培养他们敏锐的预测能力。请看下面的教学片段：

师：同学们，今天我们将要学习《雨中》这篇课文（板书课题）。由课题你可知道课文所写的事情肯定与什么有关？

生：与雨有关。

师：如果我们写这篇文章，该写清楚哪些问题？

生：该写清楚什么时候下雨，雨下得怎样，在雨中发生了什么事情。

生：还要写清楚哪些人在雨中，他们之间的关系怎样。

师：很好。那我们读这篇课文该搞清楚哪些问题呢？

生：要搞清楚什么时候、什么地方下雨，雨下得怎样，事情与雨有什么关系。

生：还要搞清楚作者写这篇文章的目的是什么。

课文以"雨中"为题，渗透了作者的匠心。如果教师在揭题时一略而过，那课题的内涵就难以透视。在上述案例中，教师没有直接告诉学生课文内容是什么，也没有直接明确学习任务，而是由"从课题你知道课文所写事情肯定与什么有关""如果我们写这篇文章，该写清楚哪些问题""我们读这篇文章该搞清楚哪些问题"这几个提问作为引导，激发了学生的学习兴趣，调动了学生的知识储备。由于知识水平和认识能力的限制，学生的推测往往带有随意性，与课文内容往往存在较大差异，这是正常的。要培养学生敏锐的预测能力，不仅要引导学生大胆"预测"，还要重视对预测结果的处理，让学生在预测后，与课文内容进行比较，或发现预测的成功，享受预测的快乐；或发现预测的不足，思考内在的原因，从而发挥"预测"在阅读理解、思维训练、人格完善中的作用。这样坚持训练，学生预测的准确性将会越来越高。

二、在速读提挈的过程中培养敏锐的直觉能力

我们正处在科学技术迅猛发展的时代，报纸杂志、电影电视、广播广告、磁带光盘……对这些浩如烟海的信息，我们没有可能，也没有必要去一一仔细了解，但合理选择、为我所用，却是必要的。这就要求我们具有快速提取信息的能力，要求我们能从复杂的信息中迅速获取自己所需要的信息。在阅读教学中，培养学生敏锐的语感能力，必须注重培养学生敏锐的语言直觉能力。可让学生速读一篇文章，要求学生尽快把握主要内容，抓住重点词句，提出主要问题；也可让学生欣赏一幅画，或让学生观看一段视频，要他们说出主要内容，指出画面的主要景点。如阅读《雨中》时，教师在揭示课题后要求学生速读课文，以最短的时间搞清楚：雨下得怎样？雨中发生了什么事？这些事与哪些人有关？他们各干了什么？这样，短暂的时间、明确的要求，有效唤起了学生"快速阅读、把握关键"的竞争心理。仅仅几分钟时间，学生就把握住了课文内容：课文写了运货的姑娘，她的货车翻了，苹果散落一地；写了放学回家的孩子，他们帮助姑娘封锁交通，还帮助姑娘捡苹果；还写了卡车司机小伙子、轿车上的老爷爷、过路的行人，他们都主动为姑娘捡苹果。这样引导，对于帮助学生提高阅读速度，增加课堂阅读量，提高阅读教学的整体效益是非常有效的。如果长期坚持训练，学生就能形成快速阅读、把握精髓的能力，在课堂阅读中，就能以较少的时间阅读较多的内容，提高课堂学习的效率。一旦他们走

上社会，就能从众多的信息中，迅速提取、准确选择、即时储存、灵活运用，从而适应信息社会的需要。

三、在情境引入的过程中培养敏锐的理解能力

语感敏锐性的重要表现之一，就是能够根据语言作品，准确而深刻地把握作者的真正目的。在社会交往中，如果言语者语义含蓄，倾听者缺乏敏锐的理解力，就难以准确领悟言语者的真正意思，进而影响人际间的正常交往。可见，在小学阶段就开始培养学生敏锐的理解力十分重要。学生若缺乏这种能力，在阅读中，对含蓄的内容，都要经过深思熟虑才能理解，这就必然会影响阅读速度，很难跟上教学节奏。长期下去，就很可能成为落伍者。为此，在阅读教学中，教师须着力捕捉教材中"言在此，意在彼"的内容，引导学生联系语境进行分析探究和朗读感悟，从而让学生敏锐地领悟语言的真正内涵，逐步形成准确的理解能力。如阅读《草原》时，教师为学生创设了草原的情境，让学生结合课文畅谈自己置身于草原的感受。有的学生说："草原的景色是那么美丽，草原的人们是那么热情。"有的说："草原的景是美的，草原上的人更是美的。"有的说："欣赏了草原的景色，见到了草原的人民，我真是激动万分，我为祖国有这样美丽的草原而高兴，我为草原有这样热情的主人而自豪。"……这就使学生从语言文字中透视到了深刻的内涵、丰富的情感，使他们真切地体会到：课文中写事、写景的语言不是与己无关的符号，而是融入了作者情感并汇合了自己的情感的心灵音符，从而使学生深刻地感悟到作者对草原景色、草原人民、蒙汉情深的赞美。这样，就大大锻炼了学生的理解能力。

四、在易位剖析的过程中培养敏锐的比较能力

讲究衣着的人，不但会注意面料的品质，而且会特别注意花纹和色彩的和谐。在阅读教学中，教师如果能在指导学生进行阅读和表达时，每遇一词、每用一词，就联系与之相近的一串词，并辨别它们语音的强弱、范围的广狭、程度的深浅、色彩的浓淡，从语言的微妙变化中体察情思的微妙变化，由词语的细微差别区分意义的细微差别，这样就能有效地提高学生对语言的敏锐的感受能力。请看《雨中》的教学片段：

师：下面请大家默读写过路人帮助姑娘的内容，想一想文章都写了哪些人？各是用什么词来描述的？你认为这些词用得好吗？为什么？

（学生自读体会、同桌讨论）

师：谁来告诉大家，这一节分别写了哪些人？各是用什么词来写的？

生：写了小伙子、老爷爷和过路的人。写小伙子时用了"跳下、捡"，写老爷爷用了"走下、捡"，写其他人用了"来、捡"。

师：找到近义词了吗？能不能对调位置呢？为什么？

生：近义词是"跳下""走下""来"，位置不能对调。从年龄看，一个是小伙子，一个是老爷爷；从汽车看，小伙子在卡车驾驶室里，要下车必须跳，而小伙子年轻，也能够跳；老爷爷则在小轿车里，要下车只需走下来，而且老爷爷年纪大，也必须走。而行人较多，他们各有各的走法，一个"来"字都能包含进去。

师：说得太好了。可见，我们读文章要抓住重点词语反复品味，写文章要注意精心选用词语。

上述案例中，教师通过"跳下""走下""来"的位置互换体会，使学生在语境、语情、语技的联系中，具体而深入地理解了不同词语对不同情境的准确描述。同时，学生还能明白，作者精心选用词语，是为了准确描述当时的情境，准确展示人物内心，准确表露自我情感。

第 **5** 节

培养语感的丰富性

《语文课程标准》指出，语文课程丰富的人文内涵对学生精神领域的影响是深远的，学生对语文材料的反应又往往是多元的。这就提示我们，要充分挖掘语文课程的丰富人文内涵，促进学生综合能力的提高，丰富学生的精神世界。而在阅读教学中重视培养学生语感的丰富性，就是有效的方法之一。语感的丰富性是指人在语言的解读（包括阅读和听说）中，能够感受到丰富的形象画面，领悟到丰富的情思蕴涵，体会到丰富的语言技巧。一个人，有了丰富的语感，就能从一滴河水看到无垠的大海，从一片绿叶看到无限的生机，从一声鸟鸣看到无边的森林……在阅读中就能达到学习语言、充实精神、陶冶心灵、丰富美感、完善人格的效果。同时，写作才能成为学生展示丰富多彩的精神世界的有趣活动，他们的笔下才能流淌出语义丰富、感情丰富、思想丰富的作品。为此，在阅读教学中，教师须引导学生窥测课文丰富的语言蕴涵，展示自己丰富的精神世界，以培养学生语感的丰富性。

一、多方拓展：语言形象的丰富性

引导学生具体感受语言文字所包含的丰富形象，是促使学生具体感知语言内容、深切感悟语言情感的重要基础。我们知道，语言是生活的记载，生活是语感的基础，学生有了丰富的生活底蕴，有了足够的表象积累，再加上教师的精心启发和有机点拨，语言文字在学生面前，就变成了多彩的形象画面——以学生的语言储存、生活积累为基础的、富有语义内涵、语情内涵、语技内涵的形象画面。因此，培养学生语感的丰富性，教师必须激活学生头脑中储存的与语言文字有关的表象，使语言与生活建立起联系，使语言在鲜活的形象嫁接中获得生命力。这样，当学生乘着作品语言，跨越广袤的空间去神游时，课文语言就成了学生心中美丽的画卷。如《早春》中"草色遥看近却无"的意境，学生的感悟往往缺乏直接的形象支撑。仅靠对诗义的抽象演绎，他们对诗句意境的感悟不会真切。然而，在丰富多彩的生活中，类似的画面、相近的意境却十分常见，只要我们用心去激活、去运用，它就能成为理解诗句语言的同化点。一名教师这样引导：在你们的生活中有类似的情境吗？你能具体描述吗？学生一个个陷入沉思，通过相似联系，想到了生活中很多类似的画面。一个学生是这样描述集市的人流的："那天我去上学，离集市还有好远，就看到集市上人山人海，没有一点空隙。我真担心，这么多人，怎么才能从集市上穿过去呀。可是我走到近处一看，人虽然多，但人与人之间的空隙还是很大的，我毫不费力就穿过了集市。"学生从"草色遥看近却无"，还想到了"水中的秧苗""街上的车辆""水中的荷叶"……有了这一个个生活画面的奠基，诗句的理解就变成了丰富的形象，诗句的情境就不仅仅是作者的体验，同时也融入了学生的自我感受。这样，学生不仅深切领悟了"草色遥看近却无"的意境，而且具体感受到了诗人对这一情境描述的准确性。

二、多方开拓：语言情感的丰富性

情感是语言文字的核心和灵魂，在语文教材中，不少句子和片段都蕴涵着丰富的情感。教师只有引导学生进入文中、步入境里，多方面去感受、去体验，才能使学生深入体会语言文字中蕴涵的丰富情感。在阅读教学中，教师须引导学生设身处地、深入领悟、多方剖析。如"是啊，蒙汉情深何忍别，天涯碧草话斜阳"是《草原》的中心句，教师可这样引导学生理解：读了这一句，在你面前出现了怎样的画面？看了这样的画面，你想说些什么？你的心中充溢着怎样的情感？这样，学生就好像真的来到了草原，真的看到了作者一行在夕阳照耀的草原上，和蒙古族人民叙友谊、道深情的场景。这样，学生就能从诗句中感受到话别的具体画面，感受到蒙汉两族的深厚情谊，感受到中华大家庭的无比温暖，感受到作者对草原美景、对草原人民、对蒙汉情深、对祖国大家庭的赞美之情。

三、多方联想：语言蕴涵的丰富性

引导学生在语言文字的阅读中理解其丰富的内涵，是促进学生深入理解语言内容的重要一环。在阅读教学中，教师可抓住具有丰富内涵的知识点，引导学生进行全方位的探索。如"人要做有用的人，不要做只讲体面而对别人没有好处的人。"（《落花生》）这句话含义深刻，教师可以这样引导学生理解："由这句话你能想到哪些令你敬佩的人？为什么敬佩他们？"有的学生说："我敬佩挑山工，别看他们衣着朴素，但他们终年辛劳，挑物上山，为游客服务。没有他们的辛苦，就没有游人的欢乐。"有的说："我敬佩清洁工，他们每天起早贪黑地打扫街道，他们穿着普通，精神感人。没有他们的劳动，就没有人们舒适的环境。"有的说："我敬佩建筑工人，他们夏天头顶烈日，冬天面对寒风，从不计较穿着。没有他们的辛苦，就没有人们舒适的居住条件。"有的说："我敬佩那些空姐、空嫂，她们穿着讲究，举止文雅，给旅客带来了温馨。我觉得，人虽然不能片面追求外表，但在工作需要的时候，讲究穿着也是很有必要的。"从学生的发言看，他们的感受非常深刻，非常真切。可见，语言的感受就是生活的感受，培养学生语言的感悟力，就是培养学生对生活的洞察力。凭借语文与生活的联系，可以让生活为语言的感悟奠基，让感悟促进生活现象的升华。

四、多方联系：语言运用的丰富性

培养学生理解语言和运用语言的能力，是阅读教学的首要任务。事实表明，语言实践是学生语言能力形成的必要条件。在阅读教学中，教师应以有效的方法拓展学生语言运用的背景，让学生在广阔的语言实践背景中形成语言的运用能力。如《养花》阅读后，教师要求学生用"置之不理"造句，可这样引导：①理解词语。引导学生联系课文理解"置之不理"的意思（在文中是说把花放在一边不去理会）；让学生明白"置之不理"的原因是花草自己会奋斗；置之不理的结果是"大半还是会死的"；"置之不理"的反面是"天天照管它们，像好朋友似的关切它们"。②变更句子。理解词义后，可结合课文内容让学生补充下列句子，分别用上"置之不理"：虽然花草自己会奋斗，但是（我不能对它置之不理）；如果（我对花草置之不理），它们大半还是会死的；我对花草（并没有置之不理），而是天天照管它们，像好朋友似的关切它们；由于我对花草（没有置之不理），所以我摸到了养花的一些门道。③拓展思路。上述训练后可引导学生填空：如果我们对＿＿＿＿置之不理，就会＿＿＿＿；在它＿＿＿＿的时候，我们并没有置之不理，而是＿＿＿＿；对＿＿＿＿，我们每个人都有责任，而绝不能置之不理；对＿＿＿＿置之不理的人，没有一点起码的做人的道德；由于他对＿＿＿＿置之不理，因此，＿＿＿＿。④放手让学生独立造句。这样训练，多方联系、思路开阔、层次分明、梯度合理，能保证训练的效果。

培养语感的形象性

想象是思维的一种特殊形式。想象的过程用刘勰在《文心雕龙》中艺术的语言来描述，就是"寂然凝虑，思接千载；悄焉动容，视通万里"。语言描述的形象本身没有直接可感性，必须借助想象和联想来呈现在头脑中，从这一意义上讲，没有想象和联想，也就没有语感。《语文课程标准》指出，在发展学生语言能力的同时，发展思维能力，激发想象力和创造潜能。"在阅读教学中，有针对性地进行想象训练，让学生凭借想象，还原语言描述的形象；或运用想象，构筑语言暗示的形象，这样就可以提升学生的语文素养、培养学生的创新意识、开发学生的创造潜能。

一、唤醒生活，再现有关的生活形象

从阅读的角度来说，语言文字是阅读的客体，作为阅读主体的读者，只有头脑中存在丰富的意象积累，才能被作品的语言迅速唤起，组合成相应的准确鲜明的新意象。小学生生活经验和阅历的贫乏，大大限制了他们想象力的有效发挥，影响了他们意象组合的准确性、完整性，也妨碍了他们语言感受力的发展。因此，要培养学生的语感，一方面要丰富学生生活，增加他们的表象积累；另一方面，还应捕捉课文内容与学生生活的联系点，有机引发，适时点拨，让学生以生活素材为基础，构筑与课文内容相似的画面，为课文情境的感受和情感的感悟奠定基础。如阅读《雷雨》一课时，一名教师这样引导：

师：同学们，今天我们来学习一篇新课文（板书课题），大家先把题目读一下。（学生齐读课题）

师：读了课题，你好像看到了什么呢？

生：我好像看到了满天的乌云。

生：我好像看到大片大片的乌云像一匹匹野马向这里奔来。

生：我好像看到一棵棵大树在狂风中东倒西歪。

生：我好像看到地上的落叶被风吹得到处乱飞。

生：我好像看到瓢泼大雨从天空直倒下来。

生：我好像看到闪电像利剑一样划破天空。

生：我好像看到大雨密密地向地上落下来。

师：说得好。那你好像听到了什么呢？

生：我听到了轰隆隆的雷声。

生：我听到了呼呼的风声。

生：我听到了哗哗的雨声。

生：我听到了雨点打在窗户上的声音。

师：说得很好。大家看看这两道填充题（出示：①闪电像_____一样划破天空，风吹得小树_____，雨像_____；②雷_____地响，雨_____地下，风_____地刮），你们会不会填？

生：闪电像一条很长很长的蛇划破天空，风吹得小树东倒西歪，雨像从盆里往下倒似的。

生：雷轰隆隆地响，雨哗哗地下，风呼呼地刮。

对二年级学生来说，雷雨并不陌生。为了加强学生对雷雨的感性认识，在新课导入中，教师引导学生剖析课题、回忆生活、再现画面，让他们谈所见、说所闻。这样，就能有效地缩小学生与课文内容间的差距，唤起他们对雷雨的记忆，通过想象，创造出"乌云密布、雷声大作、天昏地暗"的"雷雨图"。在此基础上，教师又设计了填充题，引导学生对想象内容进行梳理。这既为课文的阅读奠定了基础，又培养了学生的创造能力和想象能力。

二、充分想象，还原丰富的语言形象

研究表明，要使学生深刻地理解课文内容，感悟课文情感，就必须以有效的方法还原课文画面，使学生形成如临其境、如视其景、如见其人的阅读心理图象。为此，在阅读教学中，教师可抓住课文描述景色、叙述事件、刻画人物的语言文字，引导学生借助想象来还原语言形象，以拓展画面、开阔背景。如阅读《草原》第一节时，一名教师在学生初读课文、了解内容后这样引导：读了这一段，你好像看到了什么画面？看到这幅画面，你想说些什么？学生一个个展开了想象的翅膀，使课文的描述化成了形象的画面：新鲜的空气，明朗的天空，美丽的白云，一望无际、翠色欲流的草原，线条柔美、连绵不断的小丘，遍布原野、令人喜爱的牛羊……学生不仅想象丰富，而且叙述生动，他们把羊群比作蓝天上的片片白云、碧海中的点点白帆、草原上的朵朵小花……在想象描述草原景色的基础上，学生还设身处地，谈了自己看到草原美丽景色后的喜悦、赞美、自豪之情。这样引导，就使学生真切地感受到了草原景色的美丽，体会到了作者对草原的赞美之情。

三、结合阅读，创造丰富的综合形象

课文与课文、课文与生活、课文与课外阅读之间，具有广泛的联系。这些联系，是学生感受语境、领悟语义、感悟情感的重要基础。为此，对一些形象丰富的词句和片段，教师可采用有效的方法，唤起课文与生活、与课外阅读的联系，使语言在诸多联系中获得鲜活的形象，进而在鲜活的形象嫁接中获得生命活力，以加深学生对课文情境的感受、内涵的理解和情感的感悟。如阅读《开国大典》一课，在理解"这庄严的宣告，这雄伟的声音，使全场三十万人一齐欢呼起来"这句话时，一名教师这样引导：如果刘胡兰、江姐、董存瑞、方志敏没有牺牲，他们也来到了天安门广场，看到开国大典的盛况，听到毛主席的庄严宣告，看到那猎猎飘扬的五星红旗，会想些什么？说些什么？学生联系以往阅读中了解的英雄人物与敌斗争的事迹，展开了丰富的想象，从而在对画面的想象叙述中进一步体会到了获得新生的中国人民无比激动、无比喜悦的心情。

四、多方延伸，展示丰富的言外形象

语文教材中的课文，无论是写人的还是叙事的、写景的还是状物的，几乎每篇课文都蕴涵着丰富的形象。这些形象，不仅蕴涵于语言文字之中，而且潜藏在语言文字之外。在教学中，教师围绕教学目标，捕捉语言文字的空白点引导学生想象补充，或捕捉延伸点引导学生想象拓展，或捕捉相似点引导学生想象列举，就能让学生在形象的想象创造中，在情境的延伸拓展中，加深对课文内容的理解。如阅读《揠苗助长》一文时，在学生理解课文内容后，一名教师这样引导：

师：面对那枯死的禾苗，你会怎样指出拔苗人的错误呢？

生：老伯伯啊，你是种田的人，怎么连这点起码的知识都不知道呢？

生：老伯伯，你错在不按庄稼生长的规律办事，庄稼生长靠它自己，怎么能把它往高里拔呢？

生：老伯伯啊，你帮助禾苗生长的想法我认为是不错的，但用的方法不对呀。你可以用加强管理的方法促进它们生长！

（其他学生发言略）

师：面对田里枯死的禾苗，面对人们的教育，如果你是那个拔苗人，会怎么想？

生：我会这样想：我怎能不顾庄稼生长的规律而蛮干呢？花了时间，费了气力，还是吃力不讨好，我得接受教训啊！

生：我会这样想：我这个人真是太不懂事了，想让庄稼长得快，应该想其他的办法，怎能一时性急干这样的傻事呢？我一定要接受教训。

（其他学生发言略）

师：如果你是那个拔苗人，你会怎么做呢？

生：我一定向富有经验的老农请教。

生：我会把地翻了，重种庄稼，然后多施肥、勤除草、加强管理，使庄稼获得好收成。

（其他学生发言略）

师：我们这里有这样的拔苗人吗？

生：没有，谁也不会干这样的傻事。

师：有没有类似的人呢？比如，为了把事情办快一些，而采用一些傻办法？

生：有，我哥哥平时不注意训练，体育达标验收的那天早上，他很早就起床练习掷垒球，结果怎么会及格呢？

生：我们小区有个女青年吃减肥药，医生让她一天吃两片，可她一天吃四片，结果把身体减出病来，住进了医院。

生：我爸爸厂里有个工人，加工一种零件，本来要六道工序，可他嫌麻烦，擅自减了一道，结果成了废品。他本人受到了处分，还给厂里造成了经济损失。

（其他学生发言略）

师：学习了这则寓言，你有什么收获呢？

生：不管做什么事，都要按规律办，不能一时求快，好心办坏事。

生：做事情想快一点是可以的，但要讲究方法，否则不仅快不了，还会把事情办糟。

小学生对文章深刻的寓意往往难以理解，如果教师就事论事地引导学生理解，学生往往难以接受。在上述案例中，教师通过情境的创设，引导学生展开想象，参与表演，一会儿充当旁观者，进入情境，谈看法、提建议；一会儿充当拔苗人，身临其境，谈感受、叙感想；一会儿充当阅读者，举例子、谈体会。这就有效地调动了学生的生活储备和知识积累，激发了学生的学习兴趣和内在动力，引发了学生的主动参与和自主求索，使学生深切领悟了课文内涵。

五、合理动化，形成丰富的对应形象

语文教材中的说明文，虽然文字通俗浅显、叙述具体形象，但对学生的吸引力还是不够的。为了培养学生语感的形象性，教师可动化教材，让学生参与其中，描述形象；可活化内容，让学生充当角色，现场表演；可变换角度，让学生参与生活，增强感受。这样，就能使看似枯燥的课文变成丰富的形象，展示在学生面前，激发学生的学习兴趣，增强学生的情感体验。如阅读《冀中的地道战》时，在学生理解地道的结构特点和作用后，一名教师先引导学生联系课外阅读和影视画面，揭露日寇在我国犯下的滔天罪行。然后，在此基础上这样引导：大家想一想，如果一天鬼子下乡"扫荡"了，地道会如何显示出它的威力？一名学生是这样构思鬼子的下场的：

龟田将军见半天没有人上来，又派了八九个鬼子下了地道。几个鬼子明知下去就是送死，但又不敢说不字，只得壮着胆子下了地道。他们猫着腰，慢慢地摸索着前进。走着走着，他们的面前出现了两条岔道，他们立即兵分两路。一路人摸进了死道，走不多远，就"轰"的一声全被地雷送上了西天。另一路人进了活道，没走多远，就发现地道逐渐缩小了，最后只剩下一个窄窄的口子。这一来，几个鬼子都吓得趴在地上不敢动。好半天不见动静，他们便又大起胆子来，几个人你推我搡，最后，一个矮胖子被大家推进了洞。可他刚进洞，只听"啪"的一声，一个民兵在洞里一棒就把他送进了阎王殿。其余的鬼子犹如丧家之犬，拼命逃了出去。

仔细揣摩就不难看出，教师的目的，就是要在学生了解地道特点和作用的基础上，通过对日寇罪行的控诉，激发学生对日寇的切齿仇恨，进而让他们把这种仇恨化做涌动的想象之潮，让他们用"心"去战斗、用"恨"去想象、用"情"去描述。以充分发挥想象设境、想象悟情的作用。

培养语感的清晰性

　　语感的清晰性是指学生对感知和表达的言语内容，在心理上有十分清楚和明晰的反映。学生只有具有了清晰的语感能力，在对语言文字的阅读中，才能提炼清晰的语言形象、语言意义、语言情感、语言技巧，进而获取清晰的语言信息；在对语言的表达中，才能依靠自己的技巧性表达，以清晰的语言形象、语言意义、语言情感、语言技巧来带给人清晰的语言信息。《语文课程标准》指出，要使学生"逐步养成实事求是、崇尚真知的科学态度，初步掌握科学的思想方法。"因此，在阅读教学中，教师须以有效的方法加强语感清晰性训练，促使学生的语感从模糊走向清晰，培养学生全面感知语言、准确理解语言的能力。

一、语言形象构建的清晰性

　　小学生在阅读中，往往难以从语言文字中获取清晰的语言形象：或者形象偏差，不够准确；或者形象零乱，难成体系；或者形象朦胧，似是而非。为此，教师须根据学生的认知心理特点，最大限度地激活学生的形象思维，让学生在头脑中形成与课文相同的或相似的语言形象，从而为课文的深入理解做好准备。

　　1. 梳理。为使学生从语言文字中获取清晰的语言形象，教师可通过设问引导学生进行梳理。如《峨眉道上》第一节对山路进行了描述，但由于理解能力的限制，学生多难以形成清晰的印象。为此，教师可这样引导：读了这一段，出现在你面前的山路是什么样子的？有哪些特点？你能具体描述吗？这样，学生就能凭借形象思维，具体感受峨眉山道的特点：山路是那么窄，只有两尺宽；山路是那么长从山脚一直伸向蓝天；山路是那么陡，像一架天梯竖在树木葱茏的陡坡上。这就为学生进一步理解山路修筑的艰难和铺路人默默奉献的精神奠定了基础。

2. 拓展。有些课文语言形象的表达颇为凝练。对此，教师可引导学生进行想象创造，有机拓展，使形象变得清晰。如《宿新市徐公店》中"儿童急走追黄蝶，飞入菜花无处寻"这一句，展示了儿童追蝶嬉戏的丰富形象，但仅两句话，不借助丰富的想象，是难以让学生形成具体清晰的印象的。为此，教师可在引导学生理解诗义的基础上，引导他们想象"见蝶嬉笑""蝴蝶纷飞""急走追蝶""蝴蝶躲藏""仔细搜寻""摇头叹息"的情景。这样，孩子的天真活泼和田园风光的美好就能给学生留下清晰而深刻的印象。

二、语义理解的清晰性

引导学生准确而清晰地理解语义，是正确理解课文内容、深刻感悟语言情感、准确把握语言技巧的基础。由于理解能力的限制，小学生理解语言往往就事论事，语义理解含糊。为此，教师须以有效的方法，引导学生对语义进行准确而清晰的解读。

1. 要点点拨。为引导学生准确清晰地理解语义，教师对重点、难点内容可进行有针对性的点拨。如"啊，默默地付出辛劳的铺路人啊，你们是真正的无名英雄。"（《峨眉道中》）这句话蕴涵深刻，学生的理解多显得含糊而片面。为此，教师可这样引导：从哪里可以看出铺路人是英雄？从哪里可以看出他们是无名英雄？使学生明白，称铺路人为无名英雄有两方面的原因：他们日复一日，年复一年地在山间辛勤劳动，铺成了通往山顶的路，他们是具有吃苦精神的英雄；他们在山间辛勤劳动，全是为了别人的方便，他们是具有助人精神的英雄；他们这样辛勤劳动，但他们从不声张，游人也大多难以想到他们，他们是具有默默奉献精神的英雄。这样，学生对无名英雄的含义就有了清晰而又具体的理解。

2. 矛盾引辩。课文中有很多看起来似是而非的知识点，学生理解起来最容易出现片面性和模糊性。对此，教师可抓住"矛盾"，引发争辩，帮助学生对问题形成清晰的认识。如《一夜的工作》中有这么一句："花生米并不多，可以数得清颗数，好像并没有因为今晚多了一个人而增加了分量。"理解这句话时，有学生认为：到底花生米有没有变多，是难以确定的，因为作者并不知道以往每晚有多少花生米。这样含糊地理解，就难以准确领悟周总理生活的简朴。教师可这样引导：你认为花生米有没有比往常多呢？请联系课文内容谈谈你的看法。这样，学生就能明白：花生米肯定是多了，首先，值班室的同志准备的是两杯绿茶，无疑，准备的也是两份花生米；其次，句中的"好像"也说明，看起来没有增加，实际上是增加了。作者说好像没有增加，是强调花生米实在是太少了。这就说明总理生活非常简朴，简朴得简直叫人难以相信。这样，学生的理解就清晰了。

三、语情感悟的清晰性

作者运用语言叙事写人，状物写景，都是为了表达自己的思想感情，阅读教学的重要目的就在于引导学生通过对课文内容的理解去清晰地感悟作者的情感。学生对蕴涵在语言文字中的情感往往难以产生切身感悟，常常会以"激动""感动""赞美""歌颂"之类的词语来进行抽象概括。为此，教师须抓住课文的情感点，巧妙引导，使学生受到深刻的感染。

1. 充分挖掘。对蕴涵丰富情感的语段，教师可引导学生深入挖掘、有机拓展，清晰地感悟课文中复杂而丰富的情感。如"陈赓同志回顾自己革命经历的时候，曾经深情地谈起这样一件往事"（《倔强的小红军》）中的"深情"一词蕴涵着丰富的情感，教师可这样引导：陈赓同志亲身经历了这样一个感人的故事，他深情地向别人叙说这件事时，心中怀有哪些复杂的情感？引导学生结合课文挖掘"深情"中的复杂情感：一是敬佩之情，小红军才十一二岁，但他"宁可牺牲自己，也不连累别人"，他的品质令人敬佩。二是怀念之情，这么可爱的孩子才十一二岁，就离开了人间，但他的形象永远活在人们心中，陈赓将永远记住他的名字。三是内疚之情，陈赓认为，由于自己的疏忽，没有发现小红军拍口袋时的破绽，使得小红军过早离开人世，这使他永远感到遗憾和不安。这样，课文所传达的丰富情感就给学生留下了清晰的印象。

2. 情感引发。阅读教学中的情感体会，绝不能仅仅停留在情感的抽象概括上。教师必须让学生走入文中，唤起他们的生活体验，拨动他们的情感琴弦，使课文情感的体悟与学生自我情感的抒发融为一体。请看《日月潭的传说》的教学片段：

师：救出日月后，意外的情况出现了，请大家把"化作青山"的句子读一读，你从中感受到了什么？

（学生自读后讨论交流）

生：我感受到恶龙贼心不死，死后仍然在作怪，对哥俩进行报复，让他俩变成了青山。

生：我感受到两条恶龙真是坏到了极点，已经被砍死了，还死不瞑目。

师：如果恶龙此刻能说话，会对哥俩说些什么呢？

生：怎么样，你们变成青山了，这就是你们的下场！

生：你们救了日月，自己却不能享受，心里高兴吧！

生：你们花那么大的功夫，结果却是这样，你们心满意足了吧！看咱们到底谁厉害？

师：看来还是恶龙占了上风。

生：不，我认为，胜利者还是大尖哥和水社姐，毕竟他们把日月拯救了出来。

生：我也这样认为，恶龙让他们变成青山，他们就来个将计就计，这样就可以时时刻刻守在潭边，保护日月。

师："将计就计"用得好。此刻，如果你是他们俩，会说些什么？

生：恶龙啊，你想叫我们变成青山，我们正好可以终日守护日月潭。

生：救出了日月，我们变成青山心甘情愿。

生：我们牺牲有什么了不起，日月救出来了，我们怎样也无所谓了。

生：父母亲大人，我们不能尽孝了，你们自己多保重。

生：乡亲们，我们已经化作了青山，日月拯救出来了，你们重新看到了光明，我们心里是高兴的！

生：乡亲们，只要你们能看到光明，我们怎样都无所谓。

师：日月重新回到了蓝天，人们重新见到了光明，可是拯救日月的英雄却永远地离开了人们，化作了青山。同学们，如果当时你在场，你将用什么方法来悼念人民的英雄？

生：我喜欢画画，我要把日月潭、太阳和月亮、大尖哥和水社姐全部画在一幅画上，表达我对他们的怀念。

生：我喜欢唱歌，我要来到日月潭边，唱一首《爱的奉献》表达对他们的怀念，感谢他们把自己的爱和生命奉献给了乡亲们。

生：我想以"永远的怀念"为题，写篇作文悼念他们。

（其他学生发言略）

师：是啊，听了这个故事，老师不禁想起了法国著名作家大仲马的一句名言〔出示名言并请学生朗读：世界上最美丽、最高贵、最伟大的事情，莫过于报善和惩恶。——（法）大仲马］读了这句名言，联系课文叙述的故事，你想对大尖哥和水社姐说些什么？

　　生：大尖哥和水社姐呀，虽然你们牺牲了，但是人们永远不会忘记你们，你们将世世代代活在人们心中。

　　生：大尖哥和水社姐，每当人们来到日月潭边的时候，就会想到你们。

　　生：大尖哥和水社姐，如果我来日月潭旅游，我一定给你们献朵花。

　　生：无论到什么时候，我们都不会忘记你们，你们将永远活在我们心中！

（其他学生发言略）

　　师：其实悼念英雄的形式很多，通过挽联表达对英雄的怀念就是很好的形式。挽联就是悼念死者的对联，请大家把下面的挽联读一读。（出示挽联，学生朗读）

　　横批：永远怀念

　　人民英雄为着人民，人民英雄人民怀念

　　师：下面还有一副挽联，请你们补充完整。

　　横批：＿＿＿＿＿＿

　　拯救日月挺身而出，＿＿＿＿＿＿。

（学生补充后进行朗读）

　　生：我写的挽联是"拯救日月挺身而出，降伏恶龙英勇献身"，横批是"永垂不朽"。

　　生：我写的是"拯救日月挺身而出，降伏恶龙献出生命"，横批是"日月同辉"。

　　生：我写的是"拯救日月挺身而出，为了人民献出青春"，横批是"永远怀念"。

　　生：我写的是"拯救日月挺身而出，千辛万苦无所畏惧"，横批是"有口皆碑"。

　　生：我写的是"拯救日月挺身而出，世世代代永远怀念"，横批是"与山河共存"。

　　师：这些挽联是大家心中的呼唤，是大家真情的表白。日月潭这个动人的传说一定会和日月共存，与日月潭同在！

　　在上述案例中，为引导学生深刻地感悟人物特点，并表达自己对人物的敬佩之情，教师通过情境创设，让学生与人物进行对话，从而使学生对恶龙的

"恶"及大尖哥和水社姐的献身精神有了更具体、更真切的感悟。此后，教师又采用补充挽联的方法，让学生以精练简洁的语言来表达情感。情境的创设，既是故事的自然延伸，又是诚挚的情感表白，还为学生提供了真实的言语实践环境，做到了精神提升与语言发展的和谐统一。

四、语技领悟的清晰性

汉语具有丰富的语言艺术，它可带领学生走进美妙奇特的语言世界中。因此，引导学生感悟语言运用的艺术，使语言给学生带来丰妙的精神享受和奇特的美感享受，是阅读教学的重要任务。课文中的一些重点句子，既是作者描述事物、陈述事理、舒展心灵的依附，也是读者透视形象、体会语义、感悟情感的凭借。教学中，教师可引导学生进行揣摩，认真品味，领悟规律，指导迁移，从而让学生在对语言形象的描述、语言意义的表述、语言情感的表达中，准确而清晰地感悟语言技巧。以下是《鼎湖山听泉》的教学片段。

如"那像小提琴一样轻柔的，是在草丛中流淌的小溪的声音；那像琵琶一样清脆的，是在石缝间跌落的涧水的声音；那像大提琴一样厚重的，是无数道细流汇聚于空谷的声音；那像铜管齐鸣一样雄浑磅礴的，是飞瀑急流跌入深潭的声音。"这是很具个性的排比句，为让学生掌握这种句式，一名教师先引导学生朗读想象，描述从画面中看到的形象、听到的声音，建立起"形"与"声"的联系。接着这样引导：如果寂静的夜晚徜徉山间，你边看边听，会如何描述刚才的情景？学生都顺利进行了转换："那在草丛中流淌的小溪，像小提琴一样轻柔；那在石缝间跌落的涧水，像琵琶一样清脆；那无数道细流汇聚于空谷，像大提琴一样厚重回响；那飞瀑急流跌入深潭，像铜管齐鸣一样雄浑磅礴。"再接着，教师让学生模仿上述句式来进行情境描述。一名学生这样描述："那'沙沙'声像春雨淅淅沥沥，是同学们写字的声音；那'丁冬'声像溪流欢快流淌，是同学们在饮水机前倒茶的声音；那'咯咯'声像银铃一般清脆，是女孩子的笑声；那轻声絮语犹如春蚕啃叶，是老师与同学交谈的声音。"

在这里，教师抓住描写泉水的典型句式，坚持语言内容与语言形式的融合，通过相关、相似、相近内容的句式模仿，突出语言的迁移训练。这样，学生就具体领悟了特定句式对展示泉水特点、表达人物情感的作用。这样，语言给予学生的就不是抽象的字词，而是具体的形象。

第 **8** 节

培养语感的深刻性

一次，老舍先生给齐白石出了一个《蛙声十里出山泉》的题目，请他老人家依题作画。白石老人只以极简括的笔墨勾出山溪和顺着溪水游出的一群小蝌蚪，却没有青蛙。这是一幅内容丰富、意蕴深远的经典之作，此画在欣赏者眼前所展示的形象岂止是"蛙声十里"呢？《语文课程标准》指出，要逐步培养学生探究性阅读和创造性阅读的能力，提倡有创意的阅读，利用阅读期待、阅读反思和批判等环节，拓展思维空间，提高阅读质量。这就提示我们，在阅读教学中，要重视引导学生通过探究，透视语言文字的深刻内涵，提高阅读感悟的质量。教师的重要任务，就是带领学生走进文本，去理解文中的形象，研究语言文字的蕴涵，使学生感受到具体的语境、深刻的语义、潜藏的语情、隐含的语技，培养学生语感的深刻性。

一、写作目的的探究

作者每写一篇文章，都有独特的写作目的：或赞美某种景色，或表达某种情感，或赞扬某个人物，或说明某个事理，或反映某种心境。要使学生深刻领悟语言内涵，教师就须引导学生透过语言文字来进入作者心灵的密室，搞清作者是如何运用语言文字去叙述事情、描写景物、刻画人物，以表情达意的。如《凡卡》一文以梦结尾，含义深刻，一名教师这样引导：

师：你从凡卡的梦中知道了什么？

生：凡卡梦见爷爷，说明他太想念爷爷了。

生：我认为他的希望不能实现。因为梦中的事是不能实现的。

师：为什么凡卡的希望不能实现呢？

生：因为信封上的地址写得不详细，又没有贴邮票，爷爷收不到他的信，也就不能带他回去。

生：凡卡花那么大工夫写成了信，满以为自己的愿望就要实现了，哪知道由于地址不详细，又没有贴邮票，爷爷收不到信呢。读到这里，谁都会叹息：凡卡的命运是多么悲惨！

师：说得好！大家再想一想，如果信封上地址详细，又贴了邮票，他的愿望能实现吗？

生：也不一定能实现，因为爷爷也没有能力带凡卡回乡下。

生：即使爷爷带他回家，凡卡也不能过上幸福的生活，因为爷爷太穷了，他这么大年纪了，还要替老爷守夜。

生：如果爷爷能让凡卡过上好日子，他是不会让凡卡去做学徒的。

师：你们知道作者为什么以"凡卡做梦"为结尾了吗？

生：这样可以突出凡卡对爷爷的想念，进一步说明凡卡命运的悲惨。因为他只有在梦中才能见到爷爷。

生：这样写说明凡卡的愿望不能实现，只是一场梦，这就突出了凡卡的悲惨命运。

生：这样能激起人们对凡卡的同情，以及对当时黑暗社会的痛恨。

为了探究课文以梦结尾的深刻含义，教师围绕"作者为什么以梦结尾"这一问题，引导学生进行了全方位、多层次的探索。在学生理解表层意思后，又进一步索果求因，联系全文引导学生进行剖析，让他们理解凡卡的愿望不能实现的直接原因。最后，又以"如果信封上地址详细，又贴了邮票，凡卡的愿望能实现吗"来进一步引导。条件的变更，背景的拓宽，给学生提供了相应情境。目的的探究，内容的剖析，使学生从凡卡的梦中进一步感受到了凡卡命运的悲惨，深刻地领悟了以梦结尾的写法对突出凡卡悲惨命运的作用。可见，在阅读教学中，对蕴涵丰富、意义深刻的内容，教师可以写作目的为突破口，引导学生进行全面的探索，把握作者语言与精神相结合的轨迹，这样，语言文字的深刻底蕴才能为学生所掌握。

二、课文情节的延伸

语文教材中不少课文的结尾都给读者的想象留下了广阔的空间。这些结尾是引导学生深刻理解课文内容，感悟作者情感的重要知识点。为此，在阅读教学中，教师须抓住这类结尾，引导学生根据课文内容进行深入的探索和多向的想象，延伸情节、拓展空间。如《小珊迪》所写的故事真实感人，而由于小学生的天真和善良，他们对小珊迪的悲惨命运实在不愿接受。为使学生深切感悟小珊迪诚实善良的品质，一名教师这样引导：如果小珊迪没有受伤，事情会怎样发展呢？这样的设问，让学生展开了想象的翅膀，构筑了令人信服的延伸画面，请看下列片段：

　　还掉了零钱，小珊迪便想起了弟弟。"我得回去了，弟弟还没有吃饭呢。"小珊迪一边自言自语，一边来到了小吃店。这里，几乎什么吃的都有，看着那黄黄的烧饼，小珊迪直流口水。但他没有多看，用那一便士买了两个烧饼，用纸包好，就急匆匆地往家走去。到家一看，弟弟已经躺在门边睡着了。他忙走上去轻轻地喊醒弟弟，把烧饼往他手里一塞说："弟弟，你看，烧饼，快吃吧，可香了！"弟弟一见烧饼，忙说："哥哥，你肯定没有吃，我们一人一个。"小珊迪忙说："你真傻，我早吃过了。不信，你来闻闻我嘴上。"弟弟这才信以为真，三口两口就把烧饼吃掉了。小珊迪看弟弟吃下去了，开心地笑了。

　　可见，课文条件的灵活变更，能够有效地激活学生的语言库存，激发学生的丰富情思。在学生的描述中，诚实善良的小珊迪的形象如此真实、丰满。这是学生对人物形象的进一步塑造，也是他们对自我情感的直接表达。学生对小珊迪形象的理解绝不是抽象的"诚实善良"所能涵盖的，它已经化作丰富的形象贮存于学生心中，变成了真实的情感撞击着学生的心灵。可见，在阅读教学中，教师可捕捉课文情节的延伸点，以学生对课文内容的理解和情感的感悟为凭借，以学生原有的语言库存和形象储备为基础，以学生情感的表达为中介，让学生在语言与精神的同构中产生新的语言作品，促进学生深切感受语言形象，深刻理解语言内涵，深入领会语言情感。

三、教学情境的创设

　　研究表明，情境是促进语言和精神共生的温床，是语言生长的春风、阳光和雨露。在精妙的教学情境中，学生会有一种摆脱了功利性需要后的自由解放感和超越了狭窄应试圈后的广阔无垠感。精妙的情境，能使师生的情思如流淌的溪流，言语如淙淙的泉水。为此，在阅读教学中，教师一定要善于围绕教学目标创设教学情境，让学生进入情境中去感受、去体悟、去理解。

　　比如，对三年级学生来说，理解《守株待兔》的中心颇有难度。为让学生深切感受课文寓意，一名教师扮演"守株待兔"的人，这样向学生询问：小朋友们，我就是守株待兔的人啊，你们说奇怪不奇怪？那天，我没有费一点力气就在树桩边捡了一只兔子，可是这些天来，我费了这么多工夫又等不到了。你们能告诉我为什么吗？情境的创设，一下带学生走到了树桩前，使学生产生了帮助守株待兔者解决难题的心理驱动力，这种精神需要一下子激活了学生的心，并转化为丰富多彩的劝说话语："老伯伯，怎么你连这点知识都不知道呢？那天兔子撞死在树桩上，实在是你意外的收获，怎么可能天天发生这样的事呢？""老伯伯，你错就错在把很难发生的事当做随时可能发生的事。""老伯伯，要想有收获，只有靠自己辛勤劳动，想不经过劳动就得到收获，是不可能的。""老伯伯，兔子撞死在树上，这样的事情是很难发生的，想再在这里等是永远也等不到了。""老伯伯，今后干什么事都要动脑筋，要不然是要吃亏的。"不难看出，这样的劝说，这样的发言，体现了学生对寓意的最形象、最深刻的理解。

四、注重生活的联系

课文大多是对生活情境的描述，虽然学生大多未身临其境，但在他们丰富的生活中，类似的画面、相近的意境，却并不少见。教师只要及时唤醒学生的已有经验，将生活与文本进行沟通联系，学生就能自主地将语言文字还原为语言形象，将语言形象升华为自我感受。而这样的感受，是教师的讲解无法替代的。如阅读《春雨》第一句时，一名教师这样引导：请闭上眼睛用心听，读了第一句话，你好像听到了什么？好听吗？我们再睁开眼睛，从第一句话，你好像看到了什么？两个"好像"要求学生对生活中相关的形象进行再现，这是形象的激活，也是形象的重组，同时还是形象的创造，是学生凭借生活经验对言语作品的体味。学生的发言不乏精彩之处，他们说沙沙的雨声像"美妙的音乐"，像"小蚕吃桑叶"，像"天上的琴声"；他们说春雨"像细丝一样在向大地飘洒""像一根根蚕丝似的，从天空向大地挂下来""像丝线，细细的；像秀发，密密的；像蚕丝，软软的"……学生对春雨的感受是多么深刻，多么真切啊！可见，语言的感受就是生活的感受，培养学生对语言的深刻的感悟力，实际就是培养学生对生活的深刻的洞察力。语感深刻性的训练，必须与学生的生活紧密联系，让生活为语感训练奠基，让语感为认识生活导向。只有这样，学生对语言文字才能深刻地理解，对生活才能深刻地认识。

培养语感的得体性

《语文课程标准》指出："语文课程还应重视提高学生的品德修养和审美情趣，使他们逐步形成良好的个性和健全的人格，促进德、智、体、美的和谐发展。"可见，语文教学的重要任务，不仅在于提高学生的语言能力，使他们能够掌握语言这一交际工具，而且要承担提高学生的品质修养、审美情趣，形成良好性格，养成健全人格的重要任务。由此可见，在阅读教学中加强语感得体性的训练尤其重要。我们知道，一篇文章，犹如一个乐章，词语与词语、句子与句子、段落与段落之间的整体和谐，构成了文章的整体美。只要哪一个音符发生错位，全文的美就不复存在。在阅读教学中，着重引导学生结合语言形象的感受、语言情感的感悟、语言内涵的理解，去推敲语言的得体性，可以使学生对语言内涵有更深入的把握，对课文情感有更真切的感受，对语言技巧有更准确的领悟。只有这样，学生在运用语言表情达意时才能做到准确、生动、得体，才能表达自己真实的、真切的感受。这样的文章，这样的话语，才是真正感人的。这样，在学生阅读文章感受内涵，运用语言表情达意的过程中，才能同时得到品德的培养、人格的完善和个性的发展。

一、巧用归谬，超前控制

由于作文教学的一些不良传统，不少学生形成了说假话、说空话的习惯。这不仅影响了学生写作水平的提高，而且影响了学生健全人格的培养。因此，教师须把引导学生说真话、抒真情，作为培养学生语感得体性的重要一环。在阅读教学中，教师应捕捉课文中叙述真实、抒情真挚、描写真切的语段，在引导学生阅读前，设计相应的说写练习，让学生暴露出自己言语表达中的不足。在此基础上，再引导学生阅读课文，比较分析，促其顿悟。比如，为了让学生深切领悟《穷人》中对桑娜抱回孩子后心理描写的得体性，一名教师这样引导：

师：从桑娜抱回孩子后的忐忑不安你看出了什么？

生：桑娜抱回孩子后，心慌、害怕，说明她不是真心要把孩子抱回来。

生：我想，既然要把孩子抱回来，就要真心地去做。为什么桑娜会这样慌张呢？

师：是啊，既然帮助人家，就不能犹豫不决。你们说是不是？（学生点头）如果你是桑娜，会怎么想呢？请把自己的想法写下来。

（学生进行课堂练笔）

师：大家都写好了。这是两个同学写的片段，大家读一读，再与课文比一比，联系课文内容，联系桑娜的处境，想一想，到底怎样写比较好？为什么？

（投影展示片段：①两个孩子实在是太可怜了。他们都还这么小，爸爸却早就去世了，现在妈妈又走了，今后的日子他们怎么过呢？我是他们的邻居，帮助他们是理所当然的，绝不能见死不救。我已经把孩子抱回来了，我一定要把他们留下来。这样想着，桑娜禁不住笑了。②孩子已经抱回来了。我做了件大好事，丈夫一定会夸我的。天下穷人心连心，不管怎样，人家遇到困难，我应该毫不犹豫地帮助。我这样做，丈夫肯定会夸我做得好。）

（学生细读体会）

生：我觉得这两个片段没有课文中的好。桑娜家生活十分困难，天气那样恶劣，丈夫还要出海打鱼。半夜了，桑娜还在补破帆。无论冬夏，孩子们都光着脚。她家现在已经有了五个孩子，生活已经难以维持，再增加两个，怎么养活呢？桑娜很担心。因此，我认为课文中写得比较真切。要是我是桑娜，也一定会感到慌张的。投影上的两个片段虽然写出了桑娜的决心，似乎把她乐于助人的品质写出来了，但读了以后，别人难以信服。

学生的言语实践是以学生原有的语言水平为基础的。教师只有准确把握学生的原有基础，才能保证言语实践指导的针对性。这一点，上述案例中的教师给了我们有益的启示。他凭经验推断，由于学生认识的肤浅、阅历的限制，他们对桑娜复杂心理的理解很可能出现偏差。于是便以"由这段心理描写你发现了什么呢"进行试探，及时发现了学生的偏差。然后将计就计，引导学生设身处地，使他们思想的"不足"充分暴露出来，为深入剖析课文片段打下了基础。这就引导学生将体会情感的真实性与剖析语言的准确性有机结合，把领悟桑娜"忐忑不安"心理的真实性与剖析课文"用词造句"的得体性融为一体。

79

第二章　训练语感：落实语文学习归宿

可见，在阅读教学中，教师可充分运用自己的教学经验，采取有效的手段让学生充分暴露问题，从而为课文内容准确、深入的理解，为课文情感真切、充分的感悟提供比照材料。

二、运用比较，促其领悟

比较是认识事物的重要方法，它可把相似、相关、相对的事物同时呈现在学生面前，让学生在比较中发现，在对比中感悟。在阅读教学中，教师须抓住课文描述得体的重点句段，创设对应句段，让学生在比较中感悟作者叙述的真实、情感表达的真切、景色描写的逼真，从而培养学生语感的得体性。如"这时候鄂温克的姑娘们戴着尖尖的帽子，既大方，又稍有点儿羞涩，来给客人们唱民歌。"（《草原》）上述句子对姑娘们表演的情景进行了真实具体的描写。为引导学生感悟此处描写的真实性，教师可设计下列句子与其比较：①这时候鄂温克的姑娘们戴着尖尖的帽子，非常大方地来为客人们唱民歌；②这时候鄂温克的姑娘们戴着尖尖的帽子，非常羞涩地来为客人们唱民歌。通过比较，学生就能明白：课文中的句子写得更真实，可信。相比之下，句①中写姑娘们非常大方就言过其实，因为，姑娘们是在客人面前表演，毕竟是第一次见面，不可能没有一点拘束；句②姑娘们表演时非常羞涩，又叫人觉得不可相信，因为她们热情好客，不会是第一次在陌生客人面前表演了。由此可见，课文中的描写具体、真实、可信，写出了真情实感。这样引导，学生就能真切地理解课文描写的真实性，从而能有效地培养学生语感的得体性。

三、现场表演，引导感悟

语言的得体与否是以现实生活为评判标准的。我们说某人语言表述得体，是说这个人说的话符合生活中的语言习惯，让人听起来舒心；我们说某个人在写作中语言运用得体，是说这个人的表述合乎写作中的语言规律，叫人读起来顺口。由此可见，在阅读教学中培养学生的语感，须注重回归生活，以生活来评价，用生活去评判。为此，在阅读教学中，教师可围绕语言的运用设计教学情境，培养学生语感的得体性。比如，一名教师为让学生具体描述教师家访时教师和家长双方的语言、动作、神情。先让同桌一人扮演家长，一人扮演教师，在座位上表演；接着让学生在四人小组内展示，在展示中互相评价；最后有选择地让学生登台表演，并引导其他学生对表演双方的动作、神情、语言等进行评价。学生从动作的缓急、语言的选择、语气的把握、语音的高低等方面进行了评价。在此基础上再让学生描述情境，学生大多能具体而又得体地进行描述。

四、引导吟咏，促进感悟

一篇精美佳作，在教学时，不宜把它嚼得支离破碎，而应指导学生反复吟诵。吟诵是心、眼、口、耳并用的一种学习方法，是读书者根据自己对文章的感觉和理解，错综使用高低、强弱、缓急不同的语调，"激昂处还他个激昂，委婉处还他个委婉"，把文章中的神情理趣，在声调里曲曲折折地传达出来，在反复吟诵中凭借联想、想象、揣摩，触发迁移，达到对情境的再现或再创造，提高对语言美的感受能力。如《月光曲》一文，对课文中的想象部分，可引导学生通过朗读获得美的享受。用平稳、舒缓的语调读出月亮初升、海面波光粼粼的语句，感受那恬静、清丽、愉悦的柔和美；用昂扬急速的语调读出月亮穿过乌云，海面上掀起巨浪的语句，感受那铺天盖地、排山倒海的雄壮美，从而让学生在美的感受中领悟贝多芬复杂的情感。

五、诱发情感，促进共鸣

成功的课堂一定是一个真实的情感场。在这个情感场中，师生的情感均会受到课文情感的驱动和制约，学生的情感又会受到教师情感的影响和感染。由此可见，要培养学生语感的得体性，教师必须想方设法使课堂形成与课文情感基调一致的情感场。首先，要注重情感的真实表达。教师须在准确理解课文情感的基础上，通过课堂中语言的选择、语气的变化、语调的确定和语情的表达，使自己的情感表达准确而得体，进而以此去影响和感染学生，让学生获得真切的、真实的情感体验。其次，要注意情境的灵活创设。要围绕教学目标，结合课文内容来创设教学情境，力求情境真实、情感真挚，从而让学生在情境中受到感染和陶冶。再次，要注意情思的灵活引发。在教学中，教师要结合课文内容，随机延伸，巧妙引导，通过联系现实生活，以自己真实的回忆和真心的情感，激活学生的生活经验，激发学生的情思。使教师和学生的情感与作者的情感、文中人物的情感融合在一起。

六、拓展思路，促进共振

　　小学生进行说话作文时常常言不由衷，语言不得体，除了与他们语言能力的欠缺有关外，还与他们说写中思路的狭窄有关。因此，对学生进行语感得体性训练，须以有效的方法拓展学生的写作思路，一旦他们的思路拓展开来，他们的说和写就有了具体的材料，就能写真事，抒真情。如在《月光曲》的教学中，为引导学生模仿课文的写作方法来写片段，一名教师这样引导：同学们，由《月光曲》，兄妹俩想到了月光下的大海，看到了微波粼粼的海面，看到了海面的银光，看到了海上的波浪。我相信，同学们的想象力也非常丰富，现在给你们一段音乐，你能想象出什么样的画面呢？（先播放《春天的旋律》一遍，第二遍时一边播放一边提示，引导学生想象）春天迈着轻盈的脚步向我们走来了。你看，在蓝蓝的天上……，在静静的河边……，在广阔的田野……，在美丽的花园……，在人声鼎沸的大街……，在热闹的校园……适时的点拨，有益的拓展，给学生展现了广阔的选材空间。有的学生说："听到这音乐，我好像看到了天空的美景。你看，天是那么高，那么蓝。一只只小鸟在空中鸣叫，声音是那么响，那么脆，它们都在欢呼春天的到来。"有的说："美妙的音乐把我们带到了春天的田野，麦苗青青的，随风起伏，那沙沙的声音好像音乐，在向农民伯伯预告丰收的喜讯。"有的说："我好像来到了春天的田野，我看到了金黄的油菜花，是那么耀眼，那么醉人，一只只蜜蜂在唱着，一群群蝴蝶在舞着。"有的说："《春天的旋律》把我带到了花园里。看吧，迎春花开得正艳，月季花争奇斗妍，一朵朵，一簇簇，互不相让，千姿百态。花儿们有的抬头望着天空，在欣赏蓝天、白云；有的互相挨着，说着悄悄话；有的低着头，不知在想什么秘密。"

培养语感的灵活性

语感的灵活性是指在言语作品的解读（包括阅读和听说）中，能够灵活地构筑语像、理解语义、领悟语情、体会语技。还指在语言表达中，能够灵活地运用语言叙述事情、描写人物、抒发情感。《语文课程标准》指出，学生是学习和发展的主体。语文课程必须根据学生身心发展和语文学科学习的特点，关注学生的个体差异和不同的学习需求，爱护学生的好奇心、求知欲，充分激发学生的主动意识和进取精神。可见，关注人的差异，着眼人的发展，满足人的个体需求，是阅读教学改革的重要着力点。而在阅读教学中加强语感灵活性的训练，就是上述教学理念的重要体现。

一、问题的灵活设计

在阅读教学中，提问是引导学生感知语言内容、感悟语言情感、领悟语言技巧的重要手段。事实证明，提问能给学生以明确的思维指向，可以调节他们的思维，使其思维活动尽快指向目标。但如果每次提问的指向性都十分明显，久而久之，学生就会产生依赖性。离开了老师的提问，面对一篇文章他们就不知该怎么读，从而造成阅读主体性的缺失和阅读能力的缺陷。为此，培养学生语感的灵活性，在很大程度上就是要提高学生灵活理解语言的能力。教师在阅读教学中须穿插一些指向不定的提问，促使学生去认真揣摩、仔细品味，理解教师的"话中之话"，进而让学生根据自己的认知水平去确定思维指向，使课堂形成开放性的答问系统，最终使学生语感的灵活性得到培养。如《月光曲》最后一节的阅读可这样引导：兄妹俩也太没礼貌了，为什么贝多芬离开时竟没有送送人家？贝多芬也实在是太奇怪了，弹琴后为什么竟然不辞而别？这道题言在此而意在彼，能有效地开发学生思维。经过深入思考，学生就能在"回家记录→不辞而别→创作激情→所见所闻"和"不予送客→音乐陶醉"的双重线索中体会到：相依为命、淳朴可爱的兄妹，清幽美丽、令人陶醉的夜景，有效地激发了贝多芬内心的创作热情，一首"悦耳动听，内容丰富，情感炙热"的传世之作在他的弹奏中出现，他要尽快回去记录下这首曲子。而美妙的音乐，使得颇懂音乐的兄妹俩在曲调的欣赏和形象的感受中如痴如醉，完全沉浸在美妙的音乐世界中，没有发现贝多芬的离开。这样引导，就能让学生在问题指向的自我确定中增加思考的力度，培养学生语感的灵活性。

二、语义的灵活理解

在阅读教学中，不少教师有这样的偏向——引导学生理解语言，答案不仅具有明确性，还具有唯一性。因而在课堂上，教师常常是带学生转圈子，找答案；还要为学生做判断，定正误。为促进学生的发展，必须重视培养学生语感的灵活性。无论是理解内容、感受情感还是领会内涵、理解语技，教师都必须精心引导，拓展学生的理解空间，使问题的答案具有一定的模糊性，让学生在多向思考中形成灵活的语感品质。如阅读《只有一个地球》后可这样引导：读了《只有一个地球》，你有什么想说的话吗？这个问题，包容性很大，灵活性很强，学生可以课文内容为依据，以现实生活为凭借，以知识积累为基础，充分发表看法，叙谈感受：只有一个地球，我们的生存空间实在是太小了，我们要百般珍惜；只有一个地球，我们所能利用的资源不可能再增加了，一定要为子孙后代着想；只有一个地球，为什么还有人那样肆无忌惮地破坏环境，还有人对地球的资源进行掠夺性的开采呢？……

三、语象的灵活构建

由语言文字构建语言形象，是引导学生感受语境、理解语义、体会语情的重要前提。为了培养学生语感的灵活性，教师可抓住课文中具有丰富形象的内容，引导学生凭着自己的生活经验和知识积累，借助想象构筑语言形象，使他们在灵活多样的形象中，加深对语境的感受和语情的感悟。如《游园不值》中的"一枝红杏出墙来"是千古流传的佳句，只有引导学生充分感受诗句的形象内涵和情感内涵，才能使诗句的意境给学生留下具体、真切而又深刻的印象。在学生初步理解诗句意思的基础上，一名教师这样引导：

师：大家闭上眼睛想一想，从一枝出墙的红杏，你看到了墙内的什么景象？

生：我看到园里的杏树上，杏花开得正艳，一朵朵、一簇簇，好不热闹。

生：园里的月季花开了。盛开的那些花儿像人们灿烂的笑脸，刚刚开放的那些花儿则像调皮的孩子探着脑袋张望外面的世界，含苞欲放的花儿就像那害羞的姑娘不肯见人似的。

生：里面的花儿千姿百态，美不胜收。有的仰着头，对着太阳微笑；有的斜着身子，倾向前方，好像是希望游客一开门就能看到它；还有的三个一群、五个一伙地凑在一起说悄悄话。

生：我看到了满园的草，杏树下、桃树脚、花丛中、墙角边，都长满了草，它们是那么嫩、那么绿、那么美。

生：我看到一只只蝴蝶在花丛中翩翩起舞，舞姿是那么优美；一群群蜜蜂在花间歌唱，歌声是那么动听。

生：我还看到几只画眉在树上跳跃着、欢唱着，它们一定也是在欣赏园中美丽的景色吧！

师：同学们的想象真丰富，叙述真生动！是啊，这艳丽的花朵、嫩绿的小草、起舞的彩蝶、喧闹的蜜蜂、唱歌的画眉，还有我们没有看到的其他优美的事物，没有听到的其他优美的声音，组成了一幅多么美妙的满园春景图啊！面对这满园的春色，你想说些什么呢？

生：红杏啊，我要感谢你，虽然我没有进入园中，但你让我看到了满园的春色。

生：主人啊，你虽然大门紧闭，但这满园的春色你关得住吗？从一枝出墙的红杏，我看到了很多，我听到了很多，美丽的春色我还是欣赏到了。

生：大门啊，你虽然紧闭着，但满园的景色你是关不住的。如果你再紧闭不开，那出墙的绝不是一枝红杏。

从"一枝红杏出墙来"，学生想到了艳丽的花、嫩绿的草、纷飞的蝶、喧闹的蜂、歌唱的莺……想象，激发了学生的创造力。学生凭着自己对语言的感悟，创造出了一个个色彩斑斓、多姿多彩的形象。经常进行类似的训练，就能有效地培养学生灵活构筑语言形象的能力。

四、情感的灵活感悟

情感是人对外界事物进行感受时所产生、并对行为动作具有制约作用的一种内心体验。情感本身并不是一种单独存在的东西，它往往通过感受、知觉而附属于一定的表象。在阅读教学中，精心设问，拓展思路，对于引导学生灵活理解文章内容、感悟文章情感是颇为重要的。而在传统阅读教学中，问题与答案之间是点与点的联系，因而学生的思维是直线型的。这样的提问犹如立地画牢，把学生的思维限制在一个狭小的范围之内，要求他们"循规蹈矩"，不能"越雷池半步"。学生对内容的理解和情感的体会难以摆脱教师的束缚，体现不出充分的灵活性。为此，在阅读教学中，提问要为学生展现广阔的思维面，引导他们的思维呈辐散状发散。如在《苦柚》的阅读中可这样引导：看着那一个个苦柚，你心里会想些什么呢？学生有的说："从苦柚，我看到了小女孩诚实善良的美好品质"；有的说："从苦柚，我知道了世界上最珍贵的并不是金钱，而是人的可贵品质"；有的说："从苦柚，我看到小女孩一颗金子般的心"；有的说："我为小女孩的淳朴而感到高兴和自豪"……

五、中心的灵活理解

培养学生语感的灵活性，很重要的一点是要引导学生灵活理解课文中心。在中心的归纳中，要引导学生凭借自己的智慧和能力，突破思维常规，体现出思维方法、思维角度、思维结果的非同寻常。从而改变中心归纳中"众向所归""千人一面"的现象，让学生敢于挑战课本、挑战教师、挑战权威，显示出自己思考问题的独到见解和独特视角。如阅读《滥竽充数》时，在引导学生理解文章内容和寓意后，可这样进一步引导：南郭先生由于"滥竽充数"，最后落得"逃之夭夭"的下场，这只能怪他一个人吗？为什么？这样，学生的思路就能从原有的寓意拓展开去：怪同事，如果乐队的其他人能够及时提醒，好意相劝，他也不至于一直碌碌无为；怪大王，如果齐宣王能深入实际，了解实情，南郭先生就不会一直蒙混过关；怪家人，如果南郭先生的家人目光长远，不贪图眼前利益，也不至于让他长期无所事事。这样，学生就能明白：齐宣王高高在上，腐败无能，是滋生不学无术、糊弄别人的现象的主要原因；乐队其他人事不关己，高高挂起，是滋生这种现象的间接土壤；家里人目光短浅，贪图眼前利益，是对这种现象的直接纵容。这样引导，就使学生创造性地理解了文章寓意。经常进行这样的训练，不仅能培养学生语感的灵活性，而且能培养学生的创造能力。

第三章

关注生活：拓展语文学习空间

生活是语文的原型和资源，语文是生活的展示和浓缩。生活离开语文，将黯然失色；语文脱离生活，将失去意义。引领学生拥抱语言，教师须充分关注生活，拓展语文学习空间，建立起文本与生活的联系，让课堂向生活开放，让文本与生活沟通，让课堂成为"生活"的天地，让语文在与生活的嫁接中获得生命活力。这样，生活就成了学生与文本的桥梁，学生就能顺利地走进文本去感受，走进语言去感悟。生活经验和情感体验，一旦与阅读实践发生联系，不仅会促进阅读感悟的深入，而且会带来经验的提升和情感的升华。

拓展语文天地，丰富学生生活

语文与生活联系紧密，语文是生活的展示和浓缩，生活是语文的根基和资源。语文教学大纲强调，语文教学要联系学生的现实生活，要充分利用现实生活中的教育资源，优化语文学习环境，努力构建课内外联系、校内外沟通、学科间融合的语文教育体系。可见，要提高语文教学效果，就必须处理好语文与生活的关系，尽力丰富学生生活，开阔语文学习的背景，拓展语文学习的空间，构建"语文与生活"之间相互促进的良性循环机制。

一、利用班队活动，引导自主参与

班队活动是学生生活的重要组成部分，与语文学习也具有紧密的联系。正常班队活动，除了能发挥教育功能外，还能拓展语文学习和语文实践的背景空间。为加强班队活动与语文学习的联系，提高班队活动的综合效应，就必须发挥学生的主体作用，让他们自我组织、自主参与。综观当前的班队活动，不少教师对学生放心不下，活动内容由教师确定，活动范围由教师圈定，活动形式由教师安排。结果，学生的主体作用发挥不了，学生的参与意识和创新意识也就培养不了。因此，须把班队活动与培养学生的创新意识结合起来，让学生自我确定主题、自我选择内容、自我决定形式、自我组织活动，培养学生创造性地组织和开展活动的能力，为学生打开丰富的语文天地。比如，围绕庆"三八"组织班队活动，一名教师这样引导：首先利用晨会向学生介绍本地女职工、本校女教师平凡而又感人的事迹，激发学生的崇敬之情，既而提问：同学们，你们知道"三八"是什么节日吗？你们想在这样的节日为谁做些什么吗？学生人人参与讨论，个个发表意见。有的说回家多干一件家务事，让妈妈更轻松；有的说送妈妈一件礼品，给妈妈一个惊喜；有的说组织一次文娱联欢，慰问学校所有女教师。在明确班队活动内容后，教师又根据学生实际给予必要的点拨，以规范活动主题、充实活动内容、拓宽活动空间、调整活动小组、丰富活动形式。结果，全班十五个小组的活动都搞得有声有色，有效地培养了学生的创造能力。活动结束后，教师及时让学生叙谈体会、抒发情感，学生在进行热烈的交流后，交上来一篇篇精彩的习作。

二、重视学科活动，引导广泛参与

学科活动是学生生活的重要组成部分，参与学科活动，可为学生提供体验生活和认识生活的机会。但从学科活动的实施现状看，还存在许多问题：活动目的限制为发展特长，活动内容限制为教学内容，活动范围限制在学校教室……由于限制过多，不仅影响了学生兴趣的激发和知识的获取，而且影响了他们健全人格的培养。为了拓展生活空间，丰富学生生活，就必须敞开学科活动的大门，鼓励所有学生参与活动。

1. 及时关注相关学科活动。各学科都有丰富多彩、富有特色的学科活动。如思想品德课中的调查、访问、参观、故事会，自然科学中的小实验、小饲养、小种植、小观察、小制作、小发明，数学中的测量、竞赛、游戏，音乐中的音乐欣赏、节目排练等。为了有效地发挥学科活动对语文教学的促进作用，语文教师不仅要了解这些活动，而且要请科任教师配合，请他们为语文教学提供方便；还要抽出时间，协助科任教师组织好活动。让学生在相关学科的活动中得到心理的满足和放松、知识的增加和积累、生活体验的丰富和充实，进而为语文教学提供重要的资源。

2. 精心组织语文学科活动。可组织智能竞赛，像"比说绕口令""查字典接力赛""普通话擂台赛""朗诵比赛""演讲淘汰赛"等；可组织语文游戏，如"词语找朋友""歇后语填充""成语接龙""猜谜语"等；可组织设计制作，如"精制贺卡""板报设计""剪贴设计""手工制作"等；可组织访问考察，如"消灭广告错别字""集市游览""家乡寻美"等。另外，还有"阅读书报""展览评说""说唱表演""语文实习"等活动，都可以组织学生参与。这些活动对学生语言运用能力的提高具有重要的意义。

三、丰富校外活动，引导自觉参与

学生有很长一段时间是在家庭和社会中度过的，家庭条件的差异，社会环境的不同，是他们生活丰富多彩的重要原因。教师可充分利用学生的校外时间，引导他们去广泛接触社会、主动接触生活、自觉参与实践、充分感受生活。这样，就能最大限度地拓展学生的天地，丰富学生的生活，获得多方面的锻炼。

1. 口语表述。学生在家可以无拘无束，畅所欲言。为此，教师可有目的地让其回家进行口语练习。可选讲学校的新鲜事情，课文和课外书中的寓言、童话等有趣的故事，还可选讲学校和社会的新闻等。学生在家人面前"显示本领"，往往态度十分认真，而家长直接听孩子"演讲"，不仅很感兴趣，而且能随时对孩子进行指点，其效果是不言而喻的。

2. 观察积累。教师可结合语文教学，要求学生回家观察家禽、家畜、宠物的生活习性，蔬菜、花卉的生长过程，电器的式样和功能，家人忙家务、聊天的情景；还可要求他们自由去商店、集市、车站、影院进行专题观察。教师要进行观察目的和方法的指导，并要求学生尽可能地作好观察笔记，以求在头脑中留下深刻的印象。

3. 动手操作。可结合其他学科的教学，让学生回家做小实验。这样，既能消化教学内容，又能积累作文素材。如《乌鸦喝水》《曹冲称象》中的科学道理，可让学生通过实验来理解；自然中的透镜聚光、热胀冷缩、种子发芽、简单嫁接、磁铁性质可让学生动手尝试；还可让学生根据自己的兴趣进行小发明、小制作。

4. 搜集整理。一是"实物"搜集，可引导学生搜集邮票、图片、烟纸、树叶等。可要他们选择性地贴在专门作业本上，根据画面写出自己的创意；还可让学生按专题分类并进行介绍，如"迷人的风光""古老的建筑""别致的民居""辉煌的成就""伟人的风采"，这样，学生既能获取知识，又能锻炼语言能力。二是"语言"搜集，可提示学生从报纸杂志、广播电视中搜集名言警句、精彩广告，还可从网络中收集谚语俗话、至理名言。

这些立体性、多维性的活动，能引导学生到"蓝天下的学校"阅读"生活的教科书"，去寻找生活的源头活水，让他们在实践中充分调动眼、耳、手、脑等多种感官，从而有效地培养学生观察、思维、想象等多种能力，使他们的心灵受到熏陶，写作素材得到丰富，创新能力得以提高。

重视观察指导，增强生活体验

在语文教学中常有这样的现象：同一个班级的学生，同样参加了相关活动，但其运用生活服务于读写的能力却相差甚远。有的学生能自主建立生活与语文的联系，自觉能动地调动生活储备，为阅读中的语言感悟和作文中的语言表达服务；而有的学生感觉在语文与生活间似乎有一道难以逾越的障碍，丰富多彩的生活难以与语文建立起联系。造成这个问题的重要原因之一，就是这些学生对生活缺乏敏锐的观察力和深刻的感受力，丰富的生活如过眼云烟，看得见，听得到，却留不住，难以清晰地浮现在眼前。因此，要加强语文与生活的联系，使丰富的生活成为语文学习的基础。教师须在丰富学生生活的同时，加强观察方法的指导和观察能力的培养，让学生在细致的观察和感受中，增强生活体验，优化生活储备，增加生活积累。

一、有序观察的灵活性

观察是顺序知觉的过程，正确而迅速地确定观察顺序，是观察事物的基础。因此，教师须对学生进行观察顺序的指导，使学生既能掌握一般的观察顺序，又能根据实际情况和观察目标灵活调整观察顺序。从而使他们在面对复杂事物时，能随时调整思维指向，对事物进行有序观察。

1. 掌握基本顺序。小学生的思维具有跳跃性的特点，面对观察对象，他们的目光往往随兴趣来回扫描，难以迅速调整注意，确定观察顺序。为此，教师须在观察训练中逐步引导学生掌握由上而下（或反之）、由内到外（或反之）、从左往右（或反之）、由远到近（或反之）的基本观察顺序，使他们知道观察事物要按一定的顺序进行，做到有条不紊。

2. 掌握特殊顺序。在引导学生掌握基本观察顺序后，可逐步让学生掌握一些特殊的观察顺序。一是移步观景法。如果是在行进中观察，如参观、游览、访问等，可随行踪而改变观察点，做到步移景易。二是点面辐散式。如果观察面开阔，像劳动场面、课间活动、山水风光等，可选好观察点，由此作圆环式（观察点处于观察对象之中）或扇面式（观察点在观察对象之侧）观察，以保证观察对象尽收眼底。三是事物的变化式。如以观察事物变化为主，如动植物的生长过程，可运用此观察方法，搞清楚事物是如何随时间的变化而变化的。四是由总到分式。如观察某一事物（动植物或小制作、小玩具），可先综观全貌，再对各部分进行观察，以保证观察的整体性和条理性。五是主次和谐式。对复杂事物，若难以综观全貌，可突出主体、抓住重点进行观察，其他部分只作一般观察。

3. 自主选择顺序。有些教师对观察顺序强调过多，总是要求学生按照指定的顺序进行观察，这不仅影响了学生观察的兴趣，而且限制了学生思维的发展。为了保证学生观察的自主性，教师须在观察顺序的指导中给学生充分的自主权，让他们根据自己的兴趣爱好和观察能力，自主去选取对象、安排顺序，从而最大限度地调动学生观察的主动性和积极性，保证观察的效果。

二、重点观察的自主性

要达到对观察物的充分感知，须对其进行重点观察。由于生活经历和观察能力的限制，小学生观察事物时往往不得要领，难以对事物进行细致入微的感知。为此，教师还须培养学生重点观察的能力，使他们在面对复杂事物时，能迅速而正确地捕捉观察重点。

1. 传授基本方法。一是目标确定法，即根据观察目标确定重点。如观看运动会，若以了解运动员的拼搏精神为目的，则应把重点放在运动员如何参加比赛、争创好成绩上；若以了解热心观众为目的，则应把重点放在观众如何为运动员鼓劲加油上；若以了解后勤人员认真负责的精神为目的，则应把重点放在观察后勤人员如何为比赛提供服务上。二是比较确定法。如观察对象较多或较复杂，可通过比较确定重点。三是分析综合法。如在观察中难定主次，可先从多方面进行观察，在广泛摄取材料后通过分析综合，确定重点，再对重点进行观察。

2. 自由确定重点。在学生掌握了确定观察重点的基本方法的基础上，要给他们一定的自主权，让他们在整体感知事物后，凭借自己的知识积累和认识能力去分析事物，确定主次。如一名教师引导学生观察菜场，先带学生到菜场去转了转，整体了解菜场的概况，接着请学生自主选择重点进行观察。结果，有的学生以观察蔬菜为重点，有的以观察水产品为重点，有的以观察蔬菜价格为重点，有的以菜场管理人员热心为顾客服务为重点……这样，就能充分调动学生主动观察的积极性，使他们充分地感知事物，增强观察中的创造性体验。

3. 多方把握重点。针对同一事物，如果观察目的不同，重点也就不同。因此，教师须培养学生灵活确定观察重点的能力。如观察我们的家乡，可以从住房条件的变化这一角度来选择观察重点，也可从人们精神面貌的变化这一角度来选择观察重点，还可从交通的变化这一角度来选择观察重点……经常进行此类训练，学生就能形成自主确定观察重点的能力，从而为他们充分感知事物奠定基础。

三、细致观察的选择性

小学生对事物的观察往往较笼统，不善于在细微处着力，这就难以对事物进行充分的感知和透彻的了解。为此，教师须加强对他们细致观察的指导。要留给学生充分的权力，让他们自己确定细致观察的重点、难点和细致观察的方式、方法。如一名教师要求学生对本校一位老校工进行观察，要他们自己选择细致观察的内容和方法，学生表现出了充分的创造力：有的把观察老校工一天的工作作为重点，一下课，就奔向厨房，和那位爷爷一起劳动；有的以了解老校工多年来的工作为重点，组成了采访小组，对校长、教师、学生和一些了解他的人进行采访；有的以了解老校工的家庭生活为重点，利用双休日，到他家去帮忙打扫卫生，和他拉家常，还向他的老伴了解他在家的情况；有的对老校工的宿舍进行了细致观察，从中发现了许多秘密，如多年来的获奖情况，老师、学生给他的信件等……这就使学生在创造性的采访中深切地体味到了创造的愉悦。

四、联想观察的真实性

要使学生充分地感知事物，还须引导他们在观察的过程中展开联想和想象，从而把事物看活、把事物看透。缺乏真情实感是小学生观察事物的一个突出问题，其重要原因是教师在观察指导中常以自己的情感代替学生的情感，以自己的感受代替学生的感受，稍不如意，就横加指责。长此以往，学生的联想和想象就带上了明显的编造痕迹。教师须重视学生自主性的发挥，引导学生在观察事物的过程中自由想象。

1. 情感的灵活性。借助事物来表达情感，是进行联想观察的重要方面，但这种情感一定要真实。在观察指导中，教师要引导学生理解事物情感与人物心情之间的关系。如同样是借助花坛里的花来表达自己的心情，高兴的人看到花上的露珠，会把它比作花儿献给赏花者的粒粒珍珠；心情不悦者则会把它当做花儿流下的泪珠；心情平和者，则会把它当做大自然赐予鲜花的乳汁；富于幻想者又会把它看成大自然献给人们的礼物。

2. 情感的真实性。在观察联想中，要引导学生表达真实的情感。如下雪以后，一名教师引导学生到野外看雪景，要求学生结合自己看到的景色，借助联想说一句话，表达自己当时的心情。有的学生说："看到眼前美丽的雪景，我不禁想起了毛主席的一句诗：'望长城内外，惟余莽莽。'多美的雪景啊！"有的说："看到这美丽的雪景，我好像看到了孩子们在雪地里打雪仗、堆雪人、掷雪球的情景，我好像听到了孩子们欢乐的笑声。"有的说："看到遍地的雪，我仿佛看到大街上车辆堵塞、人们行走不便的情景，这雪下得真不是时候。"有的说："看到这雪，我仿佛看到一只只小鸟在雪地里因找不到食物而焦急的样子，我真为它们担心啊！"有的说："看到这雪，我好像看到爸爸正挑着蔬菜向市场艰难地走去。我真是既高兴又心疼。高兴的是今天下大雪，蔬菜一定能卖个好价钱；心疼的是地上难以行走，我真担心爸爸在路上会摔跤。"……这样，就能引导学生凭借眼前的事物，表达自己内心的真实感受。

3. 情感的寄托性。指导学生的联想，要注意以眼前的事物为依托，切不可无中生有，无病呻吟。如引导学生联想一名学生被评为"三好生"后回家路上的高兴心情，不仅可联想他的动作、神情、语言，而且可凭借天空的飞鸟、彩云，迎面的微风、行人，路边的小草、野花，远处的歌声、鸟鸣等，来传达人物的心情。这样，情感的表达就有了充分的基础。

第三章 关注生活：拓展语文学习空间

第 **3** 节

重视课外阅读，充实生活内涵

　　人的生命是有限的，因而人们对生活的感受、对世界的认识也是有限的。对小学生来说，不论他们的生活多么丰富，语文学习和作文训练所需要的生活材料也难以保证满足需要。因此，教师须在丰富学生生活，引导他们感受生活的同时，把学生引向广阔的知识海洋——课外阅读。研究表明，学生对优秀作品的阅读量越大、越广，其精神视野就越开阔，精神境界越高远，语言的感悟能力也越强。广泛阅读，可弥补学生生活天地狭小和生活经历有限的不足。因此，为加强生活与语文的联系，教师必须树立动态的教材观，以发展和变化的眼光认识和理解教材，挖掘和运用教材，把课内阅读与课外阅读有机地结合起来，向学生展示广阔的阅读空间。借助丰富的人类文化精品，滋养学生的心灵，提高他们的语文素养。

一、多种方法诱发兴趣，让学生读有情趣

　　学生对课外阅读大都表现出较浓的兴趣，但这种兴趣多是由书中的图画、故事的情节、精美的装帧引发的，这种依靠外在因素驱动的兴趣往往是难以持久的。要想保证课外阅读效果，就必须以有效的方式诱导学生对课外阅读产生浓厚的、持久的、自发的兴趣。

　　1. 课中点拨。在课堂中结合课文向学生揭示书籍的神奇力量、引发学生的课外阅读兴趣是非常有效的。如结合《琥珀》《黄河象》，让学生知道书可以让我们推测过去；结合《未来的房屋》《电脑》，让学生知道书可以帮助我们预测未来；结合《威尼斯的小船》，让学生知道书可以带我们游览名胜；结合《李时珍》《爱迪生》，让学生知道书可以让我们与名人交朋友；结合《小马过河》《揠苗助长》，让学生知道书可以使我们明事理。这样进行有意识的点拨，就能使学生感受到书籍的诱人力量。

2. 参观书展。教师可带领学生参观书展，让他们尽情去欣赏图书精美的封面，品味图书诱人的书名，浏览图书精彩的介绍。与此同时，教师可对适合少儿阅读的课外书进行重点介绍，或介绍精彩的片段、或介绍优美的插图、或介绍有名的作者、或介绍杰出的人物，从而充分引发学生的阅读兴趣。

3. 好书荐评。教师要经常跑书店、逛书市，以便对新出版的儿童读物心中有数。对适合学生阅读的书籍，要定期不定期地向学生推荐，从书的内容、中心、人物、精彩片段、出版背景、优秀作者等方面进行有针对性的介绍。还可让学生自我荐评，吸引他们不断扩大自己的课外阅读范围。

4. 巧妙设疑。为引导学生进行有针对性的课外阅读，教师可紧扣课外书中的相关知识点巧妙设疑，吸引他们到书中寻找答案。如为了激发学生课外阅读《十万个为什么》的兴趣，教师可对其中的一些精彩问题进行罗列，再以"说书"的形式巧妙引导："要知什么，请课后阅读《十万个为什么》。"这样，学生的积极性一定能得到充分的调动。

二、多角度选择读物，让学生读有益书籍

小学生年龄小，辨别能力有限，对课外阅读往往不加选择，或是追求情节，把着力点放在故事书上；或是急功近利，把着力点放在作文书上。鲁迅在《给颜黎民的信》中曾告诫少年朋友们，不能只读一个人的书，也不能只看一种类型的书。这就提示我们要指导学生广泛地阅读文学、数学、史地、生物等多方面的读物。为保证选择的针对性和阅读的效益性，可以学科教学为线索，沟通课内与课外的联系，引导学生多角度地选择读物。做到既广泛涉猎，又有的放矢；既有广阔的阅读面，又有较强的针对性。

1. 由语文学科引出。教师要充分挖掘语文学科与课外读物的结合点，并以此为依据寻找课外读物。这样，一方面能拓宽阅读教学的背景，提高课堂教学效果；一方面能拓展课外阅读的空间，提高课外阅读效益。既可进行背景式阅读，即寻找与课文相关的背景材料进行阅读；也可进行追踪式阅读，即对于节选课文，可追踪原文（著）引导阅读；还可进行相关式阅读，即寻找与课文体裁相似、背景相近、人物相同的文章来阅读。

2. 由其他学科引出。教师要把握各学科与课外阅读的联系，引导学生进行广泛阅读。如结合数学教学，可引导学生阅读相关的知识性短文、数学家的故事等；结合自然科学，可引导学生阅读相关的自然知识、科普读物等；结合

社会教学，可引导学生阅读历史故事、地理读物等。

3. 由学生的兴趣引出。学生各具个性，对阅读也有独特的兴趣。为此，教师除了统一向学生推荐读物外，还可根据学生的兴趣和爱好推荐，使喜欢科幻小说的、喜欢科普读物的、喜欢战斗故事的学生各得其所。另外，还可把学校图书室中适合学生阅读的图书进行分类，打印目录，并对有关内容进行简要说明，让学生自行选择。

三、多层次指导方法，让学生读出效果

小学生自制力较弱，在课外阅读中，如果仅凭兴趣和爱好，往往不会达到最好的效果。教师须加强阅读方法的指导，使其读有所得，读有所获。

1. 专题指导。教师可结合阅读教学进行课外阅读的专题指导，逐步让学生把握以下几个阅读方法：一是批注式，边看边想，随时写下收获和体会，提出疑问；二是圈画式，对书中的优美词句，精彩片段进行圈画，可与批注有机结合；三是摘录式，记下好词好句、精彩片段，归纳主要内容、中心思想；四是体会式，抓住文章重点，把握文章特点，写下心得体会；五是运用式，运用从课堂上学到的读书方法进行相关文章的阅读，在阅读中运用，在运用中内化。

2. 方法交流。要发挥学生课外阅读的主动性和创造性，让他们大胆地探索课外阅读的方式方法，进而组织他们对读书方法进行定期不定期的交流。一名教师在引导学生交流时就发现学生探究出了很有个性的读书方法。一是浏览式：对内容浅显的书籍一目十行，抓住梗概；二是提要式：对一些内容通俗的书只看内容提要即可；三是选择式：对大部分书籍，先看目录，选出特别感兴趣的内容，再认真细致地看；四是推测式：读书前先由书目推测内容，再由提要推测细节，进而进行阅读验证。

3. 典型引路。在课外阅读指导中，可根据学生知识水平和阅读能力的差异组成课外阅读小组，在同一个小组中安排不同层次的学生，从而在读物的选择、读法的讨论、效果的交流中发挥优生的引路作用。

四、多途径检测效果，让学生读有目标

为确保课外阅读的效果，必须加强课外阅读检测，使学生读有目标，促使

他们以严肃认真的态度对待课外阅读。

1. 作文评议。为促使学生将课外阅读中获取的营养用于说话和写作，提高他们的语言驾驭能力，教师可明确提出这方面的要求。在作文评讲中，可以"课外阅读与作文语言"为专题进行评讲；在作文评改中，对学生优美的词句可加以赞扬和鼓励。

2. 知识竞赛。为了让学生做课外阅读的有心人，教师可组织学生开展读书知识竞赛，对竞赛的知识范围先作交代，让学生集中注意，尽快阅读，以提高阅读效果。有时为了了解学生阅读的广度，对竞赛范围也可不作交代，试题可涉及语文、数学、自然、社会、科技等各个方面，但要适合学生的知识水平和年龄特点。还可引导学生参加上级主管部门组织的各类读书竞赛，赛前可根据竞赛规则和要求，对学生进行辅导，让学生了解阅读书目，对阅读难点给予点拨。读书竞赛要以鼓励学生课外阅读为主，不要给学生施加太大的心理压力。

3. 读书交流。为鼓励学生广泛阅读，教师可定期组织读书交流，如读书知识的交流、读书方法的交流、读书心得的交流等。在交流中，教师要对学生的读书方法、读书选择、读书心得等进行恰当的肯定，并相机点拨，提出导向性的意见。

第 4 节

引导展开想象，显现生活画面

语文教材所选的大多是叙事、写人、写景、状物的记叙文，每篇课文都是对客观生活或想象情境的具体描述，阅读教学的过程，就是教师指导学生通过语言文字训练，将课文所提供的语言文字内化为自己的语言积累，转化为读写能力的动态过程。教师须根据语言形象、语言情感、语言技巧间的关系，引导学生展开想象，显现生活画面，构筑心理视像，使课文描述的形象和情境具体清晰地展现在学生面前，使课文内容变成鲜活的情境，变成真实的生活，进而引导学生进入情境之中去感受、去体悟。

一、观察想象，展示语言形象

引导学生深切地感受语言所描述的情境，是引导他们理解语言内容，感悟语言情感的重要方法。由于生活经历和知识水平的限制，小学生大都缺乏语言文字向情境画面转换的能力，难以将语言文字与其所描述的情境联系起来，这就为他们理解和感受语言带来了困难。在教学中创设情境，引导学生观察想象，就可以将语言文字变成鲜活的画面展示于学生面前，使他们如临其境、如见其人、如闻其声，这样就能有效地加强他们对语言情境的感受。如阅读《草原》时，一名教师这样导入：你去过草原吗？那可是令人向往的地方。今天老师将根据课文的描述，和大家一道去世界闻名的内蒙大草原，去看一看、走一走（运用多媒体出示草原动画图）。现在，你到了草原，出现在你面前的是一幅什么样的画面呢？学生仔细观察课件，充分展开想象，从蓝天白云说到绿草红花，从牛羊马群说到蒙古包，从飞鸣的小鸟说到高歌的牧童，不仅想象丰富，而且叙述生动。这就为阅读课文，感受草原画面，理解草原特点做了铺垫。

二、补充想象，展示语言情境

课文中有不少语言文字、语言形象、语言情感的聚焦点，虽然叙述简单，但蕴涵丰富，给学生提供了想象驰骋的广阔天地。对此，教师可引导学生进行想象挖掘、表演外化，以显化语言内涵。如"周总理一手端着盛满清水的银碗，一手拿柏树枝蘸了水，向人们泼水，为人们祝福。"（《快乐的泼水节》）句中描写了周总理为傣族人民祝贺节日的形象内容，体现了周总理与傣族人民心连心的情感内涵。一名教师这样引导：周总理会向哪些人泼水？会怎么祝福他们？让学生自由想象口述，进而指名登台表演。一名学生一边"泼水"一边说："老爷爷，祝您越活越精神，越活越年轻。""大娘，祝您寿比南山，福如东海。""姑娘，祝你越长越漂亮。""小伙子，希望你为家乡的繁荣多作贡献。""小朋友们，祝你们好好学习，天天向上。"这就充分挖掘了语言中的内涵，使学生具体而形象地理解了周总理对傣族人民的一片深情。

三、联系想象，理解词语蕴涵

为使学生从阅读中获得精神的提升和语言的发展，教师须通过言语实践激起学生的精神活动，让阅读中获取的词句成为学生参与精神活动的心灵元素。因此，针对那些意思抽象而使用频率高的词语，可通过激活文本创设情境、联系生活引进情境等方法，让学生在具体的情境中理解含义，体会情感，表达心声。如"后来，由于媒体的干预及养母的不懈努力，小恩科西才得以背上书包去上学。"（苏教版第九册《艾滋病小斗士》）句中的"干预"一词学生难以理解，一名教师这样引导：

师：恩科西是多么不幸啊！他能挺到上学的年龄，人们理应为他高兴。可当养母带他到学校报名时，一些老师、学生、家长竟要将他拒之门外。如果你是那家媒体的记者，你将如何"干预"呢？

生：如果我是电视台记者，我将通过电视采访，对这件事进行全面报道，呼吁所有的人都来关心恩科西的上学问题，让他及早和正常的孩子一样享受上学的权利。

生：如果我是电视台记者，我会以电视新闻的形式，对反对恩科西上学的行为表示强烈的愤慨和谴责。

生：如果我是电视台记者，我会采访学校校长、老师和学生，请他们谈谈该怎样对待这样一个可怜的孩子，并请校长和老师们想一想：如果恩科西是他们自己的孩子，遇到了这样的情况，他们会想些什么？让他们设身处地，谈自己的想法。

生：如果我是报社记者，我会对这件事进行追踪报道，根据事态的发展采取对策，如果还有人一意孤行，不让恩科西上学，我将在报纸上公开他们的姓名。

（其他学生发言略）

师：是啊，如果我们遇到这种情况，一定会对恩科西表示同情，并想办法解决他上学的问题。

要小学生说出"干预"的意思，也许比较困难。上述案例中，教师直接引导学生充当角色，走进情境，用真情去"干预"，用真爱去"表达"，使"干预"成了学生参与精神生活的心灵元素。这样，在想象创设的生活情境中，在自我参与的精神生活中，学生不仅理解了"干预"的意思，而且把握了"干预"的用法。可见，对学生难以理解的重点词语，可创设语言情境，引发学生的精神活动，构筑生活形象。这样，词语教学便会进入一种新境界。

四、延伸想象，探究语言内涵

在阅读教学中，教师可捕捉情感表达、语言内涵的聚焦点，引导学生进行语言形象的延伸和语言情境的拓展，以升华文章中心，深化学生理解。如《黄山奇松》一文通过对黄山奇松的具体描述，表达了作者对大自然的赞美和喜爱之情。在引导学生阅读课文，初步感受奇松之奇后，教师这样引导：以黄山的迎客松、陪客松、送客松为代表的黄山松非常奇特，享誉世界，作者通过对黄山奇松的描述，表达了自己对大自然的赞美。我想，作者写这篇文章的目的，也许是想吸引人们前来黄山旅游观光，享受大自然的恩赐。除了直接对奇松进行描述外，我们还可以用什么方法来展示它的独特魅力呢？让学生自由练习写作。学生有的从游客的角度，根据自己行进的路径，具体形象地向人们介绍了他们眼中的奇松，尤其是对迎客松、陪客松、送客松描述得更加生动具体；有的以导游的角色，向人们介绍了自己眼中的奇松；有的编写了有趣的故事——很久很久以前，黄山景色秀丽，尤其是遍布山野的松树更是奇特无比，吸引着许许多多的游客。可是，由于山高路险，加上云雾缭绕，游客经常迷路，难以走出深山，甚至常会有人在山间失踪。山下住着兄弟仨，看到如此情景，心中很不是滋味。他们决定，每天上山为游人引路。他们一人在上山的路口迎接客人，为客人指点上山的路；一人在山上，陪着客人游览，为客人介绍山上的景色，对地势险要之处也及时提醒；待游客在山上尽兴地玩够了，另一人又护送游客下山。可不幸的是，有一天，当兄弟三人上山时，山洪暴发，他们不幸遇难。人们听到这一消息，都纷纷来到山前悼念他们。可奇怪的是，人们在兄弟仨活动的地方发现了三棵奇特的松树。无疑，这就是兄弟仨的化身。为了纪念他们，人们分别把这三棵松树叫做迎客松、陪客松、送客松。

五、变更想象，促进语言转换

将语文教材中的语言内化为学生的语言储存，转化为学生的自我语言，是阅读教学的重要目的。而阅读教学中情境的创设，可以活化内容、动化教材、趣化课程，为学生提供有趣的语言实践机会，增强语文学习的趣味性，激发学生学习的主动性，促进语言的转化。下面是《小马过河》的一个教学片段：

师：大家思考一下这几个问题。（出示问题：开始时小马听了老马的话是怎么做的？他错在哪里？应该怎么想、怎么做？）想好之后，前后两桌的同学可以在座位上表演表演。

（学生思考并表演）

师：下面请一个小组的同学登台表演。其他同学一边看一边想，他们演得好不好？等演出结束了，再说说自己的看法。

小马：（身背粮袋来到小河边）请问牛伯伯，这河深不深啊？

老牛：不深，不深，刚过小腿。

小马：知道了，谢谢您。这河不深，我这就过去。

松鼠：（快步上前）哎呀，不能过河！这河可深了，我的一个小伙伴就是掉在里面淹死的。

小马：（左右为难地）奇怪啊，牛伯伯说河水不深，松鼠又说水很深，这是怎么回事呢？（仔细打量老牛和松鼠，再看看小河）哦，对了。你看牛伯伯个子这么高，当然要说水浅了；而松鼠个子那么矮，当然要说水深了。而我（看自己）没有牛伯伯高，但比松鼠高多了，我来试一试。（准备下水）

松鼠：（惊叫）小马，别下去，会淹死的！

小马：松鼠弟弟，谢谢你，我自己试一试。（小心过河）啊！我过来啦！

我过来啦！原来，这河既不像牛伯伯说得那么浅，也不像松鼠说得那么深。看来，做事情得多动脑筋，自己去试一试才行。

上述教学片段中，教师通过教材的有机变更，创设小马"独立解决问题"的情境，为学生提供了"解决实际问题，进行现场交际"的情境，能有效地把课文语言转化为学生的自我语言，提高他们借助语言进行表达，解决实际问题的能力。

创设课堂表演，体现生活情趣

社会大课堂，课堂小社会；生活大课堂，课堂小生活，这句话用来描述语文与生活的关系是再确切不过了。在现实社会中，我们每个人都以自己特定的身份扮演着独特的角色，而这一个个角色的扮演，才使得社会更加丰富多彩。如果我们充分把握语文与生活的联系，围绕教学目标，组织学生进行课堂表演，把语文学习的课堂变成学生生活的天地，变成学生生活的社会，把每个学生变成社会中、生活中的一个个角色，这样，学生在课文阅读中，就不仅能得到语言情境、语言内涵、语言情感的感悟，还可以得到生活情趣的享受。这样，学生在语文学习中就能兴趣盎然，乐此不疲。

一、课堂表演的多个原则

1. 目标性原则。课堂表演要有明确的目标：或活化教材，增加阅读的趣味性；或动化画面，增强感知的形象性；或细化片段，体现阅读的细微性；或显化内容，促进理解的深刻性；或延伸课文，体现知识的迁移性。

2. 基础性原则。课堂表演是以对课文内容的把握为基础的，教师须引导学生细读课文，理解内容，体会蕴涵，揣摩动作，把握语言，设计场景，使语言内容、语言蕴涵得到充分而得体、形象而逼真的展示，不可操之过急。

3. 随机性原则。课堂表演要根据需要随机进行。时间或长或短，场面或大或小，人员或多或少，因需要而定，视情况安排，巧妙穿插而不露痕迹，及时组织而不致脱节。

4. 统一性原则。要处理好语言的感知与理解、感悟与表达、积累与运用之间的关系，既要有机统一，又要有所侧重，从而使课堂表演在综合训练的同时突显一两个能力的训练，体现重点与一般相统一的原则。

5. 全员性原则。要克服少数人表演、多数人看热闹的现象，打破演员与观众、教师与学生的界限，以"人人准备，随机亮相""一人演节目，人人当演员""少数人演，全员性导"的方法，让每个学生参与其中，促进全员性发展，使课堂表演真正成为全员参与、全员发展的大舞台。

6. 简易性原则。"课堂表演"中的简易化妆是可以的，要根据教学实际，采取简单易行的方法，角色随机转换，场景随机创设，从而达到以简驭繁的效果。

二、课堂表演的多种功能

1. 语言形象的还原。课堂表演是形象还原的重要形式，表演可使语言文字变成活的画面。在表演中，教师要引导学生通过揣摩和讨论，准确地把握人物的动作、语言、神态、心理，进而通过表演把上述形象真实地展示出来，并在展示的过程中进行评议、矫正、复演，从而使语言文字真正还原成具体生动的画面，让学生从语言文字的理解中揣摩语言形象，从语言形象的展示中进一步理解语言文字。

2. 语言蕴涵的展示。不少课文中，与中心相关的形象往往或简而言之，或略于文外，或模糊处理。而课堂表演具有时间的延长作用、空间的拓展作用和细微之处的显化作用，教师可抓住与中心密切相关且蕴涵丰富形象的知识点，引导学生进行想象描述，展示语言蕴涵。如《山中访友》有这样一句："这山中的一切，哪个不是我的朋友？我热切地跟他们打招呼：你好，清凉的山泉！你捧出一面明镜，是要我重新梳妆吗？"课文还写了"我"与"溪流""瀑布""悬崖""白云""云雀"等打招呼的情景。教师可这样引导：你怎么理解"一切"和"热切"？"我"会跟哪些朋友打招呼，会怎样打招呼呢？请你来表演表演。这样，芬芳的花儿、碧绿的小草、湿润的泥土、崎岖的山石、登攀的阶梯等，都会化作充满灵性的生命体，不仅在与"我"，而且在与学生进行情感的交流和心灵的对话，这种对话和交流的过程，就是学生拓展形象、感受情境、感悟情感、发展语言能力的过程。

3. 语言情感的表露。课堂表演，既是语言情感的体会和感悟，又是语言情感的表达和流露，它可通过情境的引入、角色的扮演、形象的展示，缩小学生与作者、与文中人物的情感差距，使人物情感通过课堂表演的方式得以充分展现。如《雨中》第四节具体描述了孩子们想方设法为姑娘解难的情景，可引导学生进行表演，通过姑娘"皱起眉头"的神态展示、"自言自语"的心理展示，小男孩对大姐姐轻声细语的安慰、对小伙伴的紧急动员，小伙伴们"站成一排，挥动着红领巾"对卡车司机的高声叫喊等情景的展示，深切地体会、形象地表达孩子们对姑娘的关心。

4. 语言中心的升华。在阅读教学中，让学生进行想象表演，还可以拓展语言空间，开阔语言背景，升华课文中心，深化学生的理解。如阅读《骆驼和羊》，可这样引导：如果骆驼和羊又一次相遇，他们会怎样互相帮助？引导学生表演骆驼和羊互相帮助的情景。这样的延伸表演，可以有效地深化学生对课文中心的理解。

三、课堂表演的多种形式

1. 单人表演。如表演内容简单，角色单一，可进行单人表演。可让学生根据要求自己揣摩、自我表演，进而同桌讨论，最后指名登台亮相。

2. 双人表演。双人表演具有组合方便，随机开展，简单易行的优点。如《亡羊补牢》可安排"邻居"和"牧羊人"这两个角色进行表演：

牧羊人：我是一个牧羊人，家里养了许多羊。天亮啦，我该去放羊啦（走向羊圈，自言自语地）：1 只、2 只、3 只……咦?! 怎么少了一只……哎哟，羊圈这里有个窟窿，一定是被狼叼走了。真倒霉！

邻居：我是牧羊人的邻居，他在喊什么呀，我来看看。哎，大清早，你在着什么急啊！

牧羊人：别提了，羊圈坏了，我的羊昨晚少了一只。

邻居：那你赶快把羊圈修好。

牧羊人：羊已经丢了，修羊圈有什么用呢？

3. 多人表演。对角色较多、情节复杂的课文，可采取多人表演的方法，先确定角色，再让学生自由组合（一般以前后桌组合为宜）；然后请学生自由读书、自由揣摩角色语言，并进行排练，教师巡视指导；最后指名亮相，众人评议。也可以在角色确定后让学生各自细读深思，揣摩角色语言，再让学生随机组合角色，让其他学生以"导演的角色"参与，教师以富有针对性的问题引导表演者和观众思考，让他们为表演出计献策。如于永正老师教《狐假虎威》时是这样引导的：各位导演请看狐狸和老虎谁在前，谁在后？为什么？（问老虎）你东张西望干什么？（问小鹿）你为什么跑？你不怕狐狸吗？各位导演对他们的表演有什么意见吗？

4. 全体参与。对内容简单、情节单一或反复的课文，可在阅读中让学生群体参与表演，在表演中可通过教师示范，让学生自主创新，最后师生共同评议，逐步提高表演效果。

四、课堂表演的多个角度

教师要深入钻研教材，寻找教学目标与教材内容的联系点，充分挖掘教材的表演因素，通过多形式、多角度的表演来强化教学目标的达成。一是逆反式，即转换思维方向，变换思考角度，让学生想象表演。如《骆驼和羊》阅读后，可引导学生想象表演骆驼和羊第二次见面的情景。二是变更式，即变更文中的某一条件，想象变更条件对事情发展的影响，进而表演。如《东郭先生和狼》阅读后，可引导学生想象表演老农未出场的情景。三是延伸式，可顺延课文，想象情节，进而表演。如《跳水》阅读后，可引导学生想象表演孩子得救后的情景。四是模仿式，可模仿课文情节，根据相关条件，即时想象表演。如《骆驼和羊》阅读后，可引导学生想象"小鸡和小鸭"互相帮助的情景。五是假设式，即假设某一条件，引导学生想象此条件插入后的情景。如《揠苗助长》阅读后，可引导学生想象拔苗时一位老农前来劝说的情景。六是采访式，可创设采访条件，进行采访表演。如《海底归来》阅读后，可这样引导：如果你从海底游览归来，伙伴们询问海底的情景是怎样的，你会如何介绍？让学生进行"采访表演"。

充当文中人物，增强角色体验

在现实生活中，面对令人感动的画面，小学生会和成年人一样动情动容。可在阅读教学中，不论课文描述的景色多么迷人，叙述的事情如何感人，不少学生就是无动于衷。重要的原因之一是学生常把课文描述的情境与现实生活中的情境对立起来，因而阅读课文时多把自己置于文外，语言情境难以引起学生的体验，语言情感难以激起他们的共鸣。可见，要加强语文与生活的联系，培养学生借助生活感悟语言的能力，就必须在阅读中让学生灵活扮演角色，随机进入课文，引进生活画面，通过角色的转换，促进情境的感受、心理的揣摩、情感的体验，从而变旁观者为当事人，变阅读课文为经历生活，变感受人物情感为自我流露情感。这样，"角色"就成了引导感悟的桥梁，就能最大限度地缩小学生与课文、与文中人物之间的情感差、心理差，促进学生真心地阅读、真切地体会、真情地感悟、真实地感受。

一、在角色扮演中感受语境

引导学生深切地感受语言所描述的情境，是领悟语言内涵、感受语言情感的重要基础。而要使学生深切感悟课文情境，很重要的一点就是要让学生充当角色，进入课文所描述的情境之中，设身处地地去感受、去经历、去观察、去欣赏。这样，语言文字在学生面前就不再是枯燥的语言符号，而是具体丰富的语言形象，学生就能从语言文字中看到迷人的景色，听到美妙的声响。这样，他们就能深切地感受课文所描述的情境。请看《春雨》的教学片段：

师：小朋友们，如果现在你就是课文中的孩子们，你们会在春雨中干些什么呢？

生：我们会在雨中种树。

师：春雨淋湿了你们的帽檐，淋湿了你们的衣服，你们为什么还要干呢？

生：春雨来了，正是我们种树的好时机，我要把它们快快栽下，好让它们快快长大。

生：我们要为大地换上新装。

师：看到小朋友们干得这样起劲，春雨又沙沙地响了，它在说什么呢？

生：它在赞扬小朋友呢。

师：如果你就是春雨，会怎么赞扬小朋友呢？

生：小朋友们，你们是绿化祖国的红领巾。

生：小朋友们，你们真是热爱劳动的好孩子。

生：小朋友们，你们为大地添上了新绿，谢谢你们。

在上述案例中，教师引导学生充当课文中栽树的孩子，又充当春雨，课文中的诗句，变成了具体的形象出现在学生面前，使学生在情境的想象描述中，具体而深切地感悟了文章的中心思想。

二、在角色扮演中感受情感

学生的情感是粗线条的，他们不容易进入课文中的情感世界。而只有学生的情感与文本的情感融为一体时，他们对课文情感的感悟才是真切的。因此，在阅读教学中，教师要充分体验学生的情感，努力使学生的情感与文本的情感相融合。而要做到这一点，除了教师本身要动情外，还可让学生充当文中角色，尽量使他们忘记课堂、忘记学习，从而淡化他们的学生意识、课堂意识、学习意识，强化他们的生活意识、主体意识。让他们知道自己正和文中的人物一起经历文中的事。这样，他们就能全身心地参与课堂生活，全身心地投入课文情境，就会在情感上和作者与文中人物贴近起来。为此，在阅读教学中，教师可围绕教学目标，以一定的教学手段改变学生固定的角色行为模式，让他们在课堂学习中随机充当各种角色：充当编者，促其居高临下地审视教材；充当作者，促其高屋建瓴地探究写法；充当教师，促其设身处地地设计学法；充当文中人物，促其身临其境地体会感情……这样，就能以课堂教学的生动性和趣味性激发学生学习的主动性和积极性，形成兴趣盎然、感知敏锐、思维活跃、想象丰富的学习氛围，强化阅读教学效果。如《月光启蒙》一文的字里行间，都充溢着对母亲的感激之情，为使学生透过"启蒙"感悟母亲对孩子的爱，感悟作者对母亲的感激，可以让学生走进情境，扮演角色，抒发情感："如果是你，躺在母亲的怀抱中，是母亲把月夜浓郁的诗情带给了你，你想对母亲说些什么？""如果你就是作者，想到小时候母亲为你吟诵歌谣的情景，想到这些歌谣对自己的'启蒙'，会对母亲说些什么呢？""如果你就是作者，母亲来到你的面前，想到母亲为你付出的一切，你会对母亲说些什么？"这样，让学生充当角色，表达感情，就能缩小文本与生活、学生与作者的差距，能使学生与作者产生心灵的共振和情感的共鸣，学生必将为至高无上的"母爱"所感动。

三、在角色扮演中感受语义

学生在日常生活中，一旦遇到难办的事或难过的事，他们大多能真切地表述自己内心的感受。为什么课文内容比他们生活中的事要生动感人得多，但却难以拨动他们情感的琴弦呢？这是因为，在他们看来，自己经历的事情是真实的，无论是从视觉上还是听觉上，无论是从感官上还是心灵上，都给了自己"真正"的撞击，留下了深刻的印象。而课文中叙述的事情再生动感人，也是"纸上谈兵"。因此，在阅读教学中，我们要有机地引导学生扮演文中的角色，让学生进入课文描述的情境之中，通过角色的转换，与文中的人物一起思考，从而深刻地领悟语言的蕴涵，理解语言的意义。如阅读《挑山工》时，一名教师是这样引导学生感受课文最后一节的含义的：

师：作者为什么要把自己画的那幅画挂在书桌前？

生：我认为他这样做的目的是要用挑山工的精神来激励自己。因为在登山途中，他亲眼看到了挑山工，被他们那种顽强拼搏的精神所感动。所以他要把这幅画挂在书桌前，只要一看到挑山工的形象，就会从中受到启发。

生：我认为作者把画挂在书桌前，还有一个重要的目的，就是要请挑山工来帮他解决生活中的实际问题。如果他在生活中遇到了困难，一看到这幅画，就会被挑山工的精神所鼓舞，就会鼓起克服困难的勇气。

师：说得不错。同学们，作者为了用挑山工的精神激励自己，专门画了一幅画，并把它挂在书桌前。如果是你，在生活中的某个时候，你看到了这幅画，会想些什么呢？

生：在我遇到困难时，我一看到这幅画就会这样想：看人家挑山工，山路这么陡，担子这么重，他能一步一步地往上攀，我为什么不能呢？

生：在我做事三心二意时，我看到这幅画，我会觉得画上的那个挑山工在批评我："你啊，做事怎能这样三心二意呢？只有一心一意才能把事情办好，否则便会一事无成。"

生：在我想半途而废时，看到这幅画就会想：你看人家一个劲儿地往山上爬，而我为什么要半途而废呢？

这样引导，能够促使学生在阅读时，亲自置身于课文情境之中，深切地感受语言的深刻蕴涵。

四、在角色扮演中感受情趣

情趣是学生学习语言的重要前提。而语文学习的情趣，仅靠教师的激发和客观条件的引发是远远不够的。只有充分挖掘语文教材、语文学习中的趣味因素，让学生在这些因素的运用中不知不觉地感受语文学习的乐趣，才能使他们发自内心地喜欢上语文。挖掘语文教材中的情趣因素的方法有很多，而引导学生充当角色，参与表演，则是极为有效的方法之一。请看于永正老师《小稻秧脱险记》一课的教学片段：

师：谁知道"团团围住""气势汹汹"是什么意思？

（喊了几位举手的学生到前面来）

师：这几位同学都懂了，没有懂的同学请看我们表演，看了你们就会懂了。现在，我当小稻秧，你们几个当杂草。杂草把小稻秧团团围住，你们应该怎样站？（学生从四面八方把老师团团围住）

师：你们要干什么？

生：快把营养交出来。

师："气势汹汹"这个词你们没有懂。应该怎么说？做什么动作？仔细想一想。要凶，声音要大，把腰卡起来。

生：（卡腰，大声、凶恶地说）快把营养交出来！

师：我们搬到大田来不久，正需要营养，怎么能交给你们呢？

（学生不知所措）

师：（向全体同学）他们应该干什么？

生：他们应该上去抢营养。

师：对，要抢。营养在地里，快——

（"杂草们"一拥而上，抢起了营养。"稻秧"没精打采地垂下了头。下面的同学哈哈大笑）

师：杂草厉害不厉害？凶不凶？（生：厉害，凶）这就是气势汹汹。杂草野蛮不野蛮？（生：野蛮）讲理不讲理？（不讲理）这就叫蛮不讲理！杂草让小

稻秧发言吗？（生：不让）这就是不由分说。各位杂草请回去。（笑声）

在这里，教师充当小稻秧，学生表演杂草，通过动作的指点、语言的点拨，师生共同表演了"稻秧据理力争，杂草气势汹汹抢营养"的情境，使学生真切地理解了"团团围住、气势汹汹、不由分说、一拥而上"的形象内涵，具体感受到了语文学习的乐趣。

第7节

引进生活活水，促进阅读感悟

研究表明，阅读主体的直接或间接的生活经验，对其阅读实践活动的质量具有重要的制约作用。试想，一个从没去过医院、而且对医院没有一点了解的孩子，一旦在阅读中碰到"医院""住院""挂水""把脉"等词语，不管教师怎样讲解，他都难以获得真切的感受。可见，生活是阅读感悟的重要基础，一个人生活经历丰富，在阅读中，一旦遇到与生活有关的语句，就能在与生活的联系中加深感悟。因此，要培养学生的阅读感悟能力，就必须在丰富学生生活，增加他们的生活积累、情感积累、实践积累的前提下，根据阅读与生活间的联系，巧妙地把生活的活水引进阅读，帮助学生构建现实生活与语言阅读的联系，让他们凭借自己的生活基础去感悟语言。

一、凭借生活，感悟语言形象

在阅读教学中，引导学生感受语言形象，是领悟语义、感悟语情的重要前提。小学语文课文大多是写人、记事、状物的，课文内容大多与现实生活联系紧密。教师可捕捉语言形象与学生生活的相似点，寻求沟通，促进联系，激活学生头脑中储存的与语言文字相关的表象，使语言与具有活性的形象建立起联系，在鲜活的形象的嫁接中获得生命力。这样，当学生凭着作品语言，跨越广袤的空间去神游时，课文语言就成了学生心理视像中的美丽画卷。如《山中访友》中有这么一句："拾起一片落叶，细数精致的纹理，我看到了它蕴涵的生命奥秘，在它们走向泥土的途中，我加入了这短暂而别有深意的仪式"，句中的"仪式"给人留下了广阔的形象空间，这空间的补充，可让学生感受到作者对落叶的虔诚，对好友的敬意。学生在生活中见过不少各种各样的"仪式"，教师可这样引导：从"短暂而别有深意的仪式"，你看到了怎样的画面？"我"会对落叶说些什么？落叶又会对"我"说些什么？这样，通过对"仪式"的想象描述，学生的眼前必然会呈现出一幅神圣的、感人的场景，从而能自然而深刻、具体而形象地感受蕴涵在形象中的语言情感。

二、凭借生活，感悟语言情感

语言文字一旦被用来表情达意，就成了具有情感内核的活体。在语言作品的阅读中，读者只有调动起自己的情感，力求和作者想在一起、思在一处，才能从语言文字中触摸到作者情感的脉搏，感受到作者情思的旋律。在现实生活中，面对令人激动的人和事，面对叫人感动的景和物，学生也会和成人一样动情动容。可见，生活是解读课文内容的钥匙，是诱发学生情感的基础。在阅读教学中，充分利用情感丰富的内容，可唤醒学生的生活画面，唤起学生的生活体验，使课文情感的感悟与学生内心真情的流露融为一体。请看《厄运打不垮的信念》的教学片段：

师：（出示片段：为使这部书更加完备、准确，59 岁的谈迁携带书稿，特地来到北京。在北京的那段时间，他四处寻访，广泛搜集前朝逸闻，并亲自到郊外去考察历史的遗迹。他一袭破衫，终日奔波在扑面而来的风沙中。他不顾年老体弱，奋笔疾书，他知道生命留给自己的时间已经不多）请读读这段话，边读边想，这段话写了什么？你从中感受到了什么？

（学生自读后交流）

生：这段话写谈迁重写《国榷》的经过，反映了他厄运打不垮的信念。

生：这段写了谈迁克服重重困难，重写《国榷》的过程，反映了他百折不挠的斗争精神和一丝不苟的写作态度。

（其他学生发言略）

师：再读读这段话（在"更加、特地、亲自、终日"等词下面加点），由加点的词你能领悟到什么？

（学生默读思考后交流）

生："更加"反映了谈迁一丝不苟、精益求精的写作态度。对年老体弱、家境贫寒的谈迁来说，在经受沉重的打击后，能再写出书稿已经很不容易了，可他还要如此认真地斟酌。真令人感动！

生：从"特地"我也感受到了他严肃认真的态度。他这么大年纪，身体不好，家境贫寒，如果是顺道而去，也就不说什么了。然而，为了使《国榷》更加完备、准确，他竟然千里迢迢专程赶去北京。

（其他学生发言略）

师：年纪这么大，身体这么差，家里这么穷，看到他玩命地写好了初稿，还要想方设法地追求书稿更加完备和准确，谁都会于心不忍。如果你知道他要这么做，你肯定会从关心的角度对他进行劝说。你打算怎样劝说呢？请把劝说的话写下来。

（学生写作后交流）

生：谈爷爷啊，如果是顺道而去还情有可原，您竟然专程为改书千里迢迢去北京。书的初稿已经完成，在家认真修改有什么不好，为什么要去北京呢？带上这么重的书稿，到那里举目无亲，无依无靠，可能遇到的困难简直难以想象。就算身强力壮的青年人也难以承受，何况您是体弱多病的老人呢？

生：谈爷爷啊，您终日奔波在外，实在叫人心疼。清晨，凉气袭人，当人们还在睡梦中的时候，您一袭破衫，已经奔波在扑面而来的风沙；中午，烈日当头，当人们正在休息的时候，您一袭破衫，仍然奔波在扑面而来的风沙中；晚上，月黑风高，当人们已经进入梦乡的时候，您依然奔波在扑面而来的风沙中。饿了吃一口干粮，渴了喝一口凉水，累了坐在地上休息一会儿……您已是快60的人了，您说说，这样下去，能叫人放心吗？

（其他学生发言略）

教师所出示的片段，以简练的文字浓缩了谈迁重写《国榷》的诸多感人画面。教师首先引导学生把握内容，体会情感；进而让他们仔细阅读，认真感悟，并创设情境引导他们进行真心劝说，使语言的内化吸收与外化表达融为一体，这就使学生在对语言的丰富内涵的探究中，全面而深刻地把握了人物形象，具体而真切地感受了语言情感，并领悟了重点词语对人物形象的凸显作用。这样引导学生抓住重点词语、透视画面、还原生活，并走进文本、亲近人物、真诚劝说，使学生顺利地体会了语言的情感，促进了精神的提升与语言发展的融合。

三、凭借生活，感悟语言蕴涵

课文中一些语段的深刻内涵，仅靠教师口头讲解，学生是难以获得真正的感悟的。而以有效的方法把语言画面与生活画面结合起来，走出语言画面，走进生活画面，才能使语言化作学生生活的真切感悟。在阅读教学中，对语言蕴涵的领悟是以学生的生活经历为凭借，以学生的人生体验为依托的。只有联系生活，才能具体理解；只有唤起体验，才能深切感受。如阅读《黄山奇松》时，为借助生活积累，拓展教材空间，让学生充分感受黄山松的奇特，激发他们对祖国山河的热爱，一名教师做了有益的尝试：

师：看了课题，你会想到哪些与黄山奇松齐名的自然风光？

生：我想到了吉林雾凇。冬天的早晨，在阳光的照耀下，一棵棵树上缀满了晶莹闪亮、千姿百态的雾凇，真是美丽。

生：我想到了举世闻名的钱塘江大潮。每年农历8月18日，钱塘江大潮以它特有的气势，吸引了成千上万的中外游客。那江潮是那么快，潮位是那么高，潮声是那么响。

生：我想到了甲天下的桂林山水。那里的山是那么奇，那么险，那么秀；那里的水是那么清澈，那么平静，那么碧绿。

生：我想到了庐山瀑布。早在一千多年前，唐朝大诗人李白就对庐山的瀑布作了生动形象的描写，我想请大家一道背诵这首诗。（学生齐背）

（其他学生发言略）

师：我国的风景名胜数不胜数。这是我们的骄傲和自豪。下面，我们该去黄山看看那里的奇松了。

（引导学生阅读课文）

师：学习了课文，我们对黄山奇松有了较多的了解。同学们，黄山就像一幅巨型的画，除了奇松，那里还有许多奇特的景色。能把你知道的向大家介绍介绍吗？

生：去年暑假，我和爸爸去黄山旅游。登上黄山，那里的云海叫我大开眼界。放眼望去，云一片连着一片，一朵连着一朵，从眼前一直伸向天边，像波浪滔天的大海，又像连绵起伏的山峰。

生：我去黄山游览，感受最深的是黄山的奇石，它们大小不同，形态各异，形象栩栩如生。遍布山野的石头几乎每一块都有它奇特的样子，真是不可思议。

生：我是冬天去黄山的，黄山冬天的景色是那么迷人。之前我总以为，黄山的冬天一定是冷落的，可到了那里，我觉得黄山的冬天也是别有一番风味的，甚至更叫人陶醉。

（其他学生发言略）

师：同学们，大自然赋予了我们这么多美妙而奇特的自然景观。学习了这篇课文，老师想请你们课后搜集一些介绍祖国其他自然风光的资料，文字的、图片的、综合的都可以。每人可确定一个景点搜集整理，也可几个人一组搜集整理。通过整理，形成我们自己编辑的《自然风光集》。

可见，语言的感受就是生活的感受，培养学生语言的感悟力，实际就是培养学生对生活的洞察力。这表明，语感的训练必须与生活紧密联系，让生活为语言感悟奠基，让感悟促进生活现象升华。

四、凭借生活，感悟语言技巧

在阅读教学中，引导学生结合语言形象的感受、语言情感的感悟、语言内涵的理解，去推敲语言的运用技巧，可以进一步加深学生对阅读材料的理解。只有这样，学生在运用语言表情达意的时候，才能做到准确、生动、得体。关于语言运用的技巧，如果教师能够引导学生结合现实生活、结合语言实践进行剖析，他们就能得到真切的感悟。为此，在指导学生进行阅读和表达时，每遇一词、每用一词，就要引导学生联系与之相近的一串词，并结合语言在生活中的实际运用，去辨别它们语音的强弱、范围的广狭、程度的深浅、色彩的浓淡，从语言的微妙变化中体察情思的微妙变化，由语言的细微差异区分意义的细微差异。如"天哪，这么高的山！"青蛙吸了口凉气，"我没有一双像你一样有力的翅膀，也没有四条善跑的长腿，怎么上得去呢？"（《青蛙看海》）上述句子中，"吸了口凉气"这一短语能给文章增色，它反映了青蛙看到高山后的吃惊、胆怯和无奈。为了让学生体会这一短语的丰富内涵和运用技巧，一名教师先让学生轻声读这个句子，想想青蛙看到高山后还会说些什么。从而使语词内涵借助青蛙的话语表达出来，使青蛙的情感给学生留下具体的印象，让学生借助"吸了口凉气"的动作表达青蛙的"吃惊、害怕和无奈"。接着让学生用其他短语进行替换，学生先后想到了"面色苍白""吓了一跳""吃惊不小"等，并与原文进行比较。通过比较，学生明白：虽然这些短语都能运用，但"吸了口凉气"更为准确、形象，给人活灵活现的感觉。

阅读"不知不觉，它们已经跳完了石阶，到达了山顶。啊，大海就展现在它们眼前"一句时，教师这样引导："小朋友们，如果你是那只青蛙，经过努力到达了山顶，你会说些什么呢？"要学生借助"我望了望蓝天（山脚、大海），不禁吸了口气，说："的句式说话，学生纷纷谈看法，说体会：

"我望了望蓝天，不禁吸了口气，说：'啊，山真的很高，我抬头就碰到天了!'"

"我望了望蓝天，不禁吸了口气，说：'啊，山太高了，我举手就可以摘到太阳了!'"

"我望了望山脚，不禁吸了口气，说：'啊，登上了高山，看到了大海，我真是太高兴了!'"

"我望了望大海，不禁吸了口气，说：'啊，大海原来这么大啊，真没有想到!'"

这样引导，就能使语言的理解和运用融为一体，使语言连同它的形象内涵、思想内涵、情感内涵一道贮存在学生的语言仓库中。在此后的言语活动中，一旦发现相似之处，学生就能比较顺利地从中调拨，自如运用。

第 **8** 节

重视交际训练，适应生活需要

语文是重要的交际工具，是人们进行沟通联系的纽带。随着信息科学的飞速发展，通讯技术的不断更新及生活节奏的不断加快，口语交际的频率将越来越高，对学生口语水平的要求也越来越高。作为培养学生语言能力的主要学科——语文，如何对学生进行口语交际训练，使他们适应现实生活和未来社会的需要呢？最有效的方法就是根据生活需要，将现代社会中的语言交际方式作为语言训练的重要手段，最大限度地缩小语文学习与社会生活的差距。

一、现场解说

随着社会的发展，现场解说的使用频率已经越来越高，听过或看过现场转播的人，无不佩服解说员那敏锐的观察能力、准确的判断能力、科学的推理能力、灵活的思维能力和过人的表达能力。我们不奢望把每个学生都培养成解说员，但以现场解说的方式对学生进行口语训练，引导学生现场观察、现场表达，不仅能培养学生的口语能力，而且能培养学生的观察能力、思维能力、想象能力，使他们的语文综合素质得到提高，这样，一旦生活需要，他们就可以凭借自己的才华，为生活服务，为社会服务。因此，教师应捕捉契机，把学生引向社会、引向生活、引向自然，让他们面对现场，边看边说。

一天早晨，一名教师把学生带到学校后的小河边，让他们边看边说。学生一个个兴致十足，他们一边欣赏河边的美丽景色，一边调动心中的语言储备，通过即时的语言组织，对眼前景色进行了描述。一名学生是这样叙述的："早晨，小河边的景色真迷人！你看，晨风中，岸边的杨柳正对着镜子细心地梳理自己美丽的长发，一只只小鸟在树上唱着欢乐的歌。在微风的吹拂下，平静的河面上泛起了一层层波纹，一群群鸭子在水面上自由自在地玩耍，两只白色的正在追逐嬉戏，一只灰色的正昂头向天空叫着。河边的水码头上，两位中年妇女正在洗衣服，她们一边捶着，一边说笑着。河岸上，几位老人正在锻炼身体，中间的那位老爷爷正在打太极拳；左边离他不远处是一位老奶奶，她正舞着大刀呢；右边也是一位老爷爷，他正在做徒手操。"

二、课堂引辩

在日常生活中，我们经常可以看到人们三五成群地进行争辩，有人只要三言两语就能叫人心服口服，这是其现场论辩能力的充分显示。在现实社会中，这样的能力显得越来越重要。为此，教师可将"辩论"引入阅读教学，利用学生认识能力和知识水平的差异，围绕教学目标，捕捉话题，引发辩论，以发挥学生自我学习、自我求索的主动性和积极性，培养学生能言善辩的能力。如阅读《穷人》时，为引导学生正确认识桑娜的形象，一名教师这样引导：

师：既然桑娜是个"宁可自己吃苦，也要帮助别人"的人，为什么抱回孩子后神色那么慌张，心里那么害怕呢？我认为她不是真心实意地帮助西蒙。是不是这样呢？请联系课文内容说说自己的看法。

生：我也这样认为，我觉得既然要帮助人家，就要真心实意，不能这样犹豫不决。

生：我认为不能这样理解。桑娜在课文中的表现，足以说明她是真心帮助西蒙的。她点亮马灯去看丈夫时想到了生病的女邻居，便随即去看；她发现西蒙死了，马上"用头巾裹住睡着的孩子，把他们抱回家"；虽然她"不知道为什么要这样做，但是她觉得非这样做不可"；虽然她担心丈夫可能会揍她，但她认为"我自作自受，揍我一顿也好"。

生：我也认为她是真心实意帮助西蒙的。为什么抱回孩子后她心中那么慌张呢？这是因为她想到：家里有五个孩子，生活已经很艰辛，再抱回两个孩子能养活吗？她真是担心。况且，这么大的事儿，她还没有征得丈夫的同意。

生：我也赞同他的看法，如果桑娜抱回孩子后从容不迫，不慌不忙，反而叫人不相信。试想，家中情况这么困难，她怎会不慌不忙呢？课文这样描写，真实地再现了桑娜抱回孩子后的心理，凸显了她"宁可自己吃苦，也要帮助别人"的品质。

这样引辩，能有效地促进学生深入理解课文内容、深切感悟语言情感、深入探究语言技巧，进而培养学生的言语能力。

第三章　关注生活：拓展语文学习空间

三、现场采访

"现场采访"是信息社会中使用频率颇高的一种交际形式，在这种形式的交际中，采访者和被采访者都要从容应对，随机变更，巧妙应答。在阅读教学中引入"现场采访"，围绕教学目标创设采访情境，不仅能激发学生学习的积极性，让他们在采访中感悟课文情境、理解课文内容、领悟课文情感，而且可以锻炼学生思维的敏捷性和灵活性，提高其语言的流畅性和规范性，促进他们整体语文素质的提高。如阅读《伏尔加河上的纤夫》时，一名教师这样引导：

师：（来到一名学生面前）请问老人家，你的身体好像有病，为什么还来拉纤？

生：我的确病了，但有什么办法呢？家里老的老，小的小，只要我哪天不拉纤，一家人的生活就没法维持了。这世道真是太黑暗了。

师：（来到另一名学生面前）请问小朋友，你这么小就来拉纤，吃得消吗？

生：有什么办法呢？你不知道啊，我妈妈身体有病，爸爸前不久又因欠债而被财主打伤了。这样，一家人生活的担子就落在我的身上了。

师：你不能去干轻松一点的活吗？

生：哪里有什么轻松的活呢？我实在是没有办法啊！

在上述片段中，教师围绕教学目标，以采访者的身份出现在学生面前，随机提出问题，让学生设身处地，充当文中角色，叙谈感受。这不仅使学生深切感受到了纤夫的悲惨命运，还提高了他们的语言表达能力。

四、即席演讲

在现实生活中，即席演讲已经越来越显示出它的重要性和必要性，缺少即席演讲的能力，必将对事业的成功带来影响。为此，我们可将"即席演讲"引入课堂，捕捉教材中的演讲因素，随机运用，引导学生进行表述，加深学生对课文内容的理解，提高他们的语言表达能力。如阅读《新型玻璃》时，在学生初步理解课文，了解新型玻璃特点的基础上，一名教师这样引导：如果你就是一种新型玻璃，你将怎样向人们推介自己？如果你就是经销商，你将怎样向人们推销这些新型玻璃？一名学生是这样介绍的："顾客朋友们，玻璃在人们生活中太普通，太常见了。在日常生活中，我们有时会因为玻璃的一些无法避免的缺点而感到无可奈何。比如，好好一块玻璃，一不小心，竟然打碎了；又如，玻璃能够透光，但每到夏天，强烈的太阳光照射进来真让人受不了；到了冬天，玻璃又挡不住寒冷；还有，玻璃并不坚固，一些重要场所仅靠玻璃是难以保证安全的。人们是多么盼望新型玻璃的出现能够解决这些难题啊！告诉大家一个好消息，能够解决上述难题的玻璃已经问世，并且已经到了我们商店。下面我来向大家介绍介绍。（介绍玻璃特点和作用的内容略）

五、专题介绍

专题介绍在现实生活中已经越来越显示出它的重要性，像产品的介绍、特产的推介、经验的介绍等，都属于专题介绍的范畴。为了使学生能够在未来社会中站稳脚跟，教师必须在阅读教学中捕捉教材与现实生活的联系点，引导学生进行专题介绍。如阅读《我爱故乡的杨梅》，可让学生以家乡人的身份向来客介绍杨梅；又如，《桂林山水》阅读后，可让学生以导游的身份向人们介绍桂林的山水风光。

解决生活疑难，指导趣味作文

在日常生活中，学生经常会遇到各种各样的难题，引导学生对这些难题进行探究，不仅能培养学生的探索精神和实践能力，还可将探究情境用于作文教学，使之成为不可多得的作文素材。我们发现，在引导学生解决问题的过程中，不少教师都重视把学生的思路统一到自己的思路上来，这就影响了学生思维的发展和独立个性的培养。如果从作文的角度考虑，问题解决的单一思路，还会造成问题解决情境的简单重复，难以为学生写出色彩斑斓的文章提供材料。为此，我们不仅要给学生提供解决疑难的机会，为学生创造解决疑难的条件，而且要引导学生凭着自己的兴趣爱好和能力进行充分的、富有个性的探索。在此基础上，再指导他们把探索的过程以准确的语言文字表述出来。

一、多向探索，寻求多种答案

引导学生探究难题，寻求正确答案，这是疑难解决类作文写作的重要前提，只有问题解决了，才能为作文提供素材；只有在解决问题的过程中充分拓展思维，尽量放开思路，学生才有一定的选择余地，写出的文章才能有具体的内容，才能够充分反映学生的创造性思维。为此，教师要引导学生多角度、多途径、多层面地分析问题、解决问题，对问题进行认真的、灵活的探究，让他们在探究中得到思维的发展。如"树上到底有多少鸟"是个传统的问题，由于答案的灵活性，曾不断唤起人们的探究兴趣，也曾被许多教师用来作为对学生进行思维训练的题目。一名教师这样引导：

首先是出示难题，激发兴趣。投影出示题目：树上原有 10 只鸟儿，打死了 3 只，还剩多少只？不少学生简单思考后就脱口而出还剩 7 只。教师不动声色，而是继续引导：这是一道非常有趣的难题，多少年来引起了许多人的探究兴趣。看起来问题并不难，但是它的答案是丰富多彩的。老师相信，凭着你们聪明的头脑，这个问题一定会得到圆满的解决。请你们好好考虑，你认为这道题该怎样解决？只要有道理就行。

其次是引导探究，寻找答案。教师要求学生积极开动脑筋，自己想办法解决这一问题，并把问题的答案和理由写出来。在此基础上，请学生在班级公布自己的结果，并说明理由。结果，学生有的说树上1只鸟也没有，因为其余的鸟都吓跑了；有的说树上还有7只鸟，因为它们是鸟巢里的小鸟；有的说，树上还有4只鸟，窝里有3只小鸟，有1只鸟吓得翅膀卡在树枝上，飞不走；有的说树上还有10只，打死的鸟都卡在树枝上，其他的都是鸟窝里的小鸟……在此基础上，教师便以"答案是丰富多彩的"为题，引导学生综合大家的发言，把问题的各种答案进行有条理的叙述，并把原因交代清楚。结果不少学生写出了10多种答案，写下了400多字的作文。这样引导，就能充分挖掘学生的智慧和才能，有效地激发学生的探究欲望，发展学生的创造性思维和写作能力。

二、想象情境，进行事件叙述

有些问题富有现实性和生活气息，问题的解决过程实际就是生活的过程，它包括一定的时间、地点、人物、起因、经过、结果等诸多要素，是学生作文的良好素材。为此，在学生探索的基础上，教师可指导他们把探究的情况写下来。这样引导，能有效地激发学生的写作兴趣，培养学生的创造意识和创新能力。为保证训练效果，就必须引导学生根据问题的探究过程，合理想象，显化细节，构建情境，完善情节，并进而理清事情发展的顺序，把握事情发展的重点，围绕中心、抓住重点进行叙述。如一名教师引导学生探究的问题是：一名乘客带了一只黄鼠狼、一只鸡、一袋米过河，过河时一次只能带一样，为了不让鸡吃到米，不让黄鼠狼吃到鸡，这名乘客该怎样把三样东西带过河去？经过探索，学生发现：他可先把鸡带过去，河这边的黄鼠狼是不会吃米的；然后再过来把米带过河去，并及时把鸡带回河这边；再把黄鼠狼带到河对岸，最后把鸡带到对岸去。在此基础上，教师这样引导：这是一件十分有趣的事，这件事是按什么顺序发展的呢？引导学生理清事情的发展顺序：来到岸边，遇到难题——苦思冥想，想出主意——逐步过河，解决问题——告别艄公，继续前进。在此基础上引导学生写作，学生大多写得具体细致。

三、现场观察，进行情境描述

不少问题解决的过程本身就是很好的习作资源，在问题探究的过程中，教师可引导学生一边解决问题，一边观察在问题解决的过程中师生双方的动作、神情，以及整个探究过程的进展。在问题圆满解决后，再引导学生回忆观察过程，并以此为作文素材。这样，便能使问题的解决与作文情境的创设有机融合，不仅能提高学生的问题探究能力，而且能培养学生的观察能力。在上述训练的基础上，为了引导学生写出内容具体、中心明确的作文，教师要精心引导，让学生围绕重点、抓住特点、精心谋篇、细致叙述。如"浮在水面的橡皮泥"一课，一名教师是这样引导的：

一是出示文题，引发疑问。教师先出示作文题目《浮在水面的橡皮泥》，然后问学生：看了题目你感到奇怪吗？结果学生有的说橡皮泥那么重，不会浮在水面；有的说橡皮泥不是木块，是不可能浮在水面上的；有的说要使橡皮泥浮在水面上，必须使它比水轻……在学生提出种种理由说明橡皮泥不能浮在水面上以后，教师这样引导：事实上，我们不仅有办法叫橡皮泥浮在水面上，而且有多种方法。此刻，学生都感到很奇怪。接着，教师问学生：在日常生活中，你发现哪些东西会浮在水面上，它能给我们启示吗？学生都积极开动脑筋。

二是引导发散，寻求办法。在学生的思维被激活以后，教师便引导学生围绕"怎样使橡皮泥浮在水面上"展开讨论。学生有的说，可以把橡皮泥与木块放在一起，借助木块使它浮在水面；有的说，可以把橡皮泥做成小船的样子，这样，它就会浮在水面上……

三是现场实验，再现结果。教师让大家现场进行实验，学生都纷纷动起手来，采用多种形式使橡皮泥浮出了水面。在实验过程中，教师及时引导学生观察同伴的表情、动作，并了解他们的思维过程。问题解决之后，教师让学生写作文，学生一个个都写得很顺利。

扮演生活角色，指导假设作文

在社会生活中，每个人都承担着独特的角色，这些角色决定了他（她）的责任和义务。可见，角色对人的行为具有潜在的制约作用。把角色引进作文，引导学生充当生活中的角色，进入角色情境，明确角色任务，承担角色责任，展开丰富想象，记述自己的角色行为、描述自己的角色心境、抒发自己的角色情感，这不仅能锻炼学生的想象能力和语言运用能力，而且能培养他们的社会主体意识和社会责任意识，完善他们的个性品质，提升他们的思想境界。

一、熟悉角色生活，理解角色模式

事实表明，如果学生对自己扮演的角色不熟悉、不理解，就难以明确自己的角色行为，难以承担相应的角色责任，也就难以在角色的扮演中有所创造。因此，要写好角色扮演类作文，必须引导学生熟悉角色生活，理解角色模式。

1. 命题要贴近学生生活。所选择的角色学生要比较熟悉，类似的人物学生要经常碰到，对人物的正常工作、角色责任、言行举止、基本特点，要有所了解。比如，《假如我是老师》《假如我是家长》《假如我是班长》《假如我是校长》等题目，就比较贴近学生实际，因为，学生对这些角色的基本情况和特点很熟悉。如果学生善于思考，他们还能准确地把握相关人物日常行为中的某些不足，进而对理想中的人物行为进行大胆设想，创造丰满的、理想的人物形象。可见，贴近学生生活的角色，合乎学生特点的文题，能充分调动学生心中的积蓄，使学生真实地叙谈"自我"的感受。

2. 命题要留有时间余地。为了给学生足够的时间去了解相关人物，感受相关角色，对于那些学生不是很熟悉的角色，可提前命题。如为引导学生写好《假如我是市长》，一名教师提前一个月公布题目，要求学生通过多种渠道、多种途径，从各个方面了解现任市长的工作。由于准备充分，对市长了解较多，学生都写出了内容具体、想象实际的文章，有的要对本市多年难以解决的环保问题采取果断措施；有的要对全市贫困家庭的学生给予资助；有的要想方设法，兴建工厂，发展第三产业，保证下岗职工全部就业……可见，充分的准备时间，使孩子们对市长的形象有了全面的接触，对市长形象的设计更理想、更合理、更真切。

二、分析角色行为，找出角色不足

在学生较全面地了解了相关角色后，教师可引导他们对相关角色进行分析，居高临下地分析人物行为，剖析人物角色，总结人物得失，使自己心中理想的角色模式清晰起来。

1. 明确角色的职业责任。角色的职业责任是角色行为模式的主要制约因素，要引导学生写好角色类作文，重要的前提就是要通过对相关角色的系统分析，使学生对人物的角色模式有更为具体的了解，如《假如我是医生》这篇习作，一名教师先引导学生到医院走访医生和病人，了解医生本人对自己角色的理解，以及病人对医生正反两方面的评价。在此基础上，再这样引导：医生的责任到底是什么？你熟悉哪些医生的情况？你认为医生做得怎样？这样，学生就会知道：医生的责任是救死扶伤，为病人提供一流服务，使病人尽快康复。对疑难病症，既要把病情清楚地告诉病人家属，又要给家属以安慰，给病人的护理作出细心提示，尽量减少家属的心理压力，使他们更好地配合医生进行治疗和护理。在此基础上，再让学生写作，他们笔下的医生形象就是理想和具体的了。

2. 找出角色的不足。要使学生写好角色，使角色理想化、具体化、真切化，还可引导学生在了解角色责任的基础上，对相关角色进行具体分析，找出他们的不足，从而为自己的角色设想提供依据。如《假如我是医生》一题，教师在引导学生了解医生的角色责任后这样提问：在你了解的医生中，你认为他们的工作还有哪些不足？该怎样改进？通过权衡比较，学生找到了不少医生的不足。比如，有的收受红包；有的不顾病人的实际需要和病人家庭的承受能力，胡乱开药；有的面对危重病人毫无同情之心，一定要家属把钱交出后才肯看病，结果导致病人死亡；有的对病人态度恶劣。这样，学生对医生的理想角色模式就有了清晰的认识。

三、进入角色之中，创设理想角色

在学生对相关角色有了具体明确的认识后，如何引导他们在文中创设合理而又理想的角色呢？很重要的一点就是要引导学生进入角色之中，使他们自觉主动地承担起责任，塑造完美的角色形象。

1. 选择重点叙述。角色一般具有相当多的角色责任，而小学生认识理解能力和语言驾驭能力有限，让他们对某一角色进行全面的塑造，往往会力不从心。为此，教师可引导他们对角色的重点行为进行塑造。比如，让学生写《假如我是老师》，由于教师的职业任务、工作内容比较复杂，学生没有能力进行全面塑造，也不可能进行多角度的描述。为此，一名教师这样引导：自从上学以来，同学们几乎天天跟老师在一起。最近，大家又采取多种方法与老师进行了接触，对老师的工作有了更具体的了解，对老师的职业有了更真切的感受。请大家抓住老师的某一特点来写。这样，学生有的说自己一定要创设平等民主的师生关系，上课时，学生可以和老师自由交谈，回答问题不需要举手，也不需要站起来；对老师布置的作业可以根据自己的实际情况灵活选择，对自己掌握较好的内容可以不做，对自己感到困难的内容可以多选择一些题目去做。这样，师生之间没有任何距离，学生在学习中，就能感到自由自在，心灵就能得到充分的自由。有的说，自己如果是老师，绝不会把学生整天关在教室里，而是根据课文内容，随时随地引导学生走向社会、走向自然、走向生活，让学生在现实生活中学知识。如上作文课时，绝不会像有些老师那样，让学生写无话可说的作文，而是带学生到大自然中去看、去玩，然后和学生商量写什么，让学生根据兴趣自由选择内容来写……

2. 凭借形象说话。小学生写角色类作文，常常直接进行相关内容的罗列，从人物的衣食住行一一写来，看不出他们自己的见解，看不出他们真正的创意。为此，教师须引导学生借助具体事情、具体形象来说话，或具体记叙自己一天的工作，或具体叙述自己工作的某一个片段，或具体写某一件有代表性的事情……如一名教师以"假如我是校长"为题让学生作文，要求学生具体写出自己理想的校长角色模式。结果，学生有的写出了一次校务会的情况，具体说明自己担任校长后的第一件事，就是向全体教师宣布，废除统考，让教师自己教学、自己出卷、自己考试，在考试后和教师一起总结教学情况，研究改进意见；有的写自己担任校长后为教师过生日的情景；有的写自己担任校长的第一天就深入食堂慰问后勤人员，肯定了他们为教育工作作出的贡献；有的写自己担任校长后，发现工作没有多大起色，但看到学校一位青年教师具有校长的领导才干，就主动提出辞职，把青年教师推上了领导岗位……这样引导，学生有话可说，内容具体实在，能有效地提高他们的认识能力和语言能力，培养他们的创造能力。

第四章

研读文本：指导语文学习方法

　　阅读教学的过程，是引导学生通过言语实践，将教材和拓展材料所提供的语言材料转化为阅读能力和表达能力的动态过程。在阅读教学中，"读书"是"学"的重要标志，是学生最重要、最基本的语言实践，是自我解读语言、自主拥抱语言的主要凭借；"导读"是"教"的基本特征，是教师最重要、最基本的教学手段，是引导学生解读语言，引领学生拥抱语言的主要手段。这里的"读书"，不是简单地看，而是深入地研读，是心灵参与、思维参与的精神活动；这里的"导读"，不是泛泛的指导，而是有效的引领，是教学思想、教学艺术的高度融合。因此，引领学生拥抱语言，教师须重视文本研读的指导，让学生在文本的深度解读中，得到精神境界的提升和语言能力的发展。

第**1**节

研读特点的透视

··

　　狭义的研读，是指以阅读教材为凭借、以阅读目标为指向、以学生的自主探索为重点的言语实践活动。这样的研读活动，能全面提高学生的语言素养，完善学生的个性品质，提升学生的思想境界。研读，是一个复杂的过程，教材的支持、教师的点拨、学生的参与、研读的氛围，都是影响研读效果的制约因素。因此，我们有必要通过研读特点的透视，力求使研读中的一切制约因素能够遵循研读的自身规律，成为研读成功的必要条件。

一、知识的联系

　　传统的阅读教学局限于语文学科领域，知识的排列是纵向的、线性的。而研读的重要特点之一，就是围绕问题的提出和解决来组织阅读实践活动。这些问题，像一条纽带，把语文学科本身的知识之间，语文学科与其他学科知识之间，语文学习与学生生活之间，有机地沟通和联系起来了。这就能打开广阔的知识空间和生活空间，学生的知识积累、生活积累、情感积累就会集中指向以研究专题为中心的阅读探索活动。旧的知识被激活，成为获取新知识的基础，这样，新的知识就会不断得到同化、增值和再生。可见，构建知识之间的联系，是保证研读成功的首要条件。而研读中知识之间的联系大多是以研读的专题为关联的。因此，教师须注意使研读专题成为沟通学生与教材、语文与生活、语文学科与其他学科、重点知识与一般知识的纽带，构筑起知识之间的横向的、纵向的、综合性的联系。如《骄傲的孔雀》中有这样一句："孔雀很美丽，可是很骄傲。只要看到谁长得漂亮，他就抖动羽毛、展开尾巴，炫耀自己的美丽。"具体感悟句子的形象内涵，是理解孔雀骄傲特点的重要一环。这句话中，学生较难理解的是"炫耀"一词。若就词语讲词语，学生对词语的形象难以感知，对孔雀的特点也就难以感悟。在日常生活中，"炫耀"一词虽不常用到，但其表现的形象却容易见到。为此，一名教师抓住"炫耀"来导读：

第一步，看看插图。引导学生看图思考：孔雀是用什么办法让别人知道它的美丽的？引导学生看清其"晃动着头，跨着大步，摇动着羽毛，挺着胸脯"等动作，从孔雀的外形中感知"炫耀"。

第二步，想想心理。引导学生根据孔雀的外表进行推测：孔雀这时会想些什么？说些什么？

第三步，读读课文。引导学生朗读，再现情境，促使学生借助朗读表现"炫耀"。

第四步，说说相似。引导学生以从课外书和电影、电视中了解到的画面说说自己见到的"炫耀"的人和事，还可以边说边演，以使"炫耀"具体化、形象化。

第五步，谈谈看法。引导学生综合上面的各类形象，说说自己对"炫耀"的认识。这样，凭借课文与课外阅读的联系及课文与学生生活的联系，使学生真切感悟到了"炫耀"的形象内涵。这样的研读过程，将给学生留下难忘的印象。

二、研读的开放性

研读是一个开放性的活动，虽然以课文内容为中心的研读多在课内进行，时空的开放性受到一定限制，但这并不会影响研读的开放性实施。我们知道，课堂教学中的研读，是以问题为重要的引导形式的，因此，要构成研读的开放系统，就须精心设计问题，使其呈现出广阔的发散空间。

一是要向课文开放。设计的问题在课文中要能够沟通上下，联系左右，关联点面，使其成为关联全文内容的重要发散点。如《卖火柴的小女孩》可设计这样的研读专题：小女孩是在什么情况下擦燃火柴的？擦燃火柴后她看到了什么？为何会看到这些？结果怎样呢？你是怎样理解这段内容的呢？你认为怎样朗读才能把这种感情表达出来呢？这样的问题，就能促使学生进行整体性的研读。

二是要向学生开放。保证全体学生的参与，是研读的基本前提之一。因此，设计研究问题时，要考虑学生的实际，确保问题有充分的灵活性，使学生在理解和研究中具有足够的空间。既要便于优秀生充分发挥潜能，又要便于后进生独立参与研读。

三是要向生活开放。设计问题要最大限度地调动学生的生活积蓄，让丰富多彩的生活成为学生感悟语言的重要凭借。这样，就能促进生活与阅读紧密联系，形成生活与阅读互通、互促的良性循环。如在《亡羊补牢》的阅读中，一名教师这样引导：放羊的人由于修好了羊圈，结果羊再也没有丢失。这告诉我们什么道理呢？在你们的日常生活中，曾遇到过这样的事情吗？这样，就可促使学生到生活中去搜寻，从而在生活与阅读的联系中，加深对课文内容的感悟和中心的理解，促进研读的深入。

如果研读问题具备了以上几个特点，学生就能在问题的引导下，向着广阔的知识空间前进。这样的研读，能够充分调动学生原有的知识储备和生活储备，让他们在生活、知识与阅读材料构成的广阔天地里纵横驰骋、大胆实践，从而获取尽可能多的知识，并使他们的各种能力得到综合锻炼。

三、学生的自主性

研读是以学生的自主独立探究为基础，以同伴互助合作为辅助的。无论是研究目标的选用，还是研究专题的选择；无论是研究方法的确定，还是研究过程的参与；无论是研究联系的构建，还是研究资料的选取；无论是研究结果的梳理，还是研究成效的检测，都是以学生的主体参与为重要前提的。在研读中，虽然教师必须进行有针对性的提示和点拨，但这都是为了学生主体作用的更好发挥，而不是越俎代庖、本末倒置。这样的研读能最大限度地调动学生自主获取知识的积极性和主动性。因此，在研读中，教师的立足点应建立在促进学生的自主参与上。

首先是全员参与。研读中的参与是全体学生的参与，既不能以教师的教学活动代替学生的研究活动，也不能以优秀生的研究活动代替后进生的研究活动。无论是教师直接提供研究主题，还是引导学生自主确定研究主题，都要具有一定的层次性，保证各水平、各层次的学生都能参与并得益。

其次是全程参与。研读的最大特点就是研究，它贯穿于教学的始终。因此，从研读目标的确定到研读专题的选择，从研读方法的考虑到研读形式的安排，从研读疑点的澄清到研读难点的解决，都要引导学生积极参与。

再次是全面参与。要引导学生全方位参与，让他们在全面的训练中打下扎实的基础，形成良好的听说读写能力，以体现阅读教学的本质特征。

四、过程的具体性

研读的根本目的是培养学生自我阅读、自我感悟的能力，以及自我写作、自我表达的能力。而这种能力的形成必须依赖学生自由参与实践活动。因此，研读须彻底改变传统阅读教学重结论、轻过程的弊端，通过有效的教学手段，引导学生进行全方位、多角度的研究和探索。既要使课文语言所描述的形象展示在学生面前，让他们去感受；又要引导学生进入课文的情境中去，让他们去体味。既要重视语言内容的研究，让他们在研读中感悟语言的意义蕴涵和情感内涵；又要重视语言形式的研究，让他们总结语言运用的规律和技巧；既要让学生在研读中，准确揣摩作者写作的基本思路，又要让学生自主运用研读的结论，进行新的言语实践，促进知识的迁移和运用。这样的研读，一定会使学生的语文整体素质和个性品质得到综合的提高和发展。

五、实践的坚持性

实践性是研读的重要特点。在研读中，从语言情境的感受到语言情感的感悟，从语言内涵的探究到语言形式的玩味，从语言本身的探究到语言背景的拓展，学生一直处于从语言理解到语言运用的实践活动之中。这样的实践活动，不仅为学生展示自己的阅读理解能力提供了背景，而且为他们阅读理解能力的形成创造了条件。因此，研读不能脱离阅读教学的本质特征，要体现阅读教学的本来面目。教师要为学生提供多种形式的读书机会，让他们在读中想象、在读中思考、在读中感悟；还要为学生提供多种形式的交际机会，让他们形成言语交际的能力和相关的品质；还要为学生提供多种形式的练笔机会，让他们在写中感悟语言、积累语言、运用语言，形成独立运用语言的能力。另外，研读还要注意听说读写的有机联系，做到随机穿插、有效结合，以提高研读的训练效应。

研读功能的解析

新世纪的人才必须具备探索精神和创新精神。语文作为思想性、工具性高度统一的学科，是构建人才素质的必要基础。实施研读，其重要目的不仅在于强化阅读教学效果，使学生形成扎实的语言能力，而且在于最大限度地调动学生自主学习的主动性和积极性，培养学生的研究精神、探索精神、创新精神。这样，学生就不仅能在语文学习中、而且能在其他学科的学习中，不仅能在学校的学习中、而且能在进入社会后的学习中，都表现出极大的主动性和积极性，成为知识学习和运用的主人。

一、阅读主体的回归

应试教育的重要误区之一就是阅读主体的失落。在阅读教学中，教师统治课堂，制约着学生；学生被动应付，受制于教师。教学目标由教师确定，教学过程由教师安排，教学方法由教师选择，教学效果由教师检测。教师成了知识的灌输者，学生成了知识的大容器。结果，学生语言知识掌握得不错，语言能力却不见提高；考试成绩很是不错，个性品质却不见提升。由于研读是学生自主参与的言语实践活动，因此，研读的重要功能之一，就是使学生在阅读教学中的主体地位得到真正的确立和回归。

首先，研读具有明确的指向性。在研读中，教师围绕专题进行引导，学生围绕专题进行研读，每个专题都有明确的指向，这些指向能保证学生依靠自己的努力去实现研读目标。研读专题能适合每个层次的学生，每名学生都可在专题的引导下进行独立的探究。学生可进行个体独立式和群体联合式结合的研读，充分发挥他们的主体作用。个体独立式研读，有利于学生自我作用的充分发挥；群体合作性研读，则既为他们提供了互相帮助的条件，又为他们提供了互相竞争的氛围。

　　其次，研读讲究情境的生动性。研读中，每个专题的探索都要引导学生调动原有的知识积蓄，并与教材、与研究目标构成联系，形成综合性的教学情境。在这样的情境中，学生才会全身心投入。研读中学生与学生之间还能形成自动的、潜在的连动情境，形成互相影响、互相制约的氛围，这既有助于学生之间各自独立作用的充分发挥，又有助于学生合作作用的发挥。

　　再次，研读重视点拨的时机性。在研读中，教师的作用绝不是包办代替，而是相机引导。这种引导，仅仅是研读目标的适时提示、研读难点的及时点拨、研读疑点的及时澄清和研读效果的及时反馈。教师的作用是指向，让学生认准目标；是引路，让学生少走弯路；是矫正，让学生迷路知返；是合作，让学生有所依靠。这样，学生在研读中的主观能动性才会真正得到发挥。

二、阅读本质的凸显

　　语文教学的最大任务，就在于培养学生对汉语的悟性，这是中国数千年的语文教学给我们留下的最宝贵的经验。然而，这样的经验，由于语文教学改革的偏向，正逐步被人们所遗忘。扎实地实施研读，能从根本上改变当前阅读教学中的重讲解、轻感悟，重知识、轻能力的现象，还原阅读教学和语文学习的本来面目。语文教学的本体价值就是促进学生"言"与"意"的积极转换，进而形成运用语言文字表情达意的能力。而从研读的动态过程来看，面对课文中的语言文字，学生首先要调动已有的知识储备和生活积累，借助想象或联想，将语言文字还原为语言形象，并设身处地地与作品"对话"，使作品包含的"意"或变得清晰，或变得充实。这样，学生就能从语言文字中获得语言形象的感受和语言情感的感悟。在此基础上，学生还要围绕研究专题，将语言文字所描述的形象与其所表达的情感有机结合，超越对作品"原意"的还原，融入自己的情感，去琢磨、去品味，从而产生共识、共振、共鸣，达成感性与理性的统一，从而在研究性的阅读中，在语言情境与语言情感的有机结合中获得感悟。这样，学生就得到了丰富的主观"意境"，心中有"意"，胸中有"情"，进而产生强烈的表达欲望，就能在具体的言语实践中得到语言运用的锻炼和语言能力的培养。这样的研读，真正体现了语文教学的本体性，可以从根本上避免当前阅读教学中"诵读不够，分析过度""自悟不够，灌输过度""实践不够，理性过度"的状况，培养学生对语言的悟性。

三、阅读创新的反正

随着创新教育呼声的增高，阅读教学的创新也有风起云涌、不可阻挡之势。但综观阅读教学中的创新教育，不少教师在实践中出现了严重偏颇，背离了语文教育的根本目标，一味追求发散思维训练，一味引导学生想象创造。结果，课堂热热闹闹，但学生从阅读中得到的只是"偏离航向"的奇思妙想，而阅读教学的本质——语言文字的训练却不见了。实施研读，可从根本上扭转这些偏向，做到"正本清源""拨乱反正"，使创新教育始终服务于学生语言能力的提高。苏霍姆林斯基说："在人的心灵深处，都有一种根深蒂固的需要，这就是希望自己是一个发现者，研究者。在儿童的精神世界里，这种需要特别强烈。"这里的"需要"，实质是一种潜在的创造意识和创造精神。在阅读教学中渗透创新教育，就必须充分运用学生潜在的创新意识和创造精神，加强创造性思维的培养。而研读，不仅可使阅读教学承担起创新教育的任务，而且可使创新教育的渗透与语言文字的训练更有效地统一起来。在研读中，学生围绕研究专题进行思考，语言形象的建构、语言内涵的体会、语言情感的感悟、语言技巧的发现，必然能调动起学生知识的、情感的、生活的积累，与研究专题发生联系。这样的研读过程，就是学生言语能力提高与创新意识培养高度统一的过程。如在《马背上的小红军》一文的阅读中，一名教师这样引导：

师：陈赓说自己对不起小红军，你是怎样理解的？你认为他对得起小红军吗？请联系课文内容谈谈自己的看法。

生：我认为陈赓是对得起小红军的。因为他发现小红军一人在路上走，便在自己非常疲劳的情况下，要把马让给小红军骑；小红军说自己要等同伴时，陈赓又把自己很少的炒面抓了一把想给小红军。因此我认为，陈赓为了帮助小红军，已经尽了很大的努力。只是因为小红军不想连累别人，千方百计地蒙骗陈赓，使得陈赓上当受骗。因此，我认为小红军的牺牲不是陈赓的错。

生：我认为这样理解不对。不错，陈赓是想让小红军骑马，是想给小红军炒面。但如果他细心一点，就会从小红军拍胸脯和拍干粮袋的动作中看出破绽。如果这样，小红军就不会牺牲在草地上。

生：怎能这样说呢？陈赓与小红军是偶然相遇，对小红军的特点并不了解。再加上已经是傍晚，他也看不清楚。因此，这绝不能怪陈赓。

生：我不是说怪陈赓，而是说如果陈赓能够细心一点，就有可能不会出现课文中的令人心酸的结果。再说，连陈赓自己都这样说，你还说对得起，这不是强词夺理吗？

生：陈赓这样说，是他的自责。这就更可以看出他对小红军的关心。他把马让给小红军，还把自己的炒面抓给他，这都是真心实意的。他哪里知道小红军在蒙他呢？我认为陈赓对小红军已经尽了责任。我只想问你，如果小红军在这里，他会责怪陈赓吗？

（其他学生发言略）

为了使学生从课文最后一句中深刻领悟陈赓和小红军的感人形象，教师以"你认为他对得起小红军吗？请联系课文内容谈谈自己的看法"这一问题，引导学生进行了有理有据的争辩。在争辩中，教师并没有把目标确定在"水落石出"、统一认识上，而是引导学生通过争辩，对课文中心形成了更深刻的感悟。事实也证明，通过争辩，学生对小红军和陈赓的形象有了更深切的感悟，两个人物的形象在他们的心中越发高大起来，学生受到的感染也达到了一个新的高度。可见，在阅读教学中，教师可抓住蕴涵丰富且学生理解容易出现偏差的内容引导他们展开争辩，或通过争辩统一认识，或通过争辩拓展思维，从而让学生在争辩中得到理解的深化和认识的升华。

这样研读，可促使学生突破思维常规，改变中心归纳"众向所归""千人一面"的局面。这样引导，还能促使学生敢于挑战课本、挑战教师、挑战权威，展示出自己思考问题的独到见解和独特视角。

四、阅读能力的提高

阅读教学的重要目的，就在于发展学生的语言能力，使他们在语言文字的解读中，能够准确理解语义、感悟语情；在语言文字的运用中，能够准确表达内心、抒发情感。而研读的根本宗旨就是要为学生提供言语实践的机会，让他们自始至终参与言语实践，在不断的实践中培养自己理解语言、运用语言的能力。请看《骆驼和羊》的教学片段：

师：大家想一想，如果骆驼和羊又一次相遇了，事情会怎样呢？

生：我认为他们会互相帮助，用各自的长处帮助对方。

师：能具体说说吗？

生：这一天，骆驼和羊又一起出去找吃的。他们先来到一个园子旁边，里面种了很多树，茂盛的叶子伸出墙外。骆驼对羊说："树长得太高了，你够不着，我来帮助你。"说着，一抬头就咬下一簇嫩绿的树叶给羊。羊感激地说："谢谢你。"骆驼说："不要谢，我们是朋友嘛。"于是，两人都甜甜地吃了起来。

师：他们还会怎样互相帮助呢？

生：这一天，下起了雨，山羊的屋子漏雨了，他想修理屋顶，可屋子那么高，怎么也上不去。就在他焦急的时候，骆驼来了，对山羊说："别急，我来帮助你。"说着，伸出长长的脖子，三下两下就把屋顶修好了。山羊非常感激。还有一天，天气晴朗，骆驼决定把衣服拿出来晒晒。可到了傍晚，刮起了大风，一阵风把他的一件衣服吹到了一个小小的山洞里。山羊知道了，他很快赶来帮骆驼把衣服衔了出来。

（其他学生发言略）

师：大家想得真不错。由此可见，不管是谁，都有自己的长处和短处，只要互相帮助，就能克服各种困难。大家想一想，你所认识的动物分别都有哪些长处和短处？你能编一个动物们之间发生的故事，来说明只要互相帮助，就能把事情办好吗？

生：小鸡和小鸭是一对好朋友，他们俩经常互相帮助，互相关心。这一天，他们来到野外找吃的。他们先来到一片草地上，草长得很茂盛，草丛中有许多小虫。小鸡有尖尖的嘴和尖尖的爪子，找起小虫来很方便；可鸭子呢，嘴是扁扁的，爪子又是短短的，自然找不到虫子了。可这没有难倒他们。小鸡对小鸭说："你别着急，我来帮助你。"说着，用自己尖尖的爪子和尖尖的嘴，很快找出了不少小虫，等小鸭甜甜地吃了起来，小鸡这才自己吃起来。离开了草地，他们又来到一条小溪边，小溪里有许多小鱼儿，小鸡看着小鱼，真是嘴馋，可又没有办法。小鸭见了，忙对他说："你别急，我来帮助你。"说着，就跳下了水。小鸭很快就捉到了一条条小鱼，等小鸡甜甜地吃了起来，他自己才又下水去找小鱼。傍晚时分，他们吃饱了，玩够了，就高高兴兴地往家走去。

（其他学生发言略）

在上述教例中，教师把课文结尾作为重要的研读点，引导学生围绕"如果这一天骆驼和羊又一次相遇了，事情将怎样发展""想象两个动物之间发生的故事，来说明只要互相帮助，就能把事情办好"进行研读，先让学生想象事情再次发生的情景，进而迁移到相关的人物和类似的情景中去。这样引导，就能使学生在内容的延伸、情节的拓展、故事的创造中，提高语言的感悟能力和运用能力。

研读专题的设计

研读专题，是有效实施研读的重要凭借和主要依据。就教师而言，专题不仅渗透着阅读目标，而且隐含着研读方法。一篇课文，不管内容深浅，篇幅长短，都可通过对教学内容的梳理、编者意图的揣摩，以及学生基础的分析，准确确定研读目标。并进而通过教学目标、教学内容与学生实际间的有机联系和具体分解，最终确定集中指向教学目标的研读专题。就学生而言，无论年级高低，基础好差，他们在面对一篇课文时，对于要完成什么任务、达到什么目标，一般只有朦胧的感觉。而凭借教师设计的或者师生双方共同设计的研读专题，研读的落脚点和学习的总目标就会给学生留下清晰的印象，在研读中他们就能心中有数。因此，要保证研读行之有效，教师须认真钻研教材，明确教学目标；再分化教学内容，分解教学目标；最后结合学生实际，确定研究专题。

一、专题的特点

1. 基础性。研读的专题为学生而设计，由学生来运用，因此必须考虑到学生的知识基础。一要考虑学生的共性。专题过难，学生力不从心；过易，学生易如反掌，都难以保证研读目标的达成。因此，设计专题要切入学生的最近发展区，做到深浅适宜、宽窄合适，使他们能根据自己原有的知识基础和认知水平、生活基础和情感水平，来具体实施研读。二要考虑学生的个性。要使所有学生都能参与研读，专题设计还要考虑其个性，研读目标可分层次设计、研读专题可分深浅表述、研读操作可分详略安排。这样，就能保证学生不仅能全员参与，而且能充分发挥潜能。

2. 开放性。一是向思维训练开放。专题要给学生提供广阔的探索空间，以便学生凭借专题对知识进行充分的吸收、提取、选择、加工，以提高研读效果。二是向其他学科开放。专题的设计要考虑学科间的联系，促使学生运用其他学科的有关知识和学习方法，进行阅读探索，促进研读的深入。这就要求教师不仅要对语文学科教材有全面的把握，以保证专题设计体现出语言知识的连贯性和系统性；还要对其他学科教材有比较全面的把握，以保证专题设计体现出学科知识的联系性和渗透性。三是向生活开放。语文与生活有着千丝万缕的联系，生活是学生学习语文的广阔背景，语文是学生认识生活的重要工具。为此，研究专题的设计要体现语文与生活的联系，注意调动学生的生活积累，为研读中语言形象的感受、语言意义的体会，语言情感的感悟奠定基础。

3. 价值性。要保证学生通过研读得到言语的训练、情感的熏陶和个性品质的培养，就必须注重研读专题人文性、工具性高度统一的价值标准。一是便于语言形象的感知。专题要使学生能够充分调动自己的生活积累和知识积累，加速语言文字形象的还原和新形象的再造过程，加深对课文内容的感受，为语言的深入理解奠定基础。二是便于语言蕴涵的探究。专题还应能引导学生从语言形象中深切感悟语言意义和语言情感，使语言的意义内涵与情感内涵在专题的指引下清晰起来、明朗起来。三是便于语言技巧的研究。专题设计还要能引导学生探究语言运用的规律和技巧，并借助语言运用的实践，促进语言技巧的探究与语言规律的运用有效接轨，使学生的语言能力真正得到提高。

二、专题的选择

研读的课堂呈现出很大的开放性，这对促进阅读研究的深入无疑是有效的。但我们也应看到，由于研读的自由度较大，如果研究目标不够明确，研究专题不够集中，那么有效的课堂时间就很可能会在学生的热热闹闹中白白消耗。如果这样，研读就会走向反面。另外，就一篇课文而言，可研究的问题往往不少，而课堂教学时间有限，如对专题不加以仔细选择，在有效的课堂时间内是难以进行所有问题的研究的。为此，精心选择研究专题很有必要。

1. 抓住语像聚焦点。教材中的多数课文都有具体的形象，这些形象是作者情感表达的寄托。因此，教师要选择蕴涵丰富形象的知识点，引导学生从语言文字中，透视丰富的形象内涵，加强对语言形象的感受和情感的感悟。如阅读《暮江吟》时，为让学生具体感受到傍晚江边的美景，一名教师这样引导：同学们，傍晚时分江边的景色很迷人，如果你此时来到了江边，眼前会出现什么样的画面？能具体描述吗？学生凝神思考、闭目遐想，好像真的来到了江边。通过想象构筑，一幅幅美丽迷人的"暮江图"便具体形象地呈现在学生眼前：天空云雾缭绕，彩云色彩斑斓，百鸟纷纷归巢；江面波光粼粼，小船穿梭往来，渔民收网进舱；岸边芦苇轻摇，牧童骑牛夜归，行人来去匆匆。暮江的景色有声有色，学生的叙述有情有意。此时，教师这样引导：你们描述的景色这样美好，作者描述的景色又怎样迷人呢？引导学生读诗句、想画面、述情境、感诗情。在对诗句进行阅读体会后，学生眼前呈现的画面更有一番情趣：夕阳西下，彩霞满天，江水滔滔，波光迷人，红绿相间，新月偏西，露珠晶莹。有上述两幅画面的融合，诗句在学生面前就不再是抽象的语言符号，而变成了多彩的形象画面。学生在对画面的想象描述中，不仅具体感受到了江面景色的美丽，而且真切感受到了作者对江面美丽景色的赞美之情，从而在形象的构筑中认识并感受了自然的美。

在上述案例中，教师根据学生的认知特点和教材特点，抓住课文中形象的聚焦点，引导学生通过想象创造画面，化抽象为具体，化静态为动态，从而促进课堂教学的趣味化和学生理解的深入化。这样，就使学生在具体形象、活灵活现的画面中，加深了对诗句形象的理解和情感的感悟，培养了学生的语言感悟能力和形象创造能力。

2. 寻找语义聚焦点。引导学生理解语言蕴涵，是促使学生深刻感悟语言情感和语言技巧的重要一环。因此，对课文中蕴涵深刻的句子，要引导学生重点研读。

如《凡卡》一文以梦结尾，不仅蕴涵着丰富的意义，而且蕴涵着丰富的情感。教师可引导学生围绕探究"梦"的内涵这一专题进行研读，使学生加深对凡卡悲惨命运的理解和作者情感的感悟，并在语言形象与语言内涵的联系中，具体理解作者以梦结尾的良苦用心，体会蕴涵在语言文字中的语言技巧。

3. 把握语情聚焦点。引导学生感受语言情感，构筑"语言形象——语言情感——语言技巧"的联系，是研读的必然过程和有效手段。小学生在语言情感的体会中往往难以设身处地，不能获得真切的感悟和真正的理解。为此，在阅读教学中，教师要抓住集中表达作者思想感情的知识点，引导学生进行研究，让学生进入课文的情境中去，与作者或文中人物产生心灵的共振和情感的共鸣。如"鸟的天堂的确是鸟的天堂"是《鸟的天堂》一文的中心句，这句话中蕴涵着作者对"鸟的天堂"的赞美和肯定之情。为让学生深切理解这种情感，教师可这样引导：读了这一句，在你面前出现了怎样的画面？看到这样的画面，你想对大榕树和鸟儿分别说些什么？这样，学生就好像真的来到了大榕树前，看到了茂密的榕树，看到了活泼的鸟影，听到了清脆的鸟鸣，从而具体真切地感受到作者对大榕树、对鸟儿、对当地人民的赞美之情。

三、专题的类型

阅读教学中的研究专题，都具有一定的表现形式。教师应精心设计，使研究专题不仅能激发学生的研究兴趣，而且能提示他们的研读方向，还能渗透合适的研究方法的提示。一般来说，研读的专题可分为下列类型：

1. 按目标可分为单项型和多项型。研读的主要目的，在于引导学生深刻感悟语言形象、语言意义、语言情感、语言技巧。如果把目标确定在上述某个方面，其专题就属于单项型，如果从两个或两个以上目标考虑，就属于多项型。单项型专题有助于学生集中注意力，进行深入的研究；多项型专题可融合多种训练，促进相关训练的互相融合，加强研读的整体效应。

2. 按问题可分为平行型和点面型。研读专题一般以问题的形式出现，可分为平行型和点面型两种。平行型是指所设计的问题围绕研究目标平行推进，问题与问题之间只有先后之分，没有主次之分。如《月光曲》一文的研读中，可提出以下问题：这首曲子的产生与盲姑娘弹的曲子有什么关系？与兄妹俩的对话有什么关系？与贝多芬眼前的人、眼前的景有什么关系？这三个问题没有主次之分，成平行推移。而点面型的问题呈总分形式排列，在诸多问题中，有一个或两个问题是关键问题，提挈主要内容。如在《小珊迪》的阅读中，一名教师这样引导：如果课文中的某些条件发生了变化，事情会怎样发展呢？如果小珊迪受伤后没有让弟弟送回零钱，那位先生会责怪他吗？如果小珊迪没有受伤，事情会怎么发展？如果小珊迪受伤后及时来到我们中间，事情的结果会怎样？这就是点面辐射型专题，它以一个综述性的问题进行重点提示，再以几个小问题进行具体说明。这样设计专题，能使学生明确目标、把握方法，保证研读效果。

3. 按内容可分为探究型和拓展型。所谓探究型，即就课文内容的本身进行深入探究，以加深学生对文章的理解和感受。如在《卖火柴的小女孩》的阅读中，一名教师这样引导：小女孩是在什么情况下擦燃火柴的？她擦燃火柴后看到了什么？为什么会看到这些？你是怎样理解的？由小女孩的幻想你懂得了什么？这样的探究专题，目的就是引导学生仔细阅读课文，并进一步感悟语言形象，从语言形象中感悟语言情感和语言技巧。因此，这样的专题属于探究所谓拓展型专题，就是在学生对课文内容、情境和情感有了比较清晰的把握之后，引导学生由课文内容延伸开去，或与其他学科形成联系，或与学生生活搭建成通道，或向课文之外适当延伸，其目的就是引导学生不断拓展语文背景，开阔语言实践的空间，增加阅读感悟的力度，让学生在广阔的知识背景和实践空间中得到语言能力的培养。

识字学习的研究

识字，是阅读教学的基本任务和重要基础。学生只有认识了一定数量的汉字，才能进行阅读、练习写作。我们知道，汉字具有多码性和复脑性的特点。所谓多码性，是指每个汉字都是音码、形码和义码的统一体；所谓复脑性，是说每个汉字都既具有形象性又具有抽象性，学生识字绝不是单纯的记忆活动，而是思维、想象、分析同时进行的复杂心理活动。笔者认为，研读，首先是对识字学习的研究；培养研读能力，首先是培养学生对汉字的研究能力。因此，必须将研读法引进识字教学，引导学生研究汉字本身的特征，研究识字学习的方式方法，从而为阅读教学中的其他研究奠定基础。

一、字音研究：把握字音规律

汉字是音形义的结合体。每接触一个汉字，人们总是要先考虑它的读音。因此，对字的研究首先是对字音的研究。新修订的小学语文教学大纲明确规定，小学识字量为 3000 字左右，要求掌握的为 2500 字左右。虽然识字量不是太大，但汉字中同音字、音近字、多音字较多，而识字仅是语文教学的一个方面。因此，只有引导学生进行汉字字音的研究，让他们掌握科学的识字方法，享受学习汉字的乐趣，才能彻底改变长期以来识字教学中负担重、效益低的状况。

1. 在研究中把握形声字的规律。形声字在汉字中占很大比例，对形声字的研究，目的在于引导学生运用其构字规律，认识和记忆这类汉字。教师要通过形声字的列举，让学生掌握形声字的构字方法；要通过音近字的比较，让学生发现相似之处，认识不同之处；要通过形近字的比较，让学生知道它们形相近、音不同；要让学生在对形声字的综合分析中，总结出汉字字音的科学记忆方法，以增强记忆的趣味性和形象性，减少记忆的盲目性和模糊性。如在小学阶段，学生接触了不少以"令"为部件的形声字，这些字有的读前鼻音，有的读后鼻音，学生难以区分。为此，一名教师这样引导：首先是列举。引导学生列举已经认识的带"令"的字，要求他们读出字音，其他学生听读并发现差错。其次是查析。要求学生在字典中查出带"令"的字，并一一写下来，结果学生查出了23个带"令"的字。再次是分析。要求学生对上述汉字的字音进行分析比较、综合归纳，寻找规律。在独立研究的基础上再进行小组讨论。通过研究，学生有的发现，带"令"的汉字除了"邻""拎"读前鼻音外，其他都读后鼻音；还有学生发现，在读后鼻音的汉字中，除了"令"既读第三声又读第四声，"岭""领"读第三声外，其余都读第二声……这样研究，就能从根本上提高记忆效率。

2. 在研究中脱离方言的束缚。方言对学生汉字字音掌握的消极影响，是汉字识记的一道障碍。由于这一影响根深蒂固，仅靠简单提示，是难以根除的。为此，教师除了要创设普通话推广的课堂教学气氛和课外运用氛围外，还须引导学生通过方言与普通话之间的联系分析和比较研究，逐步把握规律，最终摆脱方言的束缚。比如，像前鼻音与后鼻音、平舌音与卷舌音、舌尖音与舌面音不分等方言现象，都可让学生进行研究比较。学生对标准的语音接触多了，方言与标准语音差异的规律掌握了，就能逐步摆脱方言的影响。

二、字义研究：把握内在形象

引导学生掌握汉字的字义，是识字教学的重要一环。不少汉字的字义比较抽象，学生难以理解。为此，教师须根据汉字的字义特点和学生的认知特点，以灵活多样的教学方法，引导学生参与汉字字义的研究，尽量使字义化作具体、形象、生动的画面展现在学生眼前。

1. 研究字义与形象的关系。研究表明，如果字义化作具体的形象，学生就能把握字义与形象的联系。这样的汉字，就将成为学生活的库存。在他们此后的阅读中，一旦看到相关汉字，头脑中就会浮现有关形象；一旦出现相关形象，头脑中就会显示有关汉字。因此，要引导学生通过字义的研究，增强他们对汉字形象内涵的感受。如江苏省编教材第二册小学语文的《春笋》一文中有这样一句："一声春雷，唤醒了春笋。"这句中的"醒"，学生难以理解。为让学生从中获取丰富、具体的形象意义，一名教师这样引导：小朋友们，"醒"在我们生活中经常用到，你能用它说一句话吗？学生有的说："每天，雄鸡一叫，我就醒了。"有的说："每天早晨，我醒来的第一件事就是刷牙。"有的说："晚上我睡得正香，不知什么响声把我惊醒了。"……接着教师引导学生读课文中的句子，要学生说说是谁醒了？是怎么醒的？学生有的说："小竹笋睡了一个冬天，一阵春雷后，他被惊醒了。小竹笋是被春雷唤醒的。"有的说："冬天里，竹笋睡着了，春雷一响，他就醒过来了，醒过来后就要生长了。"有的说："春笋像一个调皮的小孩子，春雷一响，他伸了伸懒腰，就要长大了。"有的说："从'醒'字我知道，春雷响了，他要竹笋赶快醒过来。竹笋醒过来，准备生长了。"最后，教师这样引导：一阵春雷后，竹笋醒了，如果再过几天，你来到这里会看到什么情景呢？学生都展开了想象的翅膀，具体想象了竹笋你追我赶、快速生长的情景。

对一年级学生而言，"醒"的本义不难理解，但要理解它的比喻义就比较困难了。如教师简单"告诉"，学生就难以感受字义的丰富内涵，而意义的美学生就更难体会了。在上述案例中，教师引导学生通过对"醒"的探究，要求学生联系生活实际，借助原型启发，进而想象小竹笋"醒"来的丰富形象。这样，学生就借助生活理解了汉字的意义，借助想象感受了汉字的丰富内涵。这样的字义一定会和文中的情境结合在一起，存贮在学生头脑中，成为他们永久的记忆和灵活的库存。

2. 构筑字义运用的通道。在阅读教学中，引导学生准确理解字义，目的在于让学生逐步形成字义与字音、字形的联系，以便在今后的阅读中能做到听其音、知其形、明其义。而要达到上述目的，就必须在识字教学中引导学生参与研究，揣摩字的内在形象，外化字的内在意义。如第一册《看图读拼音识字6》的"上、中、下"学习后，为让学生准确把握字义，一名教师要学生自己想办法说一段话，用上这三个字。结果，有的学生结合课文插图说话："小朋友们在玩滑梯，一个小朋友在上面，一个小朋友在中间，一个小朋友在下面。"有的拿出多层文具盒说话："我的文具盒有三层，下面一层放图片、课程表，中间一层放彩色水笔，上面一层放铅笔、橡皮。"有的到教室前指着"目"形的书架说话："书架的上面放粉笔，中间放书，下面放练习本。"……这样，把字义的感悟和汉字的运用有机融合，就能强化对字义的理解和记忆。

三、字形研究：把握记忆技巧

字形教学是识字教学的重点和难点，汉字字形各不相同，不少汉字的字形相近相似，学生容易混淆，难以区分。要突破字形学习的难点，教师可根据汉字的构字规律和学生的心理特点，引导他们参与研究，研究汉字字形、研究记忆方法、研究记忆技巧。这样，不仅能使字形给学生留下深刻的印象，而且能不断提高他们的识记能力。

1. 研究字形的记忆方法。有些汉字的字形比较复杂，学生难以记住。对此，教师可充分发挥学生的主观能动性，让他们研究记忆方法。一旦学生研究出了记忆方法，将更符合他们的认识规律，这比教师教的方法有效得多。如"乖"字学生难以记住，一名教师便这样引导：先借助课件，把"乖"分解为"千"和"北"，再把"千"插在"北"字中间，同时说："小朋友，看了屏幕上的'乖'字，谁能给它编个字谜，使我们更容易记住？"有的学生说："北字分两边，千字插中间，就是乖字。"有的说："不对，千字要先写。应该说千字插中间，北字分两边。"这时，一名学生说："'乖'字就是'乘'字取掉撇捺，我编的谜语是'乘车的人不见了'。"教师感慨孩子们的聪明，禁不住说："小朋友们真乖！"话音刚落，又一名同学站起来说："老师说我们真乖，'乖'是小孩子懂事，不淘气的意思！"一个看似简单的汉字，经过教师的精心设计，出现了如此生动的教学氛围，在整个研究过程中，学生表现出了出人意料的聪明才智，有字形的分解、有字形的综合、有笔画的顺序、有字义的感悟。在低年级识字教学中，对学生难以掌握的汉字，都可以这样引导学生去分析、去研究，让他们通过动作、形象、表演等各种辅助手段，使字形的记忆方式更加丰富多彩。

2. 探究字形的细微差别。在汉字中，笔画、笔顺存在细微差别的字有很多，这给学生的识记带来了困难。为此，教师须引导学生通过分析比较，研究字形的相似相近之处，找出字形的细微差别，从而做到准确记忆。如小学生对竖心旁和十字旁难以区分，不管教师怎样强调，有些学生还是出错。为此，一名教师这样引导：首先是列举。让学生写出自己知道的"竖心旁"和"十字旁"的汉字。其次是分析。要学生说说自己从上面的汉字中看出了什么，用什么方法可以较快地记住这些字。结果学生有的说：只有"博"和"协"是"十字旁"，记住了这两个字，其他字就不用记了；有的说，用"十个博士同心协力"这句话记忆；有的说，"博士们在协商解决问题"……经历了这样的研究过程，学生在此后的运用中就不会出错了。

词语学习的研究

词语是汉语中能够独立运用的最小语言单位，它具有组合灵活、内涵丰富、使用方便等特点。文章中词语的性质和意义，不是借助外表形态的变化来显示的，而是在上下文具体的语境中，让读者去灵活地感悟的。同一词语在不同语言环境里的意义不同，不同的读者对词义的领悟也不同。正所谓"一千个读者就有一千个哈姆雷特"。因此，重视词语学习的研究，让学生结合具体的语言环境，感受词语的内在形象，体会其内在意义，感悟其内在情感，这对提高学生词语学习的效果是极其重要和非常有效的。

一、引导想象，研究词语中的形象内涵

在文章中，词语描述的形象本身并没有直接可感性，如果阅读者不借助自己敏锐的眼睛深入到语言中去窥测，那么，语言在读者面前就只能是抽象的文字符号。从阅读的角度来说，语言符号是阅读的客体，作为阅读主体的读者，头脑中只有具有丰富的意象积累，才能被作品的语词迅速唤起，在头脑中组合成相应的准确鲜明的新意象。为此，要引导学生进行词语学习的研究，就必须启发学生凭借想象，还原语言描述的形象、创造语言潜藏的形象、构筑语言暗示的形象，促进学生对词语情境的感受。如《真想变成大大的荷叶》第三节"我想变成一只蝴蝶，在花丛中穿梭"中的"穿梭"一词形象内涵丰富，教师可由此生发开去，引导学生想象画面、感悟情境、表述形象、抒发情感，进而促进语言形象感知、语言情感感悟的有机融合。请看下列教学片段：

师：小朋友们，"我"还想变成什么呢？大家读读第三自然段第一句，说说读了这一句，在你眼前出现了怎样的画面呢？（学生朗读想象后交流）

生：我变成了一只蝴蝶，在花丛中飞呀飞，看到了许多美丽的花儿。

生：我也变成了一只美丽的蝴蝶，在花丛中飞着，看看这朵花很美，看看

那朵花也很美。我好像也变成了花儿。

师：你们看到了什么花，能说说吗？

生：我看到了许许多多的月季花。

生：我看到了高贵的牡丹花，它们太美了！

生：我看到一朵朵美丽的荷花，真神气，真漂亮！

（其他学生发言略）

师：你们看到的花是什么颜色的？能说说吗？

生：月季花的颜色很多，有粉红的、火红的、雪白的，真是五彩缤纷。

生：牡丹花是雪白的，花儿特别大，特别美！

生：我看到的是草丛中的一朵朵野花，它们是乳白色的，不知叫什么名字。它们像草丛中的星星，很美很美。

（其他学生发言略）

师：你们看到的花儿是什么姿态的呢？

生：我看到的荷花有的还是花骨朵，有的张开了两三片花瓣，有的全开放了，它们都很美。

生：我看到的花儿才开了几个花瓣儿，好像很害羞。

生：我看到的花三四朵靠在一起，好像在说悄悄话。

师：小朋友们，如果你就是一朵花儿，你会怎么想呢？

生：看到游人从我身边经过，我一定会对他们说："看，我是多么漂亮，你们好好欣赏吧！"

生：我很美，你们开心地看吧！但千万不要摘，我要让所有来这里的人都能看到。

上述片段中，教师让学生由花的种类、颜色、姿态到花的"语言"，大胆想象，自由表述，在形象的建构中感受花的美妙，抒发对花的喜爱之情。这样，学生的情感得到了熏陶，语言也得到了发展。

二、设身处地，研究词语中的情感内涵

作者运用词语描述形象，是为了展示自己的内心世界，表达自己的真实情感。因此，进行词语的研究，须在挖掘丰富形象的基础上，探究蕴涵于形象中的情感。而要使学生深切感受语言情感，就必须在还原画面的同时，引导他们充当角色，使他们和作者或文中人物产生心灵共振、情感共鸣。请看《番茄太

阳》的教学片段：

师：请仔细读读下面的片段（出示：那个正午我坐在窗口，看满街的车来来往往，眼前总浮现出明明天使般的笑脸。红红的"番茄太阳"一直挂在我的心中，温暖着我的心）边读边想，看你能从中感悟到什么，并尽力借助朗读来读出自己的感悟。

（学生自由朗读后指名朗读并引导表述）

师：（来到一名学生身边）看你读得很投入，你读出了什么，能跟大家交流交流吗？

生：我感受到，作者看到满街来来往往的车，眼前就出现了明明的笑脸。

师：（追问）这是为什么呢？

生：明明已经走了，可他的笑脸还深深地留在"我"的记忆里，"我"怎么也忘记不了。

师：（接着追问）这又是为什么呢？请你联系课文内容具体说一说。

生：在"我"对生活失去信心，几乎感到绝望的时候，明明走进了"我"的生活，从这个天真可爱、充满笑声的孩子身上，"我"看到了生活的希望，坚定了生活的信心。孩子这么小，眼睛看不见，可他还是快快乐乐的。一个小孩能够做到，难道"我"不能做到吗？可见，明明给了"我"生活的信心和勇气。这段话表明了"我"对明明深深的想念和真挚的感谢，我要把这种感情表达出来。

师：你的回答具体而且深刻，不错！（走近另一名学生）你来读一读，读出你的感受。（学生朗读）你声音如此甜美，如此动情，这是为什么呢？

生：明明虽然走了，但他可爱的形象始终留在"我"的记忆中，红红的"番茄太阳"一直挂在"我"的心中，我怎么也忘记不了他。

师：（追问）能说得具体一点吗？

生："我"腿受伤以后，心情灰暗无比，对生活失去了信心。认识明明后，他的言行感染了"我"，"我"改变了自己的看法，看到了生活的希望，发现了生活的美好。明明去治眼病了，但他像一轮太阳一样挂在"我"的心中，让"我"感受到希望，感受到光明，感受到温暖。因此，"我"要好好感谢这个天真可爱的孩子。

（其他学生朗读发言略）

在学生的自读感悟中，教师通过及时的追问和点拨，引导学生将抽象情感物质化，情感依附具体化，促使学生具体、形象地感悟作者真诚的感激、思念和祝愿，无限的温暖、憧憬和向往。这样抓住词语引导学生进行研究，就使学生从词语中透视了丰富的形象，从形象中感悟了真切的情感，从情感与形象的结合中感受了语言运用的无穷魅力。

三、充分拓展，研究词语中的意义蕴涵

准确地理解词语的意义蕴涵，是阅读语言文字的重要前提。由于学生认识理解能力的欠缺，他们对语言的蕴涵往往难以理解。因此，教师须抓住重点词语，引导学生进行透视，以帮助他们深刻领悟其中的含义。如《我的战友邱少云》中"邱少云像千斤巨石"，是邱少云高大形象的集中体现，是作者敬佩之情的充分表露。一名教师这样引导：这段话写出了什么样的情境？邱少云与"千斤巨石"有什么联系呢？这样比喻有什么作用呢？请结合课文内容谈谈自己的看法。学生结合人物所处的特定环境，进行了充分有效的探索：邱少云一声不响，像千斤巨石；邱少云纹丝不动，像千斤巨石；邱少云不怕火烧，像千斤巨石；邱少云形象高大，像千斤巨石；邱少云意志坚强，像千斤巨石……在此基础上，教师引导学生结合邱少云的危险处境，理解语言的意义。这样，学生就从"千斤巨石"中，感受了邱少云的可贵品质，体会了作者的真切情感，感悟了语言的运用技巧。

四、引导品位，研究词语中的语技蕴涵

研读的重要目的，还在于从语言情境与语言意义、语言情感的结合中，引导学生探究语言运用的规律，把握作者运用语言文字表情达意的方式方法。在阅读教学中，如果教师在指导学生进行阅读和表达时，每遇一词，每用一词，就引导学生联系与之相近的一串词，通过研究，去辨别它们语气的强弱、范围的广狭、程度的深浅、色彩的浓淡，从语言的微妙变化中体察情思的微妙变化，由语言的细微差异区分意义的细微差异，就能有效地提高学生对语言的感受能力。

句子学习的研究

··

句子教学在阅读教学中至关重要。这是因为，句子是词语理解与语段理解的中介，读者对文章的阅读，大多是以句子为基本单位的。因此，句子的理解是研究性阅读的重要内容，必须引起重视。不少课文中，那些蕴涵丰富、情感深刻、关联紧密的重点句子，在文中往往会起到四两拨千斤的作用。如果学生对此只是泛泛阅读，他们对内容的理解和内涵的体会就会停留在表象上，对情感的感悟就会停留在理性上，对语言技巧的体会就会停留在抽象上。因此，为了提高研读的整体效益，教师必须切实重视对句子学习的研究。

一、自由想象，展示句子丰富的形象

引导学生具体感受语言文字所包含的丰富形象，是促使学生具体感知语言内容、深切领悟语言情感的重要基础。阅读是生活的解读，生活是阅读的基础。研究表明，学生有了丰富的生活底蕴，有了足够的表象积累，在相关语言的听读中，只要教师稍加启发，语言文字在学生面前，就会变成多彩的形象画面——以学生的语言库存、生活积累为基础的，富有语义内涵、语情内涵、语技内涵的形象画面。因此，引导学生研究句子，就必须激活学生头脑中储存的与语言文字有关的表象，使语言与有活性的形象建立起联系。如"听到消息后，居民们纷纷走出家门，冒着料峭的春寒，顶着漫天飞舞的大雪，踏着冻得坚硬的山路，四处寻找冻僵的燕子。"（《燕子专列》）为让学生借助想象，展示句子丰富的形象，教师可先引导学生朗读居民们救助燕子的句子，让学生想象描述：读了这段话，你的眼前出现了怎样的画面呢？——引导学生抓住"纷纷"一词，想象男男女女齐上阵、老老少少齐出动的情景；抓住"冒着""顶着"，想象人们顶风冒雪抗严寒、想方设法救燕子的情景；抓住"四处"，想象人们在田野里寻找、在小河边行走、在树林里穿梭、在山崖上攀登的情景，从而借助形象的想象描述，感受人们的救鸟心切、助鸟心诚。在此基础上，再让学生充当某一角色，教师以下列问题（可灵活设计）作现场采访，以外化人物心理，体会人物情感：

①小朋友，春寒料峭，大雪纷飞，你也加入了救助的行列，你不怕寒冷吗？

②老奶奶，您年岁这么大了，天又这么冷，该在家休息了。为什么也要出来救助燕子呢？您不出来，谁也不会责怪的！

③小伙子，你腿脚不便，理应在家休息，为什么也要出来呢？实在难为你了！

④大伯，你身体不佳，让别人救助就行了，为什么也要出来呀？

有了上述丰富的想象，有了现场随机的采访，句子在学生眼中就不再是简单的文字，而是形象的画面；不再是抽象的符号，而是生动的故事。这样，语言的情境和形象就不仅仅是作者的体验，同时也变成了学生的自我感受。

二、多方开拓，感受句子丰富的情感

语言情感是语言文字的核心和灵魂，在语文教材中，不少句子蕴涵着丰富的情感，只有引导学生进入文中，亲自从多个角度去感受、去体验，才能使学生在多方拓展中深入感受语言文字蕴涵的丰富情感，并使这样的情感化作自身情感的真实流露和自然流淌，使他们在语言情感的感悟中受到感染。为此，教师须抓住蕴涵丰富情感的句子，引导学生进行多方剖析。如"是啊，蒙汉情深何忍别，天涯碧草话斜阳"是《草原》的中心句，教师可这样进行引导：①读了这一句，在你面前出现了怎样的画面？——引导学生描述夕阳下的草原的美丽景色，描述蒙汉两族人民在草地上话友谊、抒情怀的情景，使语言文字变成活的画面，并使学生进入这样的画面去感受、去体会、去领悟。②看了这样的画面，你想说些什么？你会对草原、对草原人民和汉族客人分别说些什么？——引导学生进入自己描述的情境之中，感受作者对草原景色、对草原人民、对蒙汉情谊的赞美之情，感受蒙汉两族人民依依惜别的深厚情谊，并促使学生与文中人物产生情感共鸣。③由这句话，你看出了什么？——引导学生通过综合梳理，体会句子描述的情境美、作者抒发的情感美、语言运用的技巧美。这样，句子的研读过程，就成了学生在语言形象与语言内涵的结合中体会语言情感的过程，学生就好像真的来到了草原，就能从诗句中感受到话别的具体画面，感受到蒙汉两族的深厚情谊，感受到中华大家庭的无比温暖，从而具体感受到作者对草原美景、对草原人民、对蒙汉深情、对祖国大家庭的赞美之情。

三、充分联想，体会句子丰富的蕴涵

语言内涵的丰富性，是汉语区别于其他语言的突出特点。引导学生在语言文字的阅读中获取丰富的内涵，是促进学生深入理解语言内容的重要一环。为此，教师可抓住具有丰富内涵的句子，引导学生进行全方位的探索。如《高尔基和他的儿子》（苏教版第七册）中"那时候，你会感到所有的人都需要你。你要知道，'给'，永远比'拿'愉快……"一句的意思，对四年级学生来说，是比较抽象的。为此，教师可围绕"给予是快乐的"这一焦点，引导学生构建形象。一是还原和拓展语言形象：想象孩子栽花的忙碌、花儿盛开的美丽、父亲赏花的快慰——让学生在形象的构建中感悟到儿子靠劳动给了父亲快乐；二是挖掘和构建潜在形象：抓住信中的相关语言，引导学生想象岛上的人赏花的情景、儿子读信的情景——让学生进一步深入感悟儿子靠劳动不但给了许多人快乐，也给自己带来了快乐；三是延伸和构筑相关形象：抓住信的内容，引导学生想象"孩子处处、时时、事事"为别人带来幸福，那自己有没有"某时、某处、通过某事"给别人带来幸福的事呢——让学生在想象中感悟到"给"永远比"拿"愉快。这样围绕中心，通过还原、拓展、延伸，形成了丰富的形象，就为学生具体感悟文章的中心提供了条件。这样的形象构建不仅是丰富的，而且是富有活力的。

四、全面联系，探究句子丰富的技巧

培养学生理解语言和运用语言的能力，是阅读教学的重要任务。事实表明，语言实践是学生语言能力形成的必要条件。在句子的研读中，教师须注重拓展学生语言运用的背景，让其在广阔的语言实践中形成语言运用的能力。如《飞夺泸定桥》中有这样的句子："在这千钧一发的时刻，传来了团长和政委的声音：'同志们，为了战斗的胜利，冲啊！'"在课文的阅读中，一名教师是这样引导学生进行句子含义和词语运用技巧的研究的：

首先是理解词语，拓展句式。"千钧一发"是什么意思？课文中"千钧一

发的时刻"指的是什么时刻？为什么它是"千钧一发"的时刻？在此基础上，再让学生以课文内容为依据，把下列句子补充完整：_____，这真是千钧一发啊；_____，在这千钧一发的时刻，_____；为什么说这是千钧一发的时刻呢？_____……

其次是合理延伸，拓展形象。要求学生联系词义，描述从课外书中、影视剧中和现实生活中了解到的"千钧一发"的情景。

再次是拓展因果，引导学生进行运用。根据事情之间的因果关系，设计下列句子让学生补充：眼看公安干警已经摸到了两个歹徒身边，可两个歹徒竟然发现了他们，就在这千钧一发的时刻，_____；大火熊熊地燃烧，孩子在屋里哇哇地哭，眼看房屋就要倒塌了，在这千钧一发的时刻，_____。这样练习，学生就能在头脑中贮存与"千钧一发"相关的许多形象和句式，一旦在生活中看到相关形象，他们的脑海中就会出现相关的词语；同样，一旦在阅读中看到相关词语，他们的头脑中也会出现相关形象。这样，"千钧一发"就变成学生自己的词语了。

语段学习的研究

语段是联系句子和篇章的桥梁和纽带，语段的研读，对培养学生的理解能力、表达能力和逻辑思维能力，具有重要的意义。通过语段研读来把握句子与句子间的整体联系，进而理解每个语段的语言形象、语言意义和语言情感，可为篇章的整体阅读感悟奠定基础；通过语段研读，把握语段之间的联系，也可为篇章的深入感悟创造条件；通过语段研读，还可把握重点语段与整篇课文的联系，为篇章的整体感悟提供保证。因此，在阅读教学中必须重视语段的研读。

一、研究语段自身的联系

在文章中，语段既相对独立又相互联系。因此，语段自身的独立性是语段研究的重要一环。研究语段的独立性，就是把语段作为独立的语言单位，对语段从语言形象到语言意义、从语言内涵到语言情感、从语言内容到语言形式进行深入的研究，弄清语段中语言形象、语言意义、语言情感、语言技巧间的联系，使语段真正成为有血有肉的活的语言单位，使学生在语段的研究中得到语言理解和语言表达的综合训练，得到语言情感和语言美感的综合熏陶。如《卖火柴的小女孩》中擦燃第一根火柴的这一语段，一名教师这样引导学生研读：

师：请大家按下列步骤自学小女孩第一次擦燃火柴的情景：一是默读课文，搞清小女孩是怎么擦火柴的？她擦燃火柴后看到了什么？二是轻声读课文，想一想小女孩为什么这么擦？擦火柴后为什么会看到这些？三是朗读课文，把课文中的感情通过你的朗读表达出来。

生：这一节写小女孩第一次擦火柴后看到了大火炉，火柴灭了，大火炉就不见了。

师：小女孩是如何擦燃第一根火柴的呢？谁来把有关句子读一下？

生：（读）她一双小手……她终于抽出了一根。

师：读了这段话，你知道"敢"是什么意思吗？你感到奇怪吗？

生："敢"说明小女孩不敢擦火柴。真是奇怪，小女孩是卖火柴的，手上抓着成把的火柴，为什么一根也不敢擦呢？

师：是啊，火柴是自己的，为什么连擦一根也不敢呢？如果你就是小女孩，你能联系课文第一段告诉我原因吗？

生：因为这一整天，我一根火柴也没有卖掉，一个钱也没有挣到，爸爸会打我的。如果我再擦火柴，爸爸就更要打我了。

生：要知道，家里需要钱给生病的弟弟妹妹看病，需要钱去还债，需要钱来买粮过年。而我一个钱也没挣到，现在反而要擦火柴，我怕爸爸打我呀！

师：既然是这样，小女孩就不要擦火柴了，为什么她又终于抽出了一根呢？如果你就是小女孩，能告诉我为什么吗？

生：我是怕打，但你看我的一双小手几乎冻僵了。我想，不管怎么样，挨打总比冻死好啊。因此我下决心抽出了一根。

生：我也这样想，现在连性命也难保了，我也就顾不上打了。

师：想一想，听了小女孩刚才的叙述，你自己朗读这几句话时，该把什么感情表达出来？该抓住哪些词语？自己体会体会。

（学生自读体会后，教师指名朗读并评议）

师：小女孩擦燃火柴后看到了什么？为什么会看到呢？这说明了什么？

生：小女孩擦燃火柴后看到了火炉。这是因为小女孩非常寒冷，说明她迫切希望得到温暖。

师：我真不明白，为什么只是擦燃了一根火柴，课文中却说是"多么温暖，多么明亮的火焰"？为什么又说"这是一道奇异的光"呢？

生：我认为从第一段中可以找到答案。因为她"光头赤脚"，"一双小脚冻得红一块青一块的"，所以她把一根火柴发出的光也看得是那么温暖、那么明亮，看成是一道奇异的光。

师：同学们，如果你就是小女孩，看到这么温暖、这么明亮的火焰，看到这道奇异的光，看到大火炉，你的心情会如何呢？想象自己就是小女孩，自己就在大火炉面前，把这种感情表达出来。

（学生齐读）

师：结果又如何呢？谁把有关句子读一读？

生：（读）哎……手里只有一根烧过了的火柴梗。

师：这几句话告诉我们什么呢？

生：这几句写火柴灭了，火炉就不见了。告诉我们小女孩想得到温暖是不可能的。

师：该怎么朗读呢？

生：该把小女孩"失望"的感情表达出来。

师：通过这一段的学习，你们知道小女孩的感情是如何变化的？

生：小女孩的感情是这样变化的：擦燃前是盼望，擦燃后是高兴，火柴熄灭后是失望。

师：说得很好，通过这一节的学习，你们把握了什么样的学习方法？

生：先是默读课文，了解小女孩怎么擦，擦燃后看到了什么；接着轻声读课文，搞清小女孩擦燃火柴后为什么会看到这些事物；最后是朗读课文，把文中的感情表达出来。

上述案例中，教师把"阅读形式（默读——轻读——朗读）、阅读内容（语言内容——语言内涵——语言情感）、方法指导（提示方法——运用方法——小结方法）有机结合，引导学生进行了深入探究，使他们不仅理解了小女孩"擦燃火柴——看见幻景——景物消失"的具体过程，而且感受了"下定决心擦火柴——擦着火柴见奇景——火柴熄灭景消失"的具体原因，还感受了小女孩"非常寒冷，盼望温暖——见到火炉，非常兴奋——火炉消失，非常失望"的情感。这一段是全文的重点段，这段的研读，为其他相似段落的研读从方法和情感上做好了准备。在研读中，教师还注重把着力点放在语言文字的阅读感悟、语言能力的训练培养上，从阅读理解能力到朗读感悟能力、从想象创造能力到联系分析能力、从词语品析能力到语境感悟能力，都对学生进行了充分有效的训练。

二、研究语段之间的联系

在文章中，语段的独立性构成了文章的层次美，语段的联系性构成了文章的整体美。对语段的研究，不仅要搞清楚语段自身的诸多联系，还要搞清楚语段之间的综合联系，探究语段在整个文章描述语言形象、揭示语言意义、表达语言情感中的作用。这样研读，就不仅能促进学生对语段本身的深入理解，而且能促进他们对文章整体的深入感悟。特级教师左友仁老师教学《伟大的友谊》时，抓住第四小节"马克思和恩格斯不仅在生活上互相关心、互相帮助，更重要的是他们在共产主义的事业上，不分你我，亲密合作"，启发学生研究下列问题：

①第四小节在全文中有什么作用？

②这一小节"承上"的有哪几句，"启下"的又有哪几句？在给课文分段时，第四小节应该分在"承上"的段落还是"启下"的段落？

③根据第四小节的内容，怎样给课文各段概括段意？

④根据第四小节的内容，能给课文概括中心吗？

⑤第四小节与题目又有什么联系？

这样抓住重点语段进行研读，学生就能具体理解语段与篇章之间的诸多联系，诸如语段对篇章的过渡作用、对段意的提挈作用、对中心的暗示作用、对课题的照应作用，从而使课文中的重点语段成了阅读感悟课文的辐射点，发挥了语段的综合性作用。

三、研究语段与篇章的联系

每篇课文都是一个有机的整体，这一整体中的每个语段，都集中指向文章中心的凸显和作者情感的表达，有的语段还在内容的安排、思路的设计上为全篇课文起着关联、沟通、点化的作用。在阅读教学中，教师要引导学生在对语段自身的内容、中心、结构进行研究的基础上，把它放到全文中去进行剖析和研究，从而加深对语段的理解，同时也加深对全文内容和文章中心的感悟。如《美丽的公鸡》中有这样的语段：当公鸡伤心地问老马为什么人家不跟他比美时，老马告诉他："因为他们懂得，美不美不光看外表，得看能不能帮助别人做事。"引导学生理解这段话，是深入理解课文内容、培养学生正确的审美观的重要一环。二年级学生对美的理解易浮于表面，因而引导他们理解这句话的含义，既是教学的重点，又是教学的难点。一名教师抓住这一重点语段这样引导学生进行研读：

师：当公鸡伤心地问老马大家为什么不跟他比美时，老马是怎么说的？谁来读读老马说的话？

（学生读老马说的话）

师：知道"他们"在句中指谁吗？

生："他们"是指"啄木鸟""蜜蜂""青蛙"。

师：不错。啄木鸟、蜜蜂、青蛙都懂得"美不美不能光看外表，要看能不能帮助人们做事"。请把下列句子补充完整（出示句子：有的人外表美，_____；有的人外表不美，_____）

（学生补充略）

师：不错。由老马的一句话，我们就说出了四种不同的人。（出示句子：①外表美又能为别人做事；②外表美但不能为别人做事；③外表不美，但能为别人做事；④外表不美，也不能为别人做事）大家想想，上面四种人你认为谁美？

生：我认为外表美又能为别人做事的人，外表不美但能为别人做事的人，都是美的。

生：我认为外表不美又不能为别人做事的人，外表美却不能为别人做事的人，是不美的。

师：说得不错。小朋友们，我们已经知道了什么样的人美，什么样的人不美。如果你就是课文中的啄木鸟、蜜蜂、青蛙，你觉得自己美吗？为什么？

生：我是一只啄木鸟，我的嘴长长的，可能有人认为我不美。但是我的嘴可以给树捉虫，让树木长得更高更大，我能为别人做事，所以我觉得自己是美的。

（"蜜蜂""青蛙"的发言略）

师：你们都认为自己美，那为什么又不去跟公鸡比美呢？

生：我认为一天到晚跟别人比美没什么用，我没有这个闲工夫。

生：比美有什么用？我认为还是做点儿自己应该做的事。

生：我认为能帮别人做事，即使外表不美，这样的人也是美的。

师：是啊，一个人，最要紧的是内心美。就算外表不美，只要能为他人做一些有益的事，这样的人也是美的。小朋友们，如果那只跟人比美的公鸡来到你面前，你会跟他说些什么呢？请你们同桌一人扮演大公鸡，另一人随便扮演啄木鸟、蜜蜂、青蛙，跟公鸡说说自己的心里话。说完了，再互相变换一下角色说说。

（学生互说）

师：好，刚才小朋友们表现得真不错。下面老师想让大家来表演表演。

（学生三人自由组合上台表演）

师：小朋友们，现在老师就是那只大公鸡，我来到你面前，你会对我说什么呢？

生：老师啊……

师：不对了，我是一只公鸡呀！（众笑）

生：公鸡啊，你一天到晚跟别人比美有什么用呢？还是去干点儿对别人有益的事吧。

生：公鸡啊，你的确长得很美，但你如果能再去为别人干点儿实事才算得上真正的美。你说是不是？

生：公鸡啊，你长得比我们美，对这一点，我还真是羡慕。如果你能跟我们一样，做一些自己应该做的事，你就更美了。

师：真的吗，那我一定按你们说的去做。小朋友们，课文中的公鸡见大家都不理他了，非常伤心。你们该怎么办呢？

生：我认为该叫他别伤心。

生：我认为我们不要去理他，谁叫他一天到晚不干事儿，只会去跟人比美呢？

师：能这样做吗？大家说说看。

生：我认为不能这样做，犯了错误只要改正就行。

师：对呀，我们小朋友自己犯了错误只要改正就行了，公鸡也是这样的。大家再想想办法。

生：我认为要劝他别伤心，并且为他出出主意。

师：怎么劝他呢？大家先在下面互相说说，再"劝"给老师听。

（学生互相讨论）

师：下面还是老师来做公鸡，请大家来劝劝我。

生：公鸡啊，你别伤心，只要你像啄木鸟、蜜蜂、青蛙一样，天天都去为别人做事，人们就会喜欢你了。到那时，你就真正美了。

生：公鸡啊，不要难过，抬起头来，向课文中的三个人学习，像他们那样，去为大家做事。到时候，大家就会夸奖你了。

（其他学生发言略）

师：谢谢大家在我遇到难题的时候为我出主意、想办法，你们真是我的知心朋友。（深深鞠躬，众笑）那么听了老马的话，公鸡是怎样做的呢？

生：他不再去跟别人比美了，而是每天打鸣，催人早起。

师：你喜欢课文中的公鸡吗？

生：公鸡长得美，但他一开始只知道跟别人比美，我认为这样不好；后来他知道自己错了，勇于改正，为别人做事，我认为他是美的，我喜欢能够为别人做事的人。

生：对课文中的公鸡我还是喜欢的，他一开始做得不好，后来改正了，他能知错就改，这样的人我是喜欢的。

师：小朋友们，由这篇课文我们知道了什么人是美的，那我们是不是就不用注意外表了？

生：我认为不是这样。外表美也是很重要的，是美的一个方面，只是我们不能仅仅注重外表。

生：如果一个人外表美，又能为别人做事，这是最好的。

师：说得不错。我们首先要能够为别人做事，在这样的基础上，如果还能有美的外表，不是更好吗？

在上述教学案例中，教师首先以"有的人外表美，_____；有的人外表不美，_____"的句式对学生进行训练，使学生组合成四种不同类型的人物，从而引导学生对诸多人物形成一个全面的了解。进而联系课文引导学生进行判别，使他们对"美"有了初步的理解。其次是巧妙创设情境，师生共同扮演角色，通过啄木鸟、蜜蜂、青蛙内心的自我表露，通过对公鸡的真诚批评和真心劝说，使学生对"美"的理解达到了具体、形象的境地，从而在情境的创设、形象的创造中培养了学生的感悟能力。最后，为防止学生对"美"产生片面理解，教师又精心设问，引导学生从正反两方面来理解。这样引导，就使学生在语段与全文内容的结合中，加深了对课文的理解，加深了对文章中心的感悟。

第 8 节

篇章学习的研究

一篇文章中，可引导学生进行学习、研究的内容往往很多。研读的优势之一，就是研究专题明确，训练重点突出。教师要引导学生围绕教学目标，选择几个重点专题进行研究，将字词句的学习、听说读写能力的训练有机地融合在教学过程中。这才能最大限度地调动学生学习的主动性和积极性，提高教学效果。在阅读教学中，语言文字的训练、思维能力的培养和语言情感的熏陶是有机联系的，但在每个阅读环节中，这三方面又非平均用力，而是有所侧重的。只有这样，才能保证教学体现出重点的突出性和整体的联系性。为此，教师应根据教材内容，围绕教学目标来设计，既要把握语言训练、思维训练、情感熏陶三者的联系，又要突出其中的重点。

一、以形象创造为重点进行阅读研究

有些课文，由一组组形象的画面构成，这些形象能给人以鲜活的感觉。这类课文的研读，可以具体的形象为线索，引导学生通过对形象的研究，加深对语言形象的感受和语言情感的感悟。如《雷雨》描述了雷雨前、雷雨时、雷雨后的自然景象，语言通俗浅显、具体形象，画面色彩鲜明、景象清晰。因此，教师可以文章描述的形象为线索，在引导学生自我阅读、自我理解、自我领悟的过程中，通过情境创设来话化内容、动化画面，引导学生想象，指导他们表达。

首先是研究题目，再现雷雨情景。教师首先要学生说说看了题目后，自己好像看到了什么？听到了什么？让学生借助想象，再现生活中的雷雨情景，激活他们对雷雨的感知经验。

其次是研究插图，活化雷雨情景。要求学生仔细观察课文中的两幅插图：两幅图分别画了哪些事物？看了插图，你的眼前仿佛出现了什么情景？要求学生一边看图一边进行口述，进而交流、评议，引导学生凭借画面，借助想象，促进对课文内容的深切感受。

再次是图文结合，理解雷雨特点。要求学生轻声读课文，按"雷雨前、雷雨时、雷雨后"的顺序把课文分为三个部分。再分别引导学生细读课文、想象情境、还原画面、对照插图、比较异同。然后选择重点句子，引导学生进行研究评析，强化语言训练。如引导学生在阅读还原画面，比较对照画面的基础上分析下面三组句子，想想每组句子有什么相同之处和不同之处。

出示句子：

第一组：①乌云飘过来。

②满天的乌云黑沉沉地飘过来。

第二组：①树上的叶子不动，蝉也不叫。

②树上的叶子一动不动，蝉一声也不叫。

第三组：①闪电很亮，雷声很响。

②闪电越来越亮，雷声越来越响。

在上述研读的基础上，引导学生归纳读书方法（一是默读，想象情境；二是细读，体会特点；三是品读，体会联系），并要求学生运用这些读书方法自学课文第二、三部分，教师相机引导，进行点拨；学生随机交流，朗读表达。

这样由题到图，由图到文，始终以语言形象为线索，让学生在析题想象、看图想象、读文想象中再现雷雨情景，展示雷雨画面；进而抓住画面，品析课文语言，加深学生对语言形象的感悟、语言内涵的理解、语言情感的体会和语言技巧的领悟。

二、以思维训练为重点进行阅读研究

有些课文，既能清晰地显现出情节的紧密联系，又能具体地体现情感表达的基本思路。对于这类课文，可以作者的思路为重点，引导学生准确捕捉文章的思维线索，通过顺向推理和逆向推测，对课文内容的叙述、中心的表达、情感的抒发，进行系统的研究探索，从而将语言形象的感受、语言情境的体会、语言内涵的理解、语言情感的感悟、语言技巧的剖析，有机地渗透在以思维研究为中心的研读之中。如《琥珀》一文中，科学家的推理思路、作者的叙述思路，形成了互逆的双向思维线索，这是对学生进行思维训练的很好素材，可以思维训练为重点引导学生进行研读。

首先可直奔结尾，搞清琥珀的外观。在揭示课题，理解"琥珀"的意思后，可把学生直接引向结尾，搞清楚课文中琥珀的神奇样子。

其次是引导推理，想象来历。弄清楚琥珀的样子后可这样引导：面对这块琥珀，你感到奇怪吗？这时学生一定会提出种种为什么。（为什么苍蝇和蜘蛛会在一起？为什么它们会钻进松脂里去？为什么会变成化石呢）接着，教师可这样引导：其实，这些问题课文都作了介绍，而这些答案都是科学家根据琥珀的样子推测出来的。如果你就是科学家，面对这块神奇的琥珀，你能推测出它的来历吗？只要稍加引导，学生就能较为准确地推测出琥珀的来历，并形成下面的可逆思路：琥珀——松脂球——松脂滴在苍蝇和蜘蛛上——苍蝇和蜘蛛相遇。

接下来是比较阅读，研究语言。可围绕下列问题引导学生研读：仔细读读课文，想一想，科学家的推理在哪些地方比我们考虑得细致周到？课文是怎样叙述的？你认为哪些地方给你留下了深刻的印象？要引导学生把科学家的推测和作者的叙述有机地联系起来，注重在语言文字的感受、理解、品析中落实语言文字的训练。

最后是有机延伸，拓展理解。可这样引导：如果你遇到了科学家，你会就琥珀的形成向科学家提出哪些问题？科学家会怎样向你一一解释？让学生以"和科学家相遇"为题作文，进行课文内容的延伸和课堂教学的拓展。这样研读，就能把课文内容的理解、课文情境的感悟、语言文字的训练等有机地融于一体，而这种融合又是以思维训练为主线的。

三、以情感感悟为重点进行阅读研究

不少课文的情感表达比较强烈，能给人以心灵的震撼。这类课文的研读，最重要的目的就是感悟课文情感，切实搞清情感表达与语言形象、语言情境、语言技巧的关系，保证研读的整体效应。如《一夜的工作》具体真实地叙述了周总理一夜工作的情景，表达了作者对总理的崇敬、景仰之情。引导学生深切感受总理"生活俭朴、忘我工作"的品质，理解文章内容叙述的真实、情感表达的真切，是这篇课文的重要阅读目标。为此，教师可以情感为线索引导学生进行研读。请看下面的教学片段：

师：知道那高大的宫殿式的房子就是总理的办公室，你想里面的陈设会是怎样的？为什么？

生：我想总理办公室的陈设一定是这样的：下面是高级的地毯，上面是豪华的吊灯，四周是新颖的壁灯，总理使用的是高级的办公桌椅。因为他是我们国家的总理，这是最起码的办公用品。而且只有这样，与他的办公室才配套。

生：我认为总理办公室应该是这样的：有新式的电话、新式的壁橱、新式的桌椅，因为他是我们国家的总理。

师：是啊，作为一个国家的总理，这些办公用品都是不足为奇的。那么，走进总理办公室，出现在你面前的实际上是什么情景呢？看到这些情景你会想些什么、说些什么呢？请大家细读课文，画出有关句子。

（学生自读、圈画、思考、想象）

生：我看到的是一张不大的写字台，两把小转椅，一盏台灯。看到这里，我真是感慨万千。真没有想到啊，一个国家的总理，办公室的陈设是这样简单，简直叫人难以相信。总理啊，你是我们国家的领导人，你办公室的陈设为什么这么简单呢？

生：看到这情景，我想，莫不是我的眼睛出了毛病？一个国家的总理，办公室的陈设怎么会这样简单呢？总理啊，你是我们国家的领导人，你的工作很辛苦，你办公室的陈设为什么这么简单呢？

（其他学生发言略）

师：知道了这些，你能通过朗读把这种感情表达出来吗？

对总理审阅文件、简单晚餐等环节，教师也采取了上述研读方法。结果，学生不仅深刻体会了总理"工作劳苦、生活俭朴"的可贵品质，而且深切感受了作者对总理的景仰之情。这样，教师以情感表达为线索，引导学生进行深入研究，从领悟情感到明确原因，从情感表达到情感抒发，达到了语言文字训练与语言情感熏陶的有机统一。

四、以语技探索为重点进行阅读研究

有些课文，在语言表达上具有不少独到之处，显示了作者思路安排和遣词造句的匠心。这样的课文可以作者运用语言的技巧为重点进行研读。需要注意的是，以语言技巧为重点进行研读，绝不是抽象的语言技巧分析，而是要把语言内容与语言形式有机地结合起来进行研究，只是在研究中以语言技巧为主线罢了。如《雨中》无论是对雨景的描写还是对姑娘摔倒的叙述，无论是对孩子们还是其他人的描写，处处都显示出了用词造句的技巧。因此，这篇课文可抓住语言技巧这一重点引导学生研读。可重点抓住"雨景""翻车""帮助"三个片段进行研究，"雨景"这一片段重点研究雨景的美，感悟文章中雨景描写的具体性、形象性，体会雨景对事情起因的明晰作用和对人物描写的衬托作用；"翻车"和"帮助"均应重点研究原因的多重性，感悟文章情境叙述的具体性和生动性，动词选择的准确性和得体性。请看一个教学片段：

师：下面请大家默读写孩子们帮助姑娘的段落，画出写他们想办法的三个近义词，并联系句子想一想作者为什么这样用。

（学生自读课文、圈画词语）

生：我画的三个词是"说""叫道""喊"。

师：你认为作者用得好吗？为什么？请联系课文认真思考，看这三个词语能不能互换。

（学生自读思考）

师：三个词语能调换位置吗？为什么？

生：我认为不能调换位置。因为从距离看，姑娘在身边，只要说就能听到；小朋友们在周围，要大声叫才能听得到；而小伙子在远处汽车的驾驶室里，只有大声喊才能听到。

师：好。你从听话者的距离来分析，很有道理。

生：我认为从说话的目的来看，也不能调换顺序。第一句话的目的是安慰，声音要轻，所以用"说"；第二句话的目的是号召，声音要大些，所以用"叫道"；第三句话的目的是警戒，所以声音要更大，因此用"大声喊"。

师：几个词语，我们就品出了这么丰富的内涵。可见，我们读书时要把自己的心放到课文中去，反复读、反复体会。作者写这篇文章在用词造句上费了相当的工夫，这就告诉我们写文章时一定要精心选择词语，这样，写出来的文章才能生动感人。

师：这一节该怎么读，才能把人物的情感表达出来呢？请大家自己读读，反复体会。然后在四人小组内互读并评议。

（学生自读体会、互读评议）

师：谁读给大家听听？

（指名读课文，并抓住"说""叫道""大声喊"进行引导）

在上述案例中，教师紧紧抓住最能体现孩子们"乐于助人"品质的一组近义词，引导学生通过易位比较的方法，联系内容、联系情境、比较揣摩，从而在语言情境的想象还原中，在语言情感的深切感悟中，品出了作者用词的准确性，进而在语言技巧的探索中，提高了学生语言情境的感受能力、语言内涵的理解能力和语言情感的感悟能力，使学生得到了综合的训练。这样引导学生进行研读，线索清楚、重点突出，训练点集中、训练面开阔，能保证研读的整体效应。

第 9 节

研读基础的运用

研读，是以学生原有的积累为重要基础的，须最大限度地调动学生与阅读相关的积蓄，让他们在原有的知识基础、生活基础、情感基础、能力基础上，通过有目的有层次、既自主又合作的研究性活动，达成研读目标。为此，教师除了应注重引导学生在平时的学习、生活中不断增加知识积累、生活积累外，还须重视研读中学生知识基础和生活基础的调用，以构成语文学习与生活积累的联系，促进学生已有积累的不断盘活和增值。

一、调动学生的阅读积累

阅读，是对有限的人生经验和情感体验的重要补充和扩展，优秀作品的阅读量越大、越广，学生的精神视野就越开阔，精神境界就越高远，语言的解码能力也就越强。语文教材中的课文，是指导学生进行阅读的例子，学习这些课文，目的就在于使学生通过课内的阅读训练，掌握阅读的基本方法，从而以此为基础去进行更广泛的课外阅读。只有这样，学生的阅读能力才能得到根本的提高。为此，教师须重视课内阅读与课外阅读的联系，注意调动学生的阅读积累，为课文的阅读感悟奠定基础。如阅读《十里长街送总理》，为使学生真切地感受那感人肺腑、动人心魄的送别场面，感受"人民总理爱人民，人民总理人民爱"的思想感情，一名教师这样引导：

师：（出示句子：灵车缓缓地前进，牵动着千万人的心。许多人在人行道上追着灵车奔跑。人们多么希望车子能停下来，希望时间能停下来）请大家细细读读这一段，想一想，读了这一段，在你眼前出现了什么样的画面？由这样的画面你感受到了什么？

（学生细读体会、小组交流后指名发言）

生：我好像看到灵车在长安街上慢慢行驶的场面，灵车里躺着敬爱的周总理，人们舍不得总理离去，周总理也一定不愿意离开他深深爱着的人民。要不然，灵车不会走得这么慢。

生：我好像看到许多人在人行道上追着灵车奔跑的情景，人们真想上前拦住灵车，让总理永远和大家在一起。

师：（在"千万人""许多人""人们"下面加点）大家联系加点的词，再读读这段话。想一想，在这些人中，有你认识的人吗？请联系我们学过的课文、读过的书报、看过的电影，想一想，如果我们见过的有关人物就在送行的队伍里，他们会想些什么？说些什么？

（学生细读、想象）

生：我好像看到《温暖》中的清洁工人就在人群里。他踮着脚，眼泪一个劲儿地往下流。他不断地念叨：总理啊，我怎么也忘不了，那是一个深秋的早晨，您工作了一夜后看到我在打扫街道，不顾一夜的劳累，跑来跟我握手，连连说我辛苦了。握着您那温暖的手，一股暖流一下传遍了我的全身。总理啊，您是国家的领导，我是普通的清洁工，您这样关心我，我永远也忘不了。然而今天，您为什么就这样离我们而去呢？

生：我好像看到《一个降落伞包》中的小杨眉也在人群里。她一边擦着眼泪一边喊着：周爷爷啊，那次在飞机上，我和您坐在一起，在飞机遇险的时候，您不顾自己的安危，把降落伞让给我。您为什么要离开我们啊……

生：营口地震灾区的一位老奶奶也在人群里，她想到在营口遭受地震灾害的时候，周总理及时赶到灾区，带去了党中央对人民的关怀和慰问，要人民坚定信心、克服困难。想到这些，再看到总理躺在灵车里，她禁不住哭喊着：总理啊，您醒醒啊，我代表营口的乡亲们看您来了……

（其他学生发言略）

学生之所以能从重点句子中感悟出丰富的形象、真切的情感，是因为教师灵活进行点拨，调动了学生的阅读积累，使学生从语言材料中获取了更加丰富的形象画面，并在这些形象画面的自然介入中深刻领悟了课文丰富的情感内涵。试想，如果学生没有一篇篇课文和课外书的阅读，上述丰富的想象就不可能产生。这样，教师再怎么去引导，也不能使学生构建出这么丰富的形象画面。可见，我们既要把学生引向广泛的课外阅读，让学生在丰富多彩的课外阅读中汲取丰富的语言营养，增加语言的积淀；还要巧妙捕捉课文内容与课外阅读的联系点，让学生在联系中构筑丰富的画面，以加深对课文内容、课文情感的感悟。

二、调动学生的生活积累

课文大多是对客观世界和现实生活的描述，因而文中诸多画面与现实生活都有着紧密的联系。如果教师根据研读目标，重视挖掘生活与阅读的结合点，让学生借助生活来感受语言画面、领悟语言内涵、感悟语言情感，那么，生活就成了促进阅读的基础，阅读就成了认识生活的条件。如《早春》中"草色遥看近却无"一句的意境，学生一般难以理解：为什么远远看去地上一片绿色，而走到近处却看不清楚呢？为借助生活积累帮助学生理解，一名教师这样引导：

师：读了"草色遥看近却无"一句，你感到奇怪吗？

生：为什么绿色的小草在远处能够看到，到近处却看不清楚了呢？

生：如果绿色在远处能看到，到近处看不是更清楚吗？我认为，应该是"草色遥看近更绿"。

师：有道理。对他们的疑问谁有办法帮忙解决？

（学生摇头）

师：在你们的生活中，有类似的情境吗？

（学生一个个陷入思考，片刻便有人举手）

生：去年冬天，我去外婆家，正巧外婆所在的镇上在搞水利建设。老远一看，水利工地除了人多外，旗帜也很多，简直就是旗帜的海洋。我想，怎么有这么多的旗帜？我走到近处一看，旗帜虽多，但并不像在远处看到的那么多、那么密。

生：由这一句诗，我想起去年在家和爸爸一块儿抛秧的情景。在秧田边，我发现田里的秧苗稀稀疏疏、零零星星，可当我们远离秧田再回头一看，秧田里一片绿色，几乎看不见水了。

（其他学生发言略）

师：你看，这么一联系，我们对诗句所描写的意境就有了具体、真切的感受。可见，这首诗的作者一定是在认真观察了早春景色的基础上才写出这首诗的。

理解"草色遥看近却无"的意境，学生一般缺乏直接的形象支撑。仅靠诗义的抽象演绎，他们对诗句意境的感悟怎么也不会变得真切。然而，在学生的生活中，他们对类似的画面、相近的意境却司空见惯。只要教师去激活、去运用，它就能成为学生理解和接纳诗句语言的精神同化点。久而久之，就能使学生形成独立地激活生活库存、并服务于阅读的能力。在本例中，教师以"在你们的生活中，有类似的情境吗"，使学生一个个进入思考、陷入沉思，唤醒了他们心中沉睡的生活图景，通过相似联系，由"草色遥看近却无"想到了"工地的红旗""水中的秧苗"……有了这一个个生活画面的奠基，诗句的理解就不再枯燥，诗句的情境就不仅仅是作者的体验，同时也变成了学生的自我感受。这样，学生不仅深刻领悟了"草色遥看近却无"的意境，而且具体感受到了这句诗对这一情境描述的准确性。

语言是生活的记载，生活是语感的基础，孩子们有了丰富的生活底蕴，在相关语言的听读中，就能迸发出熠熠生辉的言语之光。然而，如果学生有了丰富的生活积累，我们却不去激活，言语作品就不能在学生心中获得新生，学生心中的有关生活就将永远与所学知识缺乏联系。因此，要提高学生的阅读能力，教师除了要想办法丰富学生的生活，为学生感受语言奠定基础外；还必须在研读中，注重以语言文字为依托，激活学生相关的生活积累和生活体验，巧妙联系，合理利用。

三、调动学生的情感积累

情感是语言文字的内核和灵魂，研读正是以文章的情感感悟为指向的。作者写文章是为了表情达意，文章材料的选择、结构的安排、词语的运用，无不服务于情感表达。在研读中，只有抓住情感这一核心，才能使语言形象的构筑、语言内涵的挖掘、语言技巧的品味有所凭借。随着学生生活积累的不断增加，他们的情感积累也不断丰富，这是他们解读语言、感悟情感的重要条件。在研读中，教师只要把握课文与学生生活的联系点，引导学生借助自我的情感积累来感受语言情感，就可促使学生与作者想在一起，使情感的阅读体会与情感的自我感受有机融合。这样，学生对语言情感的感悟就具有真切性和深刻性。如《去年的树》一文中，小鸟对树真挚的友情，集中表现在寻找大树的经历中。这些经历，与现实生活非常贴近，为促进学生感悟，教师可抓住小鸟与树根、门、小孩的对话，先指导学生通过自我朗读、角色朗读来想象情境、体会情感；接着让学生充当角色，设身处地，想象揣摩。

第一次询问的情景可这样引导：①同学们，你就是小鸟，漫长的严冬过去了，明媚的春天来临了，你会想些什么呢？——借助想象表达，让学生感受鸟儿即将与大树重逢、为朋友唱歌的喜悦;②原以为等来的是见到大树的欣喜,可到那里时发现树不见了,你心情怎样? 为什么? ——显化内心, 感受情感(惊异、疑惑、焦虑);②听了树根的回答,你有什么想说的吗? 请尽情地说一说——借助内心叙述,感受小鸟复杂的情感(对伐木人的不满、对树的挂念、对去年承诺难以兑现的焦急……)。

第二次询问的情景可这样引导:小鸟啊,听了树根的话,本以为树还在山谷里等候你,等候你的歌声,可飞到山谷时你便听到了锯木头的声音,此刻你会想些什么? 听了门的话,你又会想些什么呢? ——显化内心,感受情感:飞翔时希望在山谷见到好友,向他询问被伐的情景;到达时却意外听到锯声,不见树影……

第三次询问的情景可这样引导:本以为还能找到火柴,见到朋友,给他唱歌,可听了小女孩的话后,你心情怎样呢? ——显化内心,感受情感:飞翔时的希望,到达时的意外,询问后的无奈(朋友已经离去,只有灯火还在;灯光还在亮着,朋友犹在身边……)。

引导学生参与阅读研究,重要目的就是要培养学生在语言文字解读中“心有灵犀一点通”的能力。使他们的心中形成灵动的“耳目”,能够到语言文字中去窥测形象、倾听声响。由听觉和视觉传递的语音和文字本身没有意义,有意义的是隐藏于视听信息背后的弦外之音、言外之意。这些要依靠听者和读者心灵的眼睛和耳朵来感知和把握。心灵的眼和耳不是书本上的知识,也不是教师传授的经验,而是人生的积累和心灵的感悟能力。有了这种能力,学生在听读过程中就能对作者的意思心领神会,就能“心有灵犀一点通”。《去年的树》集中表达了鸟对树的深情,如果只是对这种情感进行理性把握,学生并不感到困难。而教师的目的则定在了更高的层面上,要让学生深入感悟情感,并通过表述显化情感,进而受到情感的感染。在教学中,教师没有简单地归纳,也没有抽象地提取,而是以课文情境唤醒学生的生活情境,以生活情境诱发学生的真切情感,让学生凭借类似情境,进入文中,感受其境;凭借相似情感,充当人物,感受其情。在学生真正从课文的情境中延伸开去,想到了生活中的情境的时候;当课文的情感与学生的自我情感发生碰撞的时候,学生对课文情感的感悟不仅是深刻的,而且是真切的。可见,在研究性阅读中,对那些情感丰富且学生难以深切体会的知识点,我们要想办法激起学生生活的浪花,让学生在自我情感的表露中感受课文的情感。

研读指导的进行

在研读中，学生始终处于主体地位，当主人、唱主角。这种以学生为中心的师生关系突出了学生的活动。阅读教学是以教材为凭借的师生共同参与的双边活动，研读中学生主体作用的发挥与教师主导作用的发挥是有机的统一体。离开了教师的主导，学生的主体作用就难以发挥；离开了学生的主体性，教师的主导就失去了作用。因此，在研读中，要保证教学双方形成目标同向、程序同步的和谐境界，教师就必须处理好教与学的关系，多方创造条件，使学生认准目标、理清思路、排除干扰、克服困难，使他们的积极性得到充分调动，主动性得到充分发挥，主体性得到充分体现，从而达到研读的最佳效果。

一、明晰研究目标

明确的研读目标是保证研读顺利进行的重要前提。由于知识和能力的限制，小学生的阅读易带有盲目性，一篇课文要进行什么探究、达到什么目标，他们往往无从确定。为此，教师须根据学生的知识结构、认识水平和教材实际，在教材与学生的联系中，捕捉研读的言语关键点，提示研读的基本目标，以帮助学生明确阅读探究的方向。如《挑山工》一文的阅读中，一名教师是这样引导学生明确研读目标的：

师：同学们，今天我们学习一篇新课文。（板书课题：挑山工）看了课题，你有哪些问题呢？

生：什么叫挑山工？有人能把山挑起来吗？（笑声）

生：究竟挑山工是什么样的人？他们的任务是什么呢？

生：我知道挑山工是挑物上山的人，但看了课题我又想，作者为什么要写挑山工呢？他们是怎样挑物上山的呢？

师：现在你知道，作者可能在文章中写什么呢？

（学生发言略）

师：我们阅读这篇课文，该完成什么任务呢？

生：我认为该搞清楚：课文中的挑山工是什么样的人？他们是怎样挑物上山的？

生：还要搞清楚挑山工挑物上山有什么特点？作者为什么要写挑山工？

（其他学生发言略）

师：对了，从课题可知，阅读这篇课文，必须搞清楚挑山工是什么人？他们是怎样挑物上山的？作者为什么要写挑山工？在阅读课文前，我们就要这样研读文章的题目，想一想，看了题目后我们心中有哪些不解？如果自己来写准备写些什么？我们阅读这篇课文该完成哪些任务？这样，我们在阅读课文时就能做到目标明确，心中有数。下面请大家根据上面的任务自读课文。

在上述案例中，教师借助课题研读的指导，帮助学生明晰研读目标。首先是由题激疑，发散提问。揭示课题后通过激疑，激发学生的探究欲望，引导他们推测课文内容。其次是引导写作，梳理内容。激疑之后，教师引导学生充当作者，对文章内容和思路进行揣摩。再次是进行综合，明晰目标。揣摩课文内容和思路后，引导学生对问题进行综合，帮助他们理清阅读目标。这样以题目来明晰研读目标，为整篇课文的研读提示了方向，提高了学生自主分析课题、确定学习目标的能力。

二、择定研究专题

一篇课文，可用来研究的语言材料往往很多，而课堂教学的时间有限，没有可能也没有必要进行面面俱到的研读。为了让学生集中精力，教师须引导学生围绕目标，选择专题。

1. 可抓住矛盾点来研读。教材中有不少"矛盾"点，每一个"矛盾"点，都是作者的潜心之笔。而学生在阅读中往往会被表面现象所迷惑，对"矛盾"的理解多会出现错误。为引导他们正确理解，教师可提挈矛盾，引起争辩，最终帮助学生统一认识。

2. 可抓住模糊点来研读。"模糊性"是汉语的重要特点之一。课文中的诸多词句，其中丰富的蕴涵往往说不清楚、道不明白，难以精确表述。而正是这种模糊性，使汉语具有特殊的诱人魅力。由于理解能力的限制，学生对语言的模糊之处大都难以理解。为此，教师可抓住与文章中心密切相关的"模糊处"，挑起话题，引起争论，从而使模糊处给学生留下"清晰"的印象。

3. 可抓住空白点来研读。诸多课文都运用了"留白"艺术，它给了学生想象自由驰骋的广阔空间，这些"空白"的填补具有较强的灵活性。为此，教师可抓住对中心表达起决定作用的"空白"点引导学生研读，让他们补充空白，从而引导他们借助形象具体理解。

4. 可抓住精妙处来研读。不少课文都具有语言内涵、语言情感、语言形式的精妙处。教师可抓住这些"精妙"之处，引导学生进行探索，使语言内容的理解、语言情感的感受、语言规律的发现融为一体。

三、显化研读过程

小学生进行研读，往往多注重研读结果，而忽视研读过程。为此，教师须显化研读程序，细化研读过程，以提高学生阅读研究的参与度，提高阅读研究的参与质量。如"鄂温克姑娘既大方又稍有点羞涩地表演了民族舞蹈"（《草原》）一句，集中表现了蒙汉两族人民的深厚情谊。但对"既大方又稍有点羞涩"的"矛盾"学生难以理解。为此，教师可这样引导：仔细读读句子，你看出了什么？你能说说为什么矛盾吗？——引导学生读句，发现矛盾；真的矛盾吗？你能联系课文内容说说自己是怎样理解的吗？——抓住矛盾，引导争辩；作者为什么这样叙述呢？——深层探究，统一认识。通过引辩，学生便能明白此句用语的精妙。这样叙述，就充分体现了作者遣词造句的精妙。这就使学生在研究中正确理解了文章的"矛盾"之处。这样细化，才能使学生真正参与到阅读研究中去，提高阅读研究的效果。

四、浅化研读难点

学生在研读中常会遇到各种难点，教师的责任就在于进行有效的指导，让学生通过自我探索或互相合作解决问题。因此，一旦学生在研读中遇到难点，教师可适时、适当、适度地给予必要的提示和有针对性的点拨。请看《穷人》的教学片段：

师：谁来把桑娜抱回孩子后的心理描写读一读？其他同学一边听一边想，从桑娜的表现你看出了什么？

（指名学生朗读）

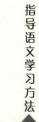

师：大家自己再读读这段话，体会体会。

（学生自读体会）

师：从这段心理描写你看出了什么呢？

生：我看出桑娜抱回孩子后心里很慌张。

生：我看出桑娜抱回孩子后心里很害怕。

生：我认为桑娜其实不愿意干这件事，要不为什么会慌张呢？

生：我也认为她不愿干这件事，至少可以说她不十分愿意干这件事。

师：哟，你还懂得注意说话的分寸。那你们能说说理由吗？

生：既然桑娜疼爱西蒙的两个孩子，就该理直气壮地去干，为什么要这么慌张呢？

生：我也这样想。她要么就不要抱回来，既然抱回来了，还这么忐忑不安干什么？这样慌张，还不如不抱好，叫人看了不痛快。

师：你们说得有道理。如果是你们，真心疼爱这两个孩子，抱回孩子后你会怎么想？

生：我一定会想，天下穷人是一家，我们应该互相帮助。现在西蒙死了，抚养孩子的任务我应该毫不犹豫地承担起来。我这样做，丈夫一定会支持的。他回来以后，一定会夸我干得好。

（学生大多慷慨陈词）

师：看你们的态度这么坚决，想象这么美好，但大家再仔细想一想，联系桑娜所处的境地，她能像你们这样想吗？是她真的不愿意吗？请你们再仔细读读刚才的那段心理描写，再联系全文，好好体会体会。

（学生自读、思考、体会）

生：我认为不能怪桑娜，因为她家现在已有五个孩子，生活非常艰难。丈夫冒着生命危险出海打鱼，她自己从早到晚拼命干活，即使这样，也只能勉强填饱肚子。如果再加上两个孩子，怎么能生活得下去呢？面对这些情况，她不得不感到慌张，不可能像我们刚才那样理直气壮。

（其他学生发言略）

师：说得真好！看来，我们错怪了桑娜。有这么多特殊情况，她怎么可能像我们这样从容不迫、慷慨激昂呢？另外，我们还必须注意，虽然她心里非常慌张，但她还是下定决心要把孩子留下来。从她的心理活动可以看出，为了把两个孩子留下，她已经做好了挨丈夫打的准备。课文这样描写，就把一个心地善良，宁可自己吃苦，也要帮助别人的形象，具体而又逼真地刻画了出来。

由于认识理解能力的欠缺，学生对桑娜的矛盾心理难以准确理解。为此，教师对学生的研读进行了指导。首先是及时追问，暴露思维。面对学生"我认为桑娜是不愿意干这件事的，要不怎么会慌张呢"的意外回答，教师以"你们能说说为什么吗"引导学生充分发表意见，陈述理由，让学生暴露自己的思维，把握调控的基础。其次是反向引导，加大落差。发现学生的思维偏差后，教师将计就计，反向诱导，引导他们充分发表意见，形成与正确答案的落差。然后是运用反问，促其顿悟。学生发表意见后，教师及时以"大家再仔细想一想，联系桑娜所处的境地，她能像你们这样想吗？是她真的不愿意干吗"的反问，引导学生细读课文，寻找答案，促其顿悟。从而使学生准确理解了课文内容，正确理解了人物形象，真切感悟了语言技巧。

五、反馈研读成果

研读成果的反馈是研读的重要环节，学生研读的情况如何，目标达成怎样，需要靠这一环节来评估。对教师而言，只有准确地了解学生的研读情况，才能及时进行调控，使研读不断推进；对学生而言，只有及时地了解自己的研读情况，才能使研读步步深入。因此，在研读中，教师须及时、准确地了解研读情况。如"鸟儿睁大眼睛，盯着灯火看了一会儿。接着，她就唱起了去年唱过的歌给灯火听。唱完了歌，鸟儿又对着灯火看了一会儿，就飞走了。"（《去年的树》）上述细节描写的蕴涵极其丰富，是树与鸟真挚情感的充分表现。为引导学生具体理解，深切感悟，一名教师围绕下述问题组织学生研讨："请联系鸟儿一路的坎坷，认真读读这句话，想一想，从'盯''看了一会儿''又对着''看了一会儿'你读懂了什么？读出了鸟儿怎样的内心？"学生自读感悟后，进行交流：

师：大家读得很认真，下面大家把自己的想法跟大家交流一下。

生：我从"睁大""盯"看出了鸟儿的"意外"，它心里可能在想：昔日高大的树木，如今为什么如此弱小，这就是我昔日的朋友吗，我简直不敢相信我的眼睛了。

生：我从"睁大""盯"看出了鸟儿的"惊喜"，它一定在想：我终于在这里找到了我的朋友了。让我好好地看看他吧，我已经一年没有与他相见了。

生：我从"睁大""盯"看出了鸟儿的"疑惑"，它也许在想：这就是我的朋友吗？怎么完全变了样？谁让他变样呢，太不像话了。

生：我从"睁大""盯"看出了鸟儿的"欣慰"，它也许在想：不管怎么说，我最终还是见到了我的朋友，整整一年啦，朋友，你受苦了。

生：我从"睁大""盯"看出了鸟儿的"高兴"，它可能在想：经过千辛万苦，我终于找到了你——我的朋友，我是来为你唱歌的，我终于可以实现我的诺言了。

生：我从"睁大""盯"看出了鸟儿的"遗憾"，它可能在想：这辈子我已经不能再与去年的朋友相见了，唉，我的朋友，你为什么就这样不明不白地与我分别呢，我好想你啊。

生：这些词语，也许表现了鸟儿的"赞美"：我的朋友，你真的不容易，你用自己的身躯点亮了屋子，为他人送去了光明，我要为你唱歌……

从"唱完了歌，鸟儿又对着灯火看了一会儿，就飞走了"中的"又""看了一会儿"，学生也进行了多角度的解读：也许表现了鸟儿的"沮丧"：想到自己将永远和好友离别，心中真是不忍；也许表现了鸟儿的"不舍"：想到再也不能与好友相见了，真得好好看看；也许表现了鸟儿的"矛盾"：想到自己永远不能见到朋友了，要好好看看，但说不准小孩马上就要把火吹灭了，我真不想看到这一刻……这样进行反馈，能促使学生从语言丰富的内涵中品味出情境，品味出形象，品味出情感，品味出鸟儿对树的真情。

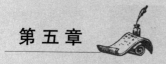

第五章

多元解读：突出语文学习主体

多元理念的提出，给语文课程改革带来了生机与活力：文本解读的拓展，给了学生放飞想象的天地；文本解读的超越，给了学生个性发展的空间。引导学生拥抱语言，就必须尊重学生的个性特点，凸显学生的主体地位，让他们凭借自己的生活积累、情感积累和知识基础去解读语言，让阅读成为学生心灵舒展、个性张扬的过程，成为学生享受生活、展示生命的过程。

第 **1** 节

个性发展空间的凸显

传统语文教学，共性的要求过多，个性的重视不够，统一的目标、同样的学法，磨光了学生个性的棱角，湮没了学生灵性的闪光。事实上，学生都是鲜活的个体，他们的兴趣爱好、性格特点各有差异，知识基础、能力水平各有特点，他们的语文素养和个性品质必须在开放的环境中生成，在多元的环境中发展。可见，实施语文课程改革，须把张扬自我、展示个性作为重要目标。教师须坚持目标确定、学法选择、程序安排、教学评价的多元化，让学生以真实的"自我"置身课堂、走进文本、展开对话，以凸显学生的个性发展空间。

一、教学目标的制订要体现个性

实施"多元解读"，首先须坚持教学目标的多元性，要针对学生的不同水平和层次，提出"保底性目标""基础性目标""发展性目标"和"个性化目标"。教师备课，首先要从中间层面的学生来考虑，着眼于"基本目标"的制订。在此基础上，剔除学困生难以达成的子目标，就构成了"保底性目标"；对于学有余力的学生，要增加适量的探究性目标，就构成了"发展性目标"；最后再结合课文特点和学生爱好，安排相关目标，就构成了"个性化目标"。如《望月》（苏教版第九册）的学习目标可这样制订：

基础性目标：①能正确、流利、有感情地分角色朗读课文，感受大自然的美好。②学会本课的九个生字，能联系课文，理解生字组成的词语。③通过课文的朗读品味，理解写月光和小外甥的想象的句子。

发展性目标：①通过朗读，激发学生主动积累诗句的兴趣，鼓励他们展开想象的翅膀，用童心感受并反映世界，培养他们的想象表达能力。②能借助想象，编写一个关于月亮的故事。

个性化目标：选择自己喜欢的方式（唱歌跳舞、绘画说话、写诗读诗、编写故事等），表达自己走入月下、看到月景后的情感。

根据班级授课制的实际，为保证上述目标的达成，可以基础性目标为主线组织教学，在程序安排、方法选择上，多一些开放性和灵活性，少一些限制和约束，给学生自由选择的空间，保证每个人都有自己能够达成的目标。要让学生自主选择目标，并且可以随时调整目标，从而在学习目标的确定和实施上为学生的个性发展预留空间。

二、教学程序的安排要尊重个性

学生在知识水平、认识能力、兴趣爱好、学习习惯上的差异，必然会反映到他们对学习程序的选择上。有的学生喜欢按部就班，有条不紊；有的喜欢跳跃前进，抓住重点；有的喜欢别具一格，大胆创新。而传统的语文教学，总是由教师设计程序，学生绝对服从；教师统一部署，学生循规蹈矩。这样的课堂就难有生机、难有个性。因此，"多元解读"须强调学习程序的多元，让学生自由确定或选择适合自己的学习程序和学习速度。

1. 根据基础选择程序。课前，学生对课文总会初步浏览，他们对特别感兴趣的课文往往能了然于心。实施"多元解读"，就必须让学生根据自己对课文的掌握情况确定学习程序，力求做到因人而异、殊途同归。如学生对课文完全生疏，就循序渐进，从感知开始；如学生对课文有所了解，就跳过感知，从理解起步；如学生对课文相当熟悉，就认真品读，从感悟着手。只要目标明确，既考虑班级整体，又兼顾个性差异，坚持"班级同步"与"自主选择"的有机融合，"整体推进"与"个体速度"的灵活切换，就能解决操作中的难题。

2. 依据兴趣设计程序。阅读一篇课文，擅长直觉思维的学生，往往通过课题透视、开头剖析、快速浏览，来尽快把握内容；擅长逻辑思维的学生，往往通过顺序阅读、层次梳理、关系剖析，来全面把握内容；擅长形象思维的学生，往往通过阅读想象、再现形象、进境感悟的方法，深刻理解课文。因此，教师须让学生根据自身特点安排学习程序。如阅读《琥珀》时，有的学生循序渐进，从学习字词开始；有的学生先行朗读，从读好课文着眼；有的学生直奔结尾，从观察琥珀入手；有的学生尝试推理，从理清思路着手……这就体现了学生课堂学习的独立性和自主性。当然，这绝不意味着可以忽视他们的共性，教师应始终面向全体，把主要精力放在集体教学上，在此基础上，再根据学生的学习进程，注入不同信息，实施教学调控：成绩差的，要循循善诱，个别辅导；成绩好的，要借机拔高，促进升华。

三、学习方法的选择要考虑个性

传统语文教学中，教师在学生学习方法的选择上，担心过多、考虑过细、照顾过全，精心的呵护成了无形的束缚。学生总是用老师教给的方法，完成老师交给的任务。事实上，学生的学习方式应有鲜明的个性特征。因此，"多元解读"也该体现学法选择的多元化。要给学生留下自主选择的空间和权利。如阅读《赠汪伦》时，一名教师让学生自主确定学习方法，以读懂诗句、感悟意境、体会情感。结果，学生有的采用"理解句子、想象意境、朗读表达"的方法，有的采用"朗读想象、感受意境、现场表演"的方法，有的采用"想象描述、朗读再现、表演动化"的方法，有的采用"朗读想象、绘画再现、现场表演"的方法……课堂可谓百花齐放，学习成果令人欣喜。

四、学习空间的呈现要兼顾个性

实施"多元解读"，就必须为学生创设一个健康向上、自由和谐的发展空间，使课堂成为学生开放情绪、发展智力、愉快生活的场所。在课堂上，教师不必一脸严肃、正襟危坐；学生无须毕恭毕敬、诚惶诚恐。师生应共同走进课文，与作者同欢乐、共悲戚。这样，才能在提高学生语文素养的同时发展学生的个性。请看《走，我们植树去》的教学片段：

师：小朋友们，你们就是文中的孩子，能告诉我为什么这么高兴吗？

生：万物复苏，鸟语花香，正是植树的好时节，我们能为绿化祖国作贡献，能不高兴吗？

生：铁锹在阳光下闪闪发光，水桶在手中不停晃荡，我们能为大地换上新装，肯定高兴了！

生：春风向我们招手，小鸟为我们歌唱，我们是绿化祖国的小尖兵，怎能不高兴呢？

生：荒滩有我们深深的脚印，沟渠有我们忙碌的身影，我们为绿化而忙碌，怎能不高兴呢？

生：山坡上有我们欢乐的笑声，公路上有我们洒下的汗水，我们能让祖国变得更美，心里当然高兴了。

上述案例告诉我们，语文课文，大多是对客观生活或想象情境的具体描述，如果教师想法去激活语言文字，还原生活画面，使蕴涵于课文内容中的生活因素活灵活现，使学生变语言的阅读为生活的感受，变语言的解读为生活的经历，使学习的乐趣与生活的乐趣融为一体，那课堂就成了学生个性舒展的自由空间。

五、课堂教学的评价要突出个性

美国"球、树枝、鸟"教学方法的发明者雷尼·富勒指出："如果我们固执地透过唯一一片滤镜去观察智慧的彩虹，那么，许多头脑将会被误认为缺乏色彩。"对于那些充分体现个性思想、展示个性语言的课文，不仅要教出个性，学出个性，还要评出个性。为了让学生在文本解读中张扬个性、舒展心灵、发展语言，教师须以"多元"的评价手段，为学生展示广阔的语言解读空间、优质的人文关怀空间和良好的个性发展空间。请看《埃及的金字塔》的教学片段：

师：读了课文，你觉得金字塔的建成表明了什么呢？有新见解吗？

生：虽然它的建成能表现古埃及人民的智慧，但在一定程度上也反映了他们命运的悲惨。因为，为了建造金字塔，他们吃尽了千辛万苦。

师：有道理，他们吃的苦简直难以形容。

生：我也有这样的看法。造金字塔，只是为了慰藉一个或几个人的所谓的灵魂，并没有什么真正的价值。仅胡夫金字塔，就有10万人在烈日的曝晒下干了整整30年。真的不值得！

师：这么多的人力，这么长的时间，为了建造坟墓，实在不可思议！

生：虽然建造金字塔时埃及人民想出了巧妙的办法，但难以从根本上改变超强度的劳动。

师：想到了好办法，展示了他们的聪明才智，但劳动强度还是很大很大。因此，金字塔是用劳动人民的血汗凝结成的。

生：我觉得，如果单从金字塔的宏伟和精巧看，这是奇迹，是值得赞叹的。但是从金字塔的作用和建造的艰难看，这是悲哀，应该哀叹。

师：这样理解，更全面、更深刻了。

学生的发言，有不少与教参的"标准答案"对不上号，但却很有道理。实施"多元解读"，就是要引导学生以课文为依据，凭借智慧，去创造合情合理的非标准答案。如果都像上例中的教师这样，善于运用教材，引导学生进行创造，学生对语言就会有更深刻、更真切的感受，而他们的创造能力、个性品质也会得到充分的发展。

模糊语言魅力的展示

一户人家生了个男孩，合家高兴透了，满月的时候抱出来给客人看，有的说："这孩子将来要发财的。"说的人得到了一番感谢。有的说："这孩子将来要做官的。"说的人得到了几句恭维。有的说："这孩子将来要死的。"说的人一定会遭到大家合力的痛打。说要死是必然的，说富贵的却不一定是真话，但说谎的得好报，说真话的遭打。那么既不愿谎人，也不愿遭打，就只能说："啊呀！这孩子呵，您瞧！多么……阿唷！哈哈！"这是鲁迅先生讲述的故事，从中我们不仅感受到了"既不愿谎人，也不愿遭打"者的幽默机智，而且感受到了汉语"模糊性"的魅力。在汉语中，模糊语言的运用不可或缺，它是情感的语言、艺术的语言。教材中也不乏模糊语言的运用，它丰富了语言的内涵，强化了表达效果。"多元解读"的实施，应为引领学生感受"模糊语言"的艺术魅力提供条件。

一、含蓄的语言：在背景联系中感受魅力

含蓄，是模糊语言的特点之一。所谓含蓄，就是正话反说、明话暗说、深话浅说。对于这类语言，小学生往往难以理解。在教学中，教师须拓展语言空间，开阔语言背景，以显化语言的内涵，引导学生在"清晰"与"模糊"的联系中，去感受语言表达的魅力。如"我的信如果要发表，且有发表的地方，我可以同意。"（《给颜黎民的信》）这句话意思含蓄，一名教师这样引导：

师：大家自己读读这句话，看能读出什么？

（学生自由朗读体会后进行交流）

生：这句话是说鲁迅同意将自己的信发表。

生：读了这句话我知道，鲁迅答应颜黎民可以发表他的信。

师：看到自己的信有地方发表了，鲁迅感到很高兴。是不是？（生齐：不

是）那是什么呢？你们感到奇怪吗？

　　生：鲁迅是了不起的作家，发表一封信还有什么大惊小怪的。

　　生：我感到奇怪，一位著名作家的信还担心没地方发表吗？

　　师：谁不让发表呢？

　　生：我从课外书上知道，鲁迅所处的时代白色恐怖严重，他是一个革命家，他的文章都是宣传先进思想的。因此，敌人肯定不让发表。

　　生：我也从课外书上了解到，鲁迅所写的文章就像匕首，直插敌人心脏。因此，敌人会千方百计地加以抵制。

　　师：知道鲁迅写信的目的吗？

　　生：我想，鲁迅是提醒颜黎民，发表文章是可以的，但一定要小心，不能因为发表了自己的文章而连累了颜黎民。从中可以看出鲁迅对青年的关怀。

　　生：我读出了这样的意思：我是一个作家，可我的文章竟然没地方发表，敌人也太不讲道理了。说明鲁迅先生恨透了敌人。

　　生：我觉得鲁迅说话很有技巧，对颜黎民的关心、对敌人痛恨的情感，都是借助含蓄的语言来表达的，不认真琢磨是难以体会的。

　　由于句子的意思比较含蓄，学生难以理解。教师便欲擒故纵，激起疑问，促使学生深入探究，从而使学生在背景的拓展联系中，理解了句义，体会了情感，感受了句子表达的艺术。

二、精要的语言：在内涵展示中感受魅力

　　说话写文章，人们大都崇尚简洁精要，试图用简洁的文字，表达丰富的含义。小学语文教材虽通俗浅显，但其中也不乏"精要"之处。由于个性的差异，"精要"语言的内涵在学生眼前的呈现也一定是千差万别的。实施"多元解读"，就是要引领学生以自己独特的视角，去透视包含在"精要"之中的丰富多彩。如"'还是不要粜的好！我们摇回去放在家里吧！'从简单的心里喷出了这样愤激的话。"（《粜米》）在阅读中，教师发现学生的朗读表达情不由衷，便先引导学生找出语言情感的聚焦点"喷"和"愤激"，进而这样引导：

　　师：句中的"喷"和"愤激"值得玩味。如果你就是旧毡帽朋友，你为什么愤怒，为什么激动？

　　生：我辛辛苦苦忙了一年，好容易盼来了个丰收年，本指望生活会得到一点改善。可哪里知道，由于米店老板压低米价，却得到了比往年更坏的收入，

我怎能不愤怒？

生：米价大跌，我本来就非常气愤了，可米行老板还在那里漫不经心，又是气，又是吓，真是太气人了。我怎能不又气又急，愤怒激动呢？

（其他学生发言略）

师：你从"喷"字感受到什么呢？

生：我感受到农民在旧中国生活的艰难，感受到压迫者的可恶。

生：我感受到农民愤怒激动的感情，这种感情好像火山爆发，不可阻挡。

师：同学们，你就是旧毡帽朋友啊，辛辛苦苦忙了一年，到头来却落得这样的结果，你会多么愤激啊？让我们一起把这样的感情表达出来吧！（学生齐读）

上述案例中，教师抓住"喷"和"愤激"这两个聚焦点，着意引导，巧妙点拨，融形象构建、意义理解、情感体会为一体，使学生从精要的词语中，透视出丰富的语言形象、深刻的语言意义、真切的语言情感，从而感受了"精要"语言的魅力。

三、委婉的语言：在比较运用中感受魅力

刚毅果断是阳刚之美，委婉曲折是阴柔之美。人们说话写文章时，往往会此话彼说、直话曲说，这是语言运用的方法，更是语言运用的艺术。在教材中，委婉的语言并不少见。为使学生从中感受到丰富的内涵，体会到语言运用的艺术，教师可引导学生走进文本，走近人物，把握语言背景，理解语言内涵，感受委婉之妙。如"她俩在光明和幸福中飞走了，越飞越高，飞到那没有寒冷、没有饥饿、也没有痛苦的地方去了。"（《卖火柴的小女孩》）一名教师是这样引导的：

师：请大家把这句话读一读，看从中能体会出什么。

（学生自读体会）

生：这句话说明小女孩太想念奶奶了，所以奶奶把她带走了。

生：我觉得这里是说小女孩渴望得到温暖、得到食物、得到奶奶的疼爱。

师：这句话实际告诉我们什么呢？

生：这句话告诉我们，小女孩已经离开了人间，说明她的希望根本不能实现。

生：这句话告诉我们，小女孩的希望是美好的，但她的希望是不能实现

的，因为奶奶已经死了。

师：是啊，写奶奶把她带走，实际是说她已经离开了人间。也告诉我们她的希望是不能实现的，因为奶奶已经死了。如果奶奶还在世，她的希望能实现吗？

生：也不能，因为在那样的社会里，奶奶是没有能力把她带到没有寒冷、没有饥饿、也没有痛苦的地方去的。

师：作者为什么不直接告诉我们，小女孩在大年夜冻死了呢？

生：课文这样写，不仅暗示了事情的结果，还暗示了其中的原因，能引起人们的深思，激发人们对小女孩的同情和对当时社会的痛恨。如果直接写，就没有这种效果，而且感情上也会让人有些受不了。

在上述教学片段中，为让学生感受课文的思想内涵和语言艺术，教师通过"委婉暗示"与"直接点明"的对比，使学生在联系比较中，具体理解了句子的含义，感受了委婉用语的巧妙。

四、朦胧的语言：在深入探究中感受魅力

清晰是美，朦胧也是美。语文教材中，朦胧的语言随处可见。若不加追究，只能有"雾里看花"的混沌；细心揣摩，则必然会有"雾里看花"的境界。前者是真的模糊，是语言理解的浅近；后者则是现象的模糊，是语言理解的升华。在教学中，教师要抓住朦胧的语言引导学生探究，让学生在朦胧中看清晰，在清晰后再看朦胧，从而深刻理解语言内涵，感悟语言魅力。请看《广玉兰》的教学片段：

师：课文是怎样描写广玉兰的色彩和质感的，请大家把句子认真读读，看看能从中感受到什么？

（学生认真阅读后谈感受，但都难以深切感受花儿的美，难以感受语言的美）

师：（出示句子）大家把文中的句子和老师设计的句子比较一下，你从中能感受到什么？

【课文句子】花朵是那样的洁净、高雅。我无法用文字准确形容那花瓣的色彩，说它纯白吧，又似乎有一种淡淡的青绿色渗透出来；我也无法用文字准确形容那花瓣的质感，说它冰雕玉刻吧，它又显得那样柔韧而有弹性。

【设计句子】花朵是那样的洁净、高雅。我就能用文字准确形容那花瓣的色彩，它不是纯白的，因为花瓣上有淡淡的青绿色渗透出来；我也能用文字准

确形容那花瓣的质感，它不像冰雕玉刻的，因为它显得那样柔韧而有弹性。

（学生朗读比较后进行交流）

生：我认为重新设计的句子好，因为无论花的质感怎样，怎么会没有什么形容词来描写呢？何况是作家呢？

生：我也认为老师设计的好，因为老师把花儿的色彩和质感清楚地写了出来，而文中的句子虽也写了色彩和质感，但到底怎样别人并不清楚。

生：我不这样认为，表面看起来作者没有把色彩和质感写清楚，实际写得很清楚，他要读者在读的时候思考思考，品味品味。

生：我想作者这样写，是跟我们卖关子，使语言更加含蓄，读起来更加有韵味。作者说没有什么形容词来准确描述花的色彩和质感，实际上是说花太美了。他写得非常到位。而老师设计的句子直来直去，没有味道。所以我认为还是作者写得好。

作者笔下的广玉兰非常美，但这种美是朦胧的，到底是什么颜色、什么质感，作者说难用准确的语言描述出来，而事实上作者又对花儿进行了准确描述。通过比较品味，学生具体感受了花儿的色彩和质感，真切地感受了作者运用语言准确描述事物、凸显事物特点的技巧。

语言形象的多元透视

培养学生的想象能力，是学校教育的重要任务。语文教材，是形象和情感的复合体，是培养学生想象和创新能力的重要凭借。在阅读教学中，构建语言形象，是感悟语言情感、语言意义、语言技巧的前提。我们鼓励学生的独特体验，首先要鼓励学生从语言中获得独特的形象。因此，要使阅读成为学生个性化的行为，就必须引导学生向文本投去多元的目光，让他们从语言中透视出丰富的、富有个性的形象，这才能为他们独特体验的产生奠定基础，也才能为他们创新品质的孕育和培养提供条件。

一、想象还原：再现丰富的语言形象

语文教材，或写人、或状物、或叙事，几乎每篇课文都包含着丰富的形象。实施"多元解读"，构建多元形象，最重要的一点就是要引导学生全方位地还原课文描述的形象。由于学生阅读经验、生活环境、知识水平等方面的不同，语言在他们面前展示的形象虽大同小异，但也存在差别。只要教师善于引导，文本形象就一定是色彩斑斓的。如"这庄严的宣告，这雄伟的声音，经过无线电的广播，传到长城内外，传到大江南北，使全中国人民的心一齐欢跃起来。"（《开国大典》）一名教师这样引导：你觉得这庄严的宣告，这雄伟的声音，经过无线电的广播，传到了哪些地方？在你面前出现了怎样的情景？通过想象，学生进行了全方位的描述。有的说：这声音传到城市，大街小巷彩旗飞扬，男女老少欢天喜地，大家敲着锣、打着鼓，欢庆新中国的诞生和人民的解放；有的说：这声音传到农村，田间地头、村前村后，到处锣鼓喧天，人们都拥出家门，欢呼着、高喊着，一个个激动万分，不少人高兴得热泪盈眶；有的说：这声音传到了刘胡兰的家乡，大家一下子拥到了刘胡兰的家里，把这个振奋人心的消息告诉了她的爸爸、妈妈，大家来到刘胡兰的遗像前："胡兰子啊，你听到了吗？你盼望的这一天终于到来了。我们终于有出头的日子啦！"

可见，教师只要善于捕捉语言形象的聚焦点，多向拓展，学生对语言形象的透视就一定是丰富多彩、富有个性的，学生对语言情感的感受也一定是自然真切、具体实在的。

二、联系生活：拓展丰富的语言形象

学生在语言解读中获取的形象越丰富，他们对语言情境的感受就越具体，对语言情感的感悟也就越真切。如果课文与学生生活相距甚远，学生往往难以还原语言形象。这样，原本蕴涵丰富形象的语言在学生眼前就只能是抽象的符号。为此，教师可捕捉课文与生活的联系点，引导学生用生活中相关、相似、相近的形象来显化、拓展、补充课文的语言形象，以促进语言形象的感受和情感的感悟。如"旧毡朋友把自己种出的米送进了米行的廒间，换到手的是或多或少的一沓钞票。"（《粜米》）这句话蕴涵的形象和情感都很丰富，教师可这样引导：①我们不少同学生活在农村，对家中卖粮的情景有所了解，能简单说说吗？——引导学生回忆交流，再现真实的画面，体会喜悦的情感。②《粜米》中的农民，他们卖粮与我们家人卖粮的情景相同吗？——引导学生进行对比：文中的农民是高兴而去，扫兴而归；我们的家人是高兴而去，满意而归。③此刻，课文中的农民手拿一叠或多或少的钞票，会想些什么？会想到哪几个不同的情景？——引导学生想象画面：在田间干活时、丰收在望时、收打粮食时、早晨离家时、奋力拉船时、老板威吓时的情景，让学生借助这些形象理解农民田间劳动的艰辛、盼到丰收的欣喜、早晨离家的希望、奋力拉船的劲头、面对老板的无奈。这样引导，通过与生活的有机联系，就促进了学生对语言形象的理解和情感的体会。

可见，教师一旦发现语言形象远离学生，便可沟通生活联系，激活学生的形象库存，使其成为学生解读语言的精神同化点。这样，不仅能促使学生具体地感受语言形象，还能提高他们自主运用生活库存、服务于阅读的能力。

三、动化教材：构筑丰富的语言形象

不少教师常有这样的困惑：教材中的不少说明文，由于缺乏具体情节、缺乏具体形象，不仅难以激发学生的阅读兴趣，而且难以借助形象来引导学生感悟情感。针对这一问题，有效的办法是以课文语言为凭借，以情境创设为依托，动化教材、活化语言，构筑形象。如《沙漠中的绿洲》（苏教版四年级下册）写的是阿联酋人民在茫茫沙漠中种植并精心侍弄花草树木，建设绿洲，营造良好生活环境的壮举。文章没有具体的情节，没有生动的故事，学生阅读时一般不感兴趣。如何最大限度地调动学生的阅读兴趣，有效地培养学生的语言感受和语言表达能力呢？

我们细读课文可知，作者着重叙述了沙漠变绿洲的过程，凸显了阿联酋人民改造自然，创造美好生活的决心。沙漠的"不毛之地"、绿洲的"来之不易"、花儿的"精心呵护"，是紧密相关的三个方面，仅仅依靠课文内容的阅读，学生也许不感兴趣，而且难以从中得到扎实的语言训练。如果借助情境创设，引导学生以一棵树、一棵草、一株花的角色，具体介绍自己的经历，让学生在形象的想象和表达中，加深对内容的理解和情感的感悟，一定是非常有效的。请看下列教学片段：

师：同学们，读了课文，我们对沙漠中的绿洲有了初步认识。请大家再反复读读课文，如果你是异国的一棵小草，能具体描述自己的经历和感受吗？

生：我是一棵小草，生活在东方的一座城市。在这里，我和花儿、小树生活在一起，很是自在。可是有一天，一个西方的生意人来到我身边，从他与我主人的谈话中，我得知我将被卖到阿联酋去。我不禁一惊，那不是沙漠之国吗？在那里我能生存吗？可是身不由己，我被一艘轮船带到了迪拜。透过窗户一看，我不禁惊呆了。这里全是沙漠，地面全是白花花的盐碱，好像罩上了一层厚厚的壳。听人说，这里土是咸的，水也是咸的，简直是块不毛之地。在这种恶劣的自然环境下我能生存吗？可后来的事情完全打消了我的顾虑。

生：我是一棵树，原来生活在中国，被阿联酋买了去。到了异国他乡，我先被安排在空调间里。那天，我无意间朝窗外一看，发现外边是一片热火朝天的劳动场面，原来阿联酋人民正在为我们营造新家呢。你看，他们用铁锤把硬硬的地面敲碎，然后就抬的抬，挑的挑，或者用车运走地表的硬土。等这些硬土清除后，他们便在最底层安上了纵横交错的自来水管。然后，他们又用泥土把自来水管遮盖起来。据说，这些泥土也是从国外买的。真是不可思议，花草树木是买的，水是买的，土也是买的，真不容易！

生：有一天，我和我的伙伴们被几位老伯伯小心翼翼地移植到为我们准备的种植床上。起先，他们怕我们受不了高温，还搭了一个大棚为我们遮阴，直到我们扎下了根，才给我们掀掉。我们都生活得很好，地下纵横交错的自来水管源源不断地为我们送来清甜的自来水。更开心的是，园林工人还经常为我们洗澡呢！记得有一天，我突然感到有水滴洒落下来，原来一位园林工人正举着一根水管向我们喷水呢！水雾洒在身上，是那么清凉，眨眼工夫，树叶更绿、小草更翠、鲜花更艳丽了。生活在这样的国度里，我真是太幸福了。

这样引导学生充当角色，自我表述，简单的语言变成了有趣的故事，平淡的语言变成了生动的情节，文中的诸多语言都在学生对情境的想象构建和故事的想象创造中得到了移植和运用，有效地促进了学生情感的升华和语言的内化。

可见，只要教师以完善学生的语言系统和精神系统为目标，根据教材特点，精心设计、巧妙引导，创设情境、拓展空间，激起学生的精神活动，拨动学生的情感琴弦，就能带领学生走进富有情趣的探索之中，走进充满情感的生活之中，走进激情澎湃的实践之中，从而在学生心灵的大海引发奔涌的浪花，让学生在丰富多彩的精神活动中得到语言文字的扎实训练和精神世界的不断充实。

语言情感的多元感悟

　　语文是一门情感十分丰富的学科，引导学生感悟语言情感，让学生在情感的感悟中得到语言能力的发展和精神境界的提升，是阅读教学的重要任务。"多元解读"的实施，为引领学生感悟丰富的语言情感拓展了空间。《语文课程标准》指出："语文是最重要的交际工具，是人类文化的重要组成部分。工具性和人文性的统一，是语文课程的基本特点。"语言与情感是有机的统一体，离开了情感，语言便失去了生机与活力；离开了语言，情感则失去了根基和依附。因此，实施"多元解读"，就必须妥善处理"语言"与"情感"的关系，要凭借教材的情感因素去激活学生的言语活动，进而激活学生生命个体；还要凭借教材的语言因素去提供情感支撑，带给学生智慧的挑战，从而使学生在语文学习中得到言语的发展、情感的陶冶、个性的张扬和人格的完善。

一、重视情境铺垫，唤醒学生情感，引领学生走进文本

　　在阅读教学中，形象是激发学生情感、增强学生感受的重要前提。而由于学生阅历和认识能力的限制，加上有些课文远离学生生活，学生在阅读中往往难以还原语言形象，难以走进文本，因而也难以真切感受语言情感。为此，教师须重视情境铺垫，借助具体形象，唤醒学生的情感，引领学生走进文本，全身心地去拥抱语言，与文中人物进行心灵对话。

　　1. 借助渲染，激发情感。苏霍姆林斯基说，教师的语言是一种什么也替代不了的影响学生心灵的工具。教学艺术首先是说话的艺术。这就提示我们，在阅读教学中，教师可通过生动的语言描述，来展示课文画面，从而准确地传递情感、创设情感氛围，拨动学生情感的琴弦，引发他们涌动的情思，引领学生走进文本。比如，只要学生课前自读了《可贵的沉默》，父母的生日对他们

来说便不再是秘密。然而，在关爱父母、关爱家人方面，他们的很多其他问题是难以在短时间内消失的。为此，新课开始时，教师可创设情境，增强学生的情感体验：①同学们，"六一"节或其他时候，爸爸妈妈给你买过什么礼物吗？想到这些你心情怎样呢？——此时，学生定会尽情交流，显示自己心中的得意；②长这么大了，每到父亲节、母亲节或者其他时候，你有没有给他们送过礼物呢？——此刻，学生多会沉默不语，显出心中的不安；③爷爷奶奶，爸爸妈妈为我们付出的太多太多了，我们应该想什么办法向他们表达自己的爱呢？——此刻，学生定会出计献策，表达自己的爱心。

上例的情境创设中，学生"显示"时的得意，"沉默"时的不安，"出计"时的真诚，一定会显露无余，这就为他们走进文本感受情境，走近人物感受情感奠定了基础。接着，教师再巧妙设疑，有机沟通，就能使学生全身心地投入课文的阅读感悟。

2. 创设情境，激发情感。为唤醒学生情感，就须尽量诉诸学生感性，培养学生的语言感觉，让他们用心去感知，用心去体悟，用心去感受。使课堂教学进入叶圣陶曾经描述过的那种境界：一个教室，四五十个学生，心好像融化在一起，忘记了旁的东西，大家来读、来讲，老师和学生一起来研究。这是一种审美的氛围，师生融化在自由平等的气氛之中，都有一种积极饱满的精神状态。在这样的情境中，学生能更好地得到语言形象、语言意义、语言情感的感悟。为此，在阅读教学中，教师可创设教学情境，为学生提供语言感悟的"情感场"和语言运用的"实验园"。请看《高尔基和他的儿子》的教学片段：

师：伙伴们，我就是高尔基的儿子，父亲给我写了信，信中有这样一句话（出示：要是你无论在什么时候，什么地方，留给人们的都是美好的东西，那你的生活该会多么愉快呀），我怎么也读不懂，你们能帮助我吗？

生：老师——

师：不对了，我是高尔基的儿子，你就叫我伙伴吧！（众笑）

生：伙伴啊，你去小岛上看望父亲，给父亲栽了许多花，你留给父亲的是五颜六色的花，是对父亲的关心，你不感到快乐吗？

师：真的，现在想起来，我还快乐呢！（众笑）

生：伙伴啊，如果你在学校的时候，想法帮老师做一些力所能及的事，帮同学做一些自己能做的事，你肯定也感到快乐。是不是？

师：是啊，我帮老师收发作业本，帮同学复习功课，心里真是高兴！

生：爸爸不在家，妈妈在家很辛苦，你帮助妈妈做事，减轻妈妈的负担，你一定很快乐。是吗？

师：是啊，在家中，我时时关心妈妈，帮妈妈做一些小事。妈妈说我懂事，我真的很快乐。

生：不管你在家中还是在学校，在校内还是在校外，只要能给别人带来方便，带来快乐，你自己肯定会感到快乐。

师：现在我知道了，父亲原来是用这句话告诉我什么啊？

生：就是告诉你，只要时时处处都能想到别人，为着别人，你就会感到自己非常快乐！

师：谢谢大家给我的指点。（众笑）

在这里，情境的创设打破了教师与学生、课堂与课外、学习与玩乐的界限，师生都走进了教材，进入了情境。教师不是在简单地讲解句子，而是在引导学生与文中人物见面；学生不是在简单地理解句子，而是在与文中人物交谈。他们是多么希望以自己的真诚来帮助文中的孩子啊！正是这种希望，使学生产生了强烈的心理驱动，使他们的言语运用得到了超越，情感得到了升华。

二、引导自主参与，增强情感体验，引发学生真情流露

情感是主体生命的内在体验，具有自我投入的性质，不能给予、不能灌输。因而，阅读教学中情感的展开、发现、交融、生成、陶冶与提升，都必须由学生通过自身的体验来实现和完成。但从教学现状看，阅读教学中对学生情感的培养，还多停留在通过解读语言文字来直接理解语言情感上，学生阅读中的神情表露和语言表述，都会明显地暴露出他们的"无动于衷""言不由衷"。这样的情感教育，给予学生的多是抽象的知性认识，是情感的理性状态，是难以使学生得到真正的情感熏陶的。为此，教师须重视学生的自主参与，重视他们对语言情感的能动体验，使阅读教学成为学生真正参与、真切体验、真情流露的过程。

1. 在弹性感悟中流露真情。由听觉和视觉传递的语言和文字本身并没有意义，有意义的是隐藏于视听信息背后的弦外之音、言外之意——语言形象、语言意义和语言情感，它们具有丰富性和模糊性的特点。引导学生解读语言，

体验情感，就必须给学生充分的自由，防止刻板、体现弹性、不画框框、不设条条，不以教师的理解代替学生的理解，不以教材的理解设定学生的理解。这样，阅读才能体现个性，才能使学生形成丰富多彩的思想感情。如阅读《鸟的天堂》时（人教版第十一册），一名教师要学生一边听读5~8自然段，一边闭目想象大榕树的样子。结果，学生有的说，这棵树像一个绿色的大帐篷；有的说，榕树像一片茂密的树林；有的说，榕树就是一个绿色的小岛；有的说，榕树是一座青绿色的小山；还有的说，榕树就像一棵高大的银杏树……这样，教师引领一颗颗充满灵性的心去展开想象，全身心地感受那棵榕树，并借助自己的言语来表达自己的感受。从学生一个个形象的比喻中可以看出，这种感悟是学生用心参与、深入思考的结果，是人心和文心的沟通、情感与理智的交融。因此，这样的感悟是灵活的、独特的、富有弹性的、绝不雷同的。这样引导，就能在培养学生感悟能力的同时，提升学生的个性品质。

2. 在角色转换中流露真情。坚持"情感熏陶"与"语言发展"的平衡，对一些情感隐含的课文，可通过教材活化的过程，引导学生充当角色，去经历生活、参与活动、舒展心灵、张扬个性、放飞语言，以获得语言训练和情感熏陶的双重收获。请看《自相矛盾》的教学片段：

师：想办法推销产品是人之常情，有人却出他的洋相，太不像话了。（学生笑）

生：这不能怪别人，是他自己的话语有漏洞。那人说他的矛能戳穿所有的盾，也就能戳穿自己的盾；又说他的盾所有的矛都戳不穿，那他自己的矛也就戳不穿。这不是自打嘴巴吗？

师：你们说，一把世界上最锐利的矛能戳穿所有的盾吗？（生齐："能！"）一块世界上最坚固的盾能抵挡所有的矛吗？（生齐："能！"）既然如此，怎么又说他自打嘴巴呢？

生：两种情况虽然可能存在，但不可能同时存在。

生：有这样的矛，就没有那样的盾；有那样的盾，就没有这样的矛。

师：看来，那人的矛和盾只能带回家了。

生：不一定，他可以先把盾藏起来，说自己的矛尖锐，把矛卖掉后再卖盾。

生：还可以分头行动，让家人帮忙。一个在东街说矛锐利，一个在西街说盾坚固。这样，别人就看不出"矛盾"了。

师：这不是坑人吗？以前一个人两样一起卖，别人还能从他矛盾的话语中看出破绽。现在好了，你们不仅让他一个人蒙骗，而且让他一家人合伙蒙骗。这不更糟吗？

生：如果产品确实很好，还是要讲究推销方法的。今天的各种广告不都是"王婆卖瓜，自卖自夸"吗？为什么要难为古人呢？

师：你们看，这人说话自相矛盾，不仅东西卖不了，还被人嘲笑。这个故事对生意人是个提醒。我们不做生意，就没什么可注意的。

生：不对！不管什么人，说话做事都要前后一致，不能互相矛盾，不然就要闹出笑话。

生：说话做事自相矛盾是要遭到别人批评、甚至嘲笑的。

师：你们的意思是，说话做事自相矛盾，就要被别人笑话，是吗？（学生点头）说说看！

生：那次回家，弟弟从我房里出来，见我盯着他，便支支吾吾地说："哥哥，我没有拿你的游戏机，只玩了一会儿。"我一听便笑了，因为弟弟的话实在可笑。今天看来，也就是自相矛盾的。

师：你觉得弟弟值得批评、值得嘲笑吗？

生：不！我觉得弟弟很天真，很可爱！

师：（笑了笑）你看你，自己的话不也自相矛盾吗？刚才说"自相矛盾"都是要被批评的，现在又说从中看出了弟弟的天真可爱。（众笑）

生：（笑了）看来，还得考虑具体情况。

生：一般来说，说话做事自相矛盾不行，但有时却让人感动。那次学校开会后，您匆匆来给我们上课，我问您吃饭没有，您说吃过了，但紧跟着又说不饿。一听您"自相矛盾"的话就知道您没吃，当时我真感动！

师：好厉害，用"自相矛盾"夸老师呢！（学生笑）看来，"自相矛盾"既可用来批评，又可用来赞扬。是吗？（学生点头）

《自相矛盾》内容比较浅显，若只是简单地读读课文，抽象地说说寓意，学生对内涵的理解便是浅层的，对事理的感悟便是抽象的。上述案例中，教师通过制造认知冲突，拓展文本空间，引领学生充当角色，在语言的训练和情境的拓展中理解"自相矛盾"的内涵，在生活的联系和现象的剖析中感受"自相矛盾"的运用。这样，连续不断的认知冲突，接二连三的困惑情境，给了学生智慧的挑战，使他们产生思维的碰撞。学生时而进入困境，苦思冥想；时而柳暗花明，茅塞顿开，课堂波澜起伏，高潮迭起，精彩纷呈。这是因为，情境的创设和角色的转换，充分沟通了学生与课文的联系，促进了言语实践与情感活动的融合。

三、引发精神生活，促进情感表达，促进学生言语流淌

实施情感的"多元解读"，就必须为学生精神的提升和语言的发展创造一个"场"，以激发情感、诱发情思，并促使他们借助语言外化涌动的心潮，放飞震撼的心灵，抒发奔涌的情感。由于学生与文中人物情感差异的存在，阅读中他们往往难以与作者、与文中人物产生心灵共振，我们也就难以看到他们情感涌动带来的语言流淌。结果"工具性"因"情感性"的缺失而难以发挥功能，"情感性"因"工具性"的失灵而显得苍白无力，从而影响了学生语文素养的提高。为此，教师须采取有效的方法引发学生的精神感悟，触发学生心中的积蓄，以形成语言与精神同构的心灵产物。下面是《永远的白衣战士》的教学片段：

师：许多患者脱险了，而叶欣却倒下了，倒在了抗击"非典"的战场上。她永远地走了，走得那么匆忙。2003 年 3 月 29 日下午，广州殡仪馆青松厅，医院全体员工，许多熟悉的、不熟悉的人，都来到这里，与她做最后的告别。花圈如海，泪水如雨。同学们，我们就是她昔日的同事，就是她曾经救护过的患者，我们都来到了青松厅，要送一送自己的好同事，送一送可敬的护士长。此时此刻，面对永远不再醒来的叶欣，你会对她说些什么呢？

生：叶欣啊，你醒醒，让我再看你一眼，让我再听一听你那温和的话语。为什么我留下了，你却走了？要不是为了我们，你肯定不会走的。

生：叶欣啊，我是你的同事啊！要不是你声色俱厉地把我们推出门外，把安全让给我们，你肯定不会倒下。我们好想你呀！

生：叶欣阿姨啊，我爷爷的生命是您用生命换来的。阿姨啊，您醒醒，再看一看我和爷爷吧！

生："这里危险，让我来吧！"是你说得最多的话，这句话让我们远离了危险，而你自己却倒下了。大姐，你一路走好！

生：叶欣阿姨，还记得我吗？我妈妈患病后，我到医院看望她，您隔着窗户告诉我，妈妈没有事，要我放心。十天以后，我妈妈病愈出院了，而您怎么就走了呢？阿姨啊，每年的清明节，我都会和我的爸爸、妈妈，一起去看望您的！

患者站起来了，护士却倒下了，叶欣的精神感人肺腑、催人泪下。读了课文，学生被叶欣舍己为人的精神深深感动了。为了让他们走进青松厅里为叶欣送行、与叶欣话别，促进学生言语流淌、真情表达，教师通过情境创设，让学生充当角色，亲近人物，道感谢、话离别。这样的教学环节，在学生心灵的大海上激起了奔涌的浪花，在学生心灵的回音壁上引来了强烈的回响。这样，学生语言系统的完善和精神境界的提升就成了现实。

现实生活的多元运用

语文与生活关系密切，随着课改的深入，拓展学习时空，丰富学生生活，已成了诸多教师的共识。但生活空间如何与语文学习形成联系，生活资源怎样与语文学习构成通道，如何让语文学习因生活而精彩，是亟待解决的问题。实施"多元解读"，就必须实现语文与生活的全方位联系和多层面沟通。既要把学生引向生活，让他们在生活中学习语文；又要把生活引向语文，让学生在阅读中运用生活。为此，教师须在丰富学生生活的前提下，重视生活资源的开发和利用，把生活的活水引进阅读教学，帮助学生构建现实生活与语言阅读的联系，让他们凭借生活基础去感悟语言，并形成"语文与生活"互为促进的良性循环。

一、引进生活活水：让语文凸显生活底色

生活经验和情感体验，一旦与阅读实践发生联系，不仅能促进阅读感悟的深入，还会带来经验的提升和情感的升华。因此，要构建语文与生活的联系，教师须在丰富学生生活的基础上，把生活的活水引进阅读，让语文凸显生活底色，促使学生凭借生活感悟语言，凭借语文认识生活。

1. 凭借生活，感悟语言形象。感受语言形象是感悟语言内涵的基础，而还原语言形象对学生来说是个难点。为此，教师可捕捉语言与生活的联系点，通过唤醒学生的生活，使语言与有活性的生活形象建立起联系，使语言在鲜活的形象嫁接中获得生命活力。这样，学生凭着作品语言，跨越广袤的空间去神游时，课文语言就成了他们心中的美妙画卷。如"他们翻山越岭，披荆斩棘，吃尽了千辛万苦，终于从阿里山里拿到了金斧头和金剪刀。"（《日月潭的传说》）这是凸显人物形象的重点句子，若不加以引导，学生是难以真切感受人物形象的。为此，教师抓住"翻山越岭""披荆斩棘""千辛万苦"等词语，引

导学生联系生活，对形象进行想象描述。在此基础上，教师再出示句式，引导学生梳理形象（括号让学生填写）：

悬崖峭壁令人（头晕目眩），他们（想方设法）攀了上去；羊肠小道令人（心惊胆寒），他们（小心翼翼）地走了过去；杂草灌木令人（望而生畏），他们（从容不迫）地踩了过去；毒蛇猛兽令人（毛骨悚然），他们（无所畏惧）地闯了过去……暴雨是那么狂，淋得他们（有气无力）；冰雹是那么猛，打得他们（遍体鳞伤）；山洞是那么多，看得他们（眼花缭乱）……终于，他们找到了"藏宝洞"，拿到了金斧头和金剪刀。这时二人已经（筋疲力尽），但他们又（马不停蹄），直奔潭边。

有这样丰富的形象，学生对句子的理解就不再是枯燥的意义，而是生动的画面；他们对情感的体会也不再是抽象的语言，而是真切的感受。

2. 凭借生活，感悟语言情感。语言文字一旦被用来表情达意，就成了具有情感内核的活体。阅读者只有调动起自己的情感，力求和作者想在一起、思在一处，才能从语言文字中触摸到作者情感的脉搏。为此，对课文中表达了丰富情感的内容，教师可激活生活画面，唤起情感体验，让学生与作者及文中人物产生心灵共振和情感共鸣。如"梅兰芳学艺的决心没有动摇。他常常紧盯着空中飞翔的鸽子，或者注视水底游动的鱼儿。日子一长，他的眼睛渐渐灵活起来。人们都说，梅兰芳的眼睛会说话了。"（苏教版一年级下册《梅兰芳学艺》），一名教师在学生能正确、流利地朗读课文后这样引导：

师：小朋友们，大家读读这句话，边读边想象，梅兰芳是怎样紧盯空中飞翔的鸽子，注视水底游动的鱼儿的？（出示句子：他常常紧盯着空中飞翔的鸽子，或者注视水底游动的鱼儿）（学生自读想象）

师：读了句子，你好像看到了怎样的画面？

生：我看到鸽子在天空中飞翔，梅兰芳睁大眼睛看着它们，眼睛一眨也不眨。

生：梅兰芳一刻不停地看着飞翔的鸽子，鸽子飞到低处，他也看到低处；鸽子飞到高处，他也看到高处；鸽子飞到远处，他也看到远处。

生：鸽子飞得很远很远了，已经看不见了，他还看着远处的天空。

（其他学生发言略）

师：小朋友们，我们也来紧盯鸽子，看到底有什么感觉？（教师借助屏幕出示动画，学生观看后说感受）

生：起先看的时候没有什么感觉，一会儿，眼睛就要眨了，感到受不了了。

生：开始看鸽子飞来飞去，还挺有趣，可一会儿就感到眼睛跟不上鸽子飞的速度了。

生：我看了一会儿，就感到眼睛花了。

生：我看了一会儿，就感到脖子疼了。

师：小朋友们，我们只看了一会儿，可梅兰芳呢？我们再把这句话读一读，你从中发现了什么？

生：梅兰芳不是一次两次，而是常常这样。

师：从"常常"你们知道了什么呢？

生：梅兰芳不是一次两次地看，而是一有机会就看。

生：只要看到天空有鸽子，就停下来看。

生：他是早晨看，中午看，傍晚也看。

生：他是今天看，明天看，后天也看。

师：我们再来读读这句话，你有什么想对梅兰芳说的呢？（学生自由读句子后进行交流）

生：梅兰芳啊，你光练眼力，就用了这么大功夫，真不容易啊！

生：梅兰芳啊，为了练眼力，你花了很大工夫，真不简单！

上述教学片段中，教师先引导学生还原形象，让"紧盯"的动作以具体画面来展现。有了这些形象，学生对句子内涵的理解就是具体而形象的，对句子情感的感悟就是真实而深切的。接着，又借助动画让学生自己来"紧盯"，以感受梅兰芳"常常紧盯"的不易，体会他的勤奋。在此基础上，再让学生对梅兰芳说说最想说的话。这样，就使学生具体而真切地感悟了语言的情感。在生活与语文的结合中，学生不仅加深了对课文内容的理解和情感的感悟；而且加深了对生活的体验和对生活的感悟。

二、活现生活场景，让语文充满生活情趣

语文蕴涵的形象非常丰富，情感非常真切，学生对语文学习理应乐此不疲、兴趣盎然。可事实并不令人乐观。原因之一就是在狭隘的教材观的影响下，这门本来植根于生活的课程远离了生活。我们知道，教材所选课文，大多是客观生活的描述，如果教师想方设法再现生活画面，活现生活场景，变文本

学习为生活感受，变语文解读为生活解析，我们的语文教学一定会步入理想的境界，学生的语文学习一定会进入快乐的天地。

1. 凭借想象，展示生活形象。如今，不少教师喜欢用多媒体呈现语言画面。如课文远离学生生活，这是必需且有效的。但如语言画面能从生活中找到原型，这样的媒体运用便有画蛇添足之嫌。可见，凡是学生能通过想象构筑的画面，就无须借助多媒体展示，至少不要在学生进行想象之前展示；而要重视想象激发，生活激活，让学生在想象描述中进入情境。如《去年的树》一文，小鸟寻找"去年的树"是明线，大树等候"去年的鸟"是暗线。这两条线中，蕴涵着丰富的形象和感人的情节。教师可引导学生阅读想象：如果你是小鸟，看着眼前的灯火，会怎样把一路的坎坷、一路的忧愁、一路的不解向朋友叙说？如果你是大树，看到眼前的小鸟，会怎样把一路的变故、一路的思念、一路的悲伤向朋友叙说？先让学生同桌分演角色，互相叙说；然后登台叙说，从而在"对话"的情境创设中促进语言的内化和情感的感悟。

2. 借助表演，体现生活情趣。现实生活中，每个人都扮演着各自的角色，正因为如此，我们生活才这样丰富多彩。在阅读教学中，围绕教学目标，把生活引进课堂，让学生扮演角色，参与表演，把学生引进生活，不仅能加深他们对语言情境、语言情感的感悟，得到语言解读、语言表达能力的培养，还可使他们真切地感受生活的情趣，学习的乐趣。请看《高尔基和他的儿子》的教学片段：

师：请大家读读下列句子（出示：傍晚，彩霞染红了天空。高尔基坐在院子里，欣赏着儿子种的花，心里有说不出的高兴。瞧，那些盛开的花朵多像儿子红扑扑的脸庞啊），看你能从中读出怎样的画面？（阅读后交流所见画面，进而扮演角色，展示父子见面的情景）

父亲：孩子，你种的花儿已经开了，瞧，它们色彩斑斓，多漂亮啊！我向你表示感谢！

儿子：啊，真的，这下我就放心了。看您在岛上感到孤独，我想用五颜六色的花儿为您带来快乐，消除寂寞。

父亲：看到花儿，我就好像看到了你红扑扑的脸庞，就觉得你在我的身边陪伴着我。我可爱的儿子，爸爸感谢你。最近的学习情况还好吗？

儿子：您放心吧！为了让您感到快乐，我正在加倍努力，用优良的成绩向您汇报。最近您的身体还好吗？

父亲：你放心，我身体很好。你在家可要听妈妈的话，帮她做一些力所能及的事情。

儿子：放心吧！我一定好好照顾妈妈，减轻她的负担。您也得好好照顾好自己。

这里，教师通过对教材的变更，为学生提供了"父子见面，相互问候"的生活情境，让学生在角色扮演、语言描述中，深深感受到高尔基和儿子之间"互相牵挂、互相关心"的浓浓亲情，从而深化了对内容的理解和情感的感悟。同时，还让学生在生活情境中体验了生活情趣，在学习情境中体验了学习乐趣。

三、顺应生活需要，让语文弥漫生活气息

"语文与生活"的研究由来已久，但"语文与生活"的通道至今并不顺畅，表现之一就是"学非所用，用非所学"的现象非常普遍。别说中小学生，就是大学毕业生走向社会，言语能力也往往难以适应，许多"语文功课"需要从头做起。如果教师能够顺应生活中的需要，把生活中的"言语方式"借鉴到语文学习中来，就能缩短语文学习与现实生活的距离，使语文充满生活气息，使生活富有语文情趣。

1. 现场解说。当今社会，现场解说的使用频率颇高，诸如赛场解说、产品推销、景点介绍等。模仿现场解说，引导学生现场观察、现场表达，对增加语文学习的情趣，促进学生言语能力的提高，是非常有效的。如某学校组织学生到公园春游。语文教师在本班学生休息时，让他们静静地站在假山上，环视四周，一边欣赏，一边描述见闻，既而指名当众进行"现象解说"。下面是一名同学的描述：春姑娘来到了人间，来到了公园，给公园披上了神奇的春装。草儿青了，柳树绿了，桃花红了。我校的学生正在这里春游，他们尽情享受着春天带来的快乐，公园里到处都是他们的欢声笑语。你看，两个调皮的男孩子，昂着头，挺着胸，迎着大路快跑，还时不时地伸出双手，他们一定是在感受春风的和煦吧；那边的一群女孩子，静静地躺在草地上仰望天空，哦，蓝天上有几只燕子正在自由飞翔呢；还有一群孩子，正在公园北边的开阔地上放风筝，天上飞着的是一只"老鹰"，正在上升的是一只"鸽子"，一只小小的"蜜蜂"也展开翅膀，赶上去了……

2. 现场争辩。生活中，常见人们三五成群地进行争论。有人于情、于理

本该占优，可因缺乏争辩能力，只能面红耳赤，张口结舌。为培养学生的争辩能力，教师可把生活中的"争辩"引入课堂，围绕教学目标，捕捉话题，引导学生展开辩论。如《小珊迪》阅读后，可这样引导他们进行争辩：①有人说如果小珊迪受伤后没有让弟弟送回零钱，那位先生就会责怪他了，你们说是不是？②如果珊迪没有受伤，他会用那一个便士购买食品，自己充饥，你们说会不会？为什么？

这样的争辩，不仅能促进学生阅读感悟的深入，而且能有效地培养学生思维的敏捷性、说理的透彻性、语言的流畅性等多种语文素养。

3. 应用作文。为拓展训练空间，丰富训练形式，使生活与作文有机联系，像会议记录、实验报告等文体，都可通过生活情境的捕捉和相关情境的创设，指导学生进行训练。而结合阅读教学，捕捉语言因素，指导相关训练，也是十分有效的。如阅读《日月潭的传说》时（苏教版第八册），教师要学生以"拯救日月挺身而出，千辛万苦无所畏惧"为上联补写挽联，并写上横批。再如，阅读《特殊的葬礼》时（苏教版第八册），教师让学生以课文为依据为菲格雷特总统写悼词；阅读《生命的壮歌》时（苏教版第八册），要学生为蚁国英雄写碑文……这些训练，对加深学生对语言的感悟，促进语言与精神的同构，是非常有效的。

第6节

多元解读的目标指向

多元理念对传统语文"标准化"的解读和评价模式产生了强有力的冲击。文本解读不再迷信权威，允许个人偏爱，鼓励独特感受；课堂评价不再由教师定夺，鼓励全员参与，主张自主评价。学生个体意识的觉醒，使课堂呈现出勃勃生机；学生个性能力的增强，使课堂充满色彩和活力。面对开阔的阅读空间、面对丰富的阅读内容、面对个性化的阅读感悟，教师必须头脑冷静，思路清晰，及时为学生把关定向，从而使多元解读始终沿着正确的方向前进。我们知道，中心的理解虽不是阅读教学的终极目标，却是情感熏陶、语言训练的重要依据。写文章，离开了中心，语言表达就失去了价值；读文章，离开了中心，阅读感悟就失去了活力。因此，实施"多元解读"，须以课文中心的感悟为焦点来确定教学目标，由此引导学生多角度地构建语言形象，多层次地感悟语言情感，全方位地体会文字魅力。

一、依据中心，明确形象多元构建的指向

将语言文字转化为语言形象，并感悟蕴涵在语言形象中的意义内涵和情感内涵，是语言解读的重要过程。然而，语言文字包含的形象太过丰富，我们没有可能、也没有必要去穷尽，教师可抓住语言形象与语言中心的联系点，引导学生由点辐射开来，进行充分的想象，为中心的感悟奠定基础。如《高尔基和他的儿子》中"给予是快乐的"内涵，看起来简单，但对四年级的学生来说，没有丰富的形象做支撑，他们的理解一定是抽象的。为此，教师可围绕"给予是快乐的"这一中心，引导学生构建形象。一是还原和拓展语言形象：想象孩子栽花的忙碌、花儿盛开的艳丽、父亲赏花的快慰——让学生在形象中感悟儿子靠劳动给了父亲快乐；二是挖掘和构建潜在形象：抓住信中的相关语言，引导学生想象岛上人赏花、赞花的情景，儿子收信、读信的情景——让学生在形

象中感悟儿子靠劳动给了许多人快乐，也给自己带来了快乐；三是延伸和构筑相关形象：抓住信的内容，引导学生想象自己"某时、某处通过某事"给别人带来幸福的事——让学生在形象中感悟"给"永远比"拿"愉快。这样围绕中心，通过还原、拓展、延伸，就形成了丰富形象，从而为学生具体感悟中心提供了条件。这样的形象构建不仅是丰富的，而且是富有活力的。

二、依据中心，明确情感多元感悟的指向

"工具性和人文性的统一，是语文课程的基本特点。"（《语文课程标准》）重视文本的价值取向，尊重学生的独特感受，目的都在于提升学生的精神境界，完善学生的语言系统，发展学生的个性品质。但是，实施"多元解读"，须防止片面"鼓励"而忽视文本价值导向，一味独特而偏离情感目标的问题。要在学生大胆陈述见解，充分表达情感的基础上，进行文本价值的正确引导。如人教版义务教育小学语文第八册《五彩池》的教学中，教师引导学生欣赏了五彩池的图片，在结合课文描写，充分体会了五彩池瑰丽的色彩后，一名学生突然提问："五彩池能游泳吗？"教师这样引导：

师：请同学们仔细读读课文，五彩池到底能不能游泳？

生：我认为不能，因为"池底生着许多石笋"。我见过石笋，长长的、尖尖的，在这样的池里游泳会有危险，脚容易被刺破。

生：五彩池根本不能游泳。文中说大的面积不足一亩，水深不到三米；小的呢，比菜碟大不了多少，水浅得用手指就可以碰到它的底。这样的池怎么能游泳呢？

生：（不少学生都情不自禁地在下面应和）是的！

师：你很会读书，大家同意他的观点吗？

生：同意！

师：（面对提问的学生）现在，你还想去游泳吗？

生：（不好意思地笑笑）不想了。

师：还敢吗？

生：（用手摸着头，有点难为情地）不敢了。

面对美丽的五彩池，学生想在里面游泳，其想法是真实的。然而，在如此奇丽的风景区游泳显然不妥，教师便尝试通过对话让学生明白其中的道理。而结果铭刻在学生心中的却不再是美的向往，而是无奈的回避——五彩池有尖尖

的石笋、石钟会刺破脚。本来通过教学，要让学生充分感受五彩池的美丽，并由此产生赞叹、向往之情，结果却适得其反。如果教师能深明课文的人文内涵，就无须带学生"转弯抹角"地浪费时间，而是一句话解决问题：是啊，这么美的五彩池，能在里面游泳真是一种享受。如果真的让你去游泳，你舍得下去吗？为什么？此时，学生可能就会恍然大悟：这么美的五彩池，谁舍得跳下去呢？这样，五彩池留在学生记忆里的就是永远的美好和向往。

三、依据中心，明确情理多元理解的指向

让学生在阅读中受到情感的熏陶、情理的启迪，是语文学科的人文性所决定的。因此，实施"多元解读"，要通过空间拓展和背景开阔，引导学生真切地感受情感、具体地感悟情理。既要防止画地为牢，拘泥于中心，限制学生思维；又要防止信马由缰，随意发挥，不顾中心，忽视文章的价值导向。要引导学生反复阅读，深入感悟，大胆发表见解，形成独特感受。在此基础上，再引导他们综合分析，正确辨别。既要保证他们独特感受的合理性，又要保证他们独特感受的指向性。如阅读《一路花香》时（苏教版第七册），在学生整体把握课文内容后，教师要学生发表意见，叙谈感受。从好水罐的角度，学生发表了这样的见解：一个人无论有多大本领，都不能骄傲；一个人的本领毕竟是有限的，如果没有挑水工的辛勤劳动，好水罐也是没有用的。从破水罐的角度，学生谈了如下见解：人不可能十全十美，无论是谁，只要扬长避短，总能成功；一个人既要看到自己的长处，又要看到自己的短处。看到长处，就要坚定必胜的信念，勇于战胜困难；看到短处，就要不断告诫自己，山外有山、天外有天。从挑水工的角度，学生发表了这样的看法：在用人上，要知人善任，用其所长，避其所短；在教育上，要循循善诱，耐心启发。在此基础上，教师让学生综合各方面的意见，说说作者写这则寓言的主要目的。这样，学生对寓意的理解就不仅全面，而且深刻；不仅合理，而且真切。

四、依据中心，明确语言多元品味的指向

"语言文字——思想内容——语言文字"，是阅读教学中必须经历的一个来回，前者在于理解语言内容，后者在于领悟语言技巧。因此，在理解内容、领悟情感后，教师须让学生在语言内容与语言形式的联系探究中，深入领悟语言

情感，具体感悟语言规律，逐步形成理解和运用语言的能力。可见，实施"多元解读"，不仅要注重语言形象的多元构建、语言情感的多元感悟、语言意义的多元理解，还要切实重视语言文字的品味。

　　品味语言，须将语言的品味与情感的表达有机融合。否则，语言品味就失去了依附。如《古井》（苏教版第七册）中有这样一句："这口井什么时候修成的，已经没有人能够说清楚了。只有井口那些被井绳磨出的一道道深深的印痕，记载着它的年龄。"这一段蕴涵着丰富的形象和情感，但学生在阅读中往往容易忽视。一名教师这样引导：从这一段你能感受到什么，你是怎样理解的？学生有的说："我感受到井的古老，因为这口井是什么时候修成的，已经没有人能说清楚了，不仅文中的'我'不知道，父辈们不知道，就是祖辈们也不清楚。"有的说："我也感受到井的古老，井口已经被井绳磨出了一道道深深的印痕，不是一道而是一道道，不是浅浅的而是深深的。没有漫长的时间，印痕是难以形成的。"如果品味到此为止，那语言品味与中心感悟就会缺乏联系，品味也就失去了意义。为此，教师这样引导：作者为什么着力于"古老"这一特点的叙述？以引导学生把品味的目标指向中心的感悟，使其明白：作者写井的古老，目的在于突出井对人类的贡献。这么多年来，这口井就是这样默默无闻地为人们服务，勤勤恳恳地为人们带来甜美和快乐，没有向人们索要一点报酬。这样，语言就在品味中显现出了生命活力。

第 **7** 节

多元解读与独特感受

··

　　文本作为作者独特思想和体验的载体，它的价值和内涵的发掘，在语文教学中占有极其重要的位置。面对同一文本，不同的主体会赋予同一对象不同的意义和理解，这就是人们解读文本时形成的独特体验。"多元解读"的实施，为学生独特体验的形成创造了条件，这是可喜的。但是，文本语言既存在明显的"不定性"，也存在鲜明的"规定性"，"多元"和"独特"只能在"作品视界"的范围内，超越了这个范围，只能走向盲目，陷入误区。"一千个读者就有一千个哈姆雷特"，然而总还是莎士比亚所描写的哈姆雷特。可见，在弘扬"多元解读"主旋律的同时，还必须处理好"价值导向"与"独特感受"的关系，使"多元解读"这一新理念在实施中保持应有的张力。

一、借独特感受促使文本价值取向显化

　　教材所选课文，多是文质兼优的佳作，它负载的是人类几千年文化遗产的精髓。这些文章不仅承载着文化传播的任务，而且负担着提升学生精神境界的任务。教师应充分发挥文本潜在的价值导向，让学生在学习中，获得语言和精神进一步发展的一个个支点。而从教学现状看，不少教师为追求"独特感受"，多把重点放在启发学生自读感悟上，而对于着眼什么，着力何处，关注不够。结果是教师跟着学生走，学生跟着感觉走，使文本价值在低效的运作中丧失，这实在是对"尊重独特感受"的误解。可见，文本的价值取向是学生独特感受的重要依附，学生的独特感受必须以文本价值为先决条件。要想求得它们的和谐统一，教师须在与文本进行对话、整体认识教材的基础上，选择语言与精神结合的重点，以此为主要依据，引领学生深入地阅读，借学生的独特感受去显化文本的价值取向。请看一名教师教学《九色鹿》的片段：

　　师：（扮国王）什么？国王非常惭愧？我怎么不觉得，我惭愧什么啊？

生：与小人一起滥杀无辜，还不惭愧吗？

师：我为什么不能滥杀无辜？

生：您真是一个昏君！（众笑）如果您滥杀无辜，人们就不信任您，就要推翻您。

生：如果您为所欲为，滥杀无辜，老百姓就没有好日子过。到时候就要找您算账，您还做什么国王呢？

师：这个我明白了，那我为什么不能和小人在一起呢？

生：您和小人在一起，就会乱了朝纲，也就是乱了朝廷的规矩。

师：我和小人在一起，就一定会乱"朝纲"，乱了朝廷的规矩。反正我是国王，乱就乱了吧！

生：小人说话不算话，不讲信誉，而他们竟然得到重用，那谁还会相信您和您的官员？

生：调达见利忘义，九色鹿救了他，他还出卖九色鹿。您和这样的人在一起，听他的话，那么好人都会被整死，老百姓就会发火，想干掉你，所以才会有刺客，如荆轲。（众笑）

生：在调达眼里，只要有钱，什么都可以用来交换。您和这样的人在一起，您的钱，不，国家的钱就会流进小人的钱包，国家的法律和规范都会不灵，那国家就会乱了套。

师：可是，我先前贴皇榜重赏的啊！别人会不会说我说话不算话。

生：不会的，别人只会说您伸张正义。

生：不会，先前您不知道九色鹿这样善良，也不知道调达是个小人。如果您知道了还贴，那是您不对。但现在您知道了，所以必须改正，否则就是一意孤行，知错不改。

师：你们这么一说，我这个国王的确应该感到惭愧。

上述案例中，教师通过一连串有悖常理的诘问，促使学生和国王进行深度对话，从而带来了连续不断的精彩生成：学生或无拘无束，进行大胆指责；或真心诚意，进行耐心劝解；或引经据典，进行推理论证。从学生的发言，可以看出他们对文章的深层感悟："见利忘义""不守信誉"者是卑鄙小人，一个为民着想的国王切不可"与小人为伍"，不可"滥杀无辜"。在这里，教师通过有悖常理的反诘，激起了学生挑战的天性，促进了学生对语言、甚至是对生活的感悟，培养了孩子们初步的哲学头脑。

二、以独特感受带动文本价值取向生长

语言作品的价值取向，是与作品产生的时代紧密相关的。因此，作品背景是人们感受作品价值取向的重要依据。唯有如此，我们对作品的思想内涵的感受才可能是准确的。但从接受美学的观点看，作品的意义除了表现人类共通的较为恒定的美好思想和情感外，它也会随着时代的进步、社会的变化而发生一定变化。一旦它不能跟上时代发展，就会因其生命力的耗尽而消亡。文本的价值取向必须是进步的、发展的、多元的。可见，在阅读教学中，无论是舍弃文本价值取向而一味追求"独特"，还是不顾时代发展而固守"文本"，都是有一定偏颇的。正确的态度应该是在凸显文本价值取向的同时，进行拓展延伸，以学生的独特感受促进文本价值取向的生长。请看《秦兵马俑》的教学片段：

师：同学们，读了课文，我们好像身临其境，看到了享誉神州的珍贵历史文物——秦兵马俑。看到这些惟妙惟肖的兵马俑，你认为我们最应该感谢谁？

生：我认为最应感谢的是第一个发现秦始皇兵马俑陶片的农民。否则，兵马俑就可能一直沉睡在地下，我们就没有可能看到它。

生：我最想感谢秦始皇，因为没有他，就不可能有如此浩大的工程，自然就不会看到这兵马俑。

生：我认为最应该感谢的是这篇文章的作者。以前，我们只听说过有兵马俑，但没有亲眼目睹。是作者的这篇文章把我们带到了现场。

生：我认为最应感谢的是古代那些制作兵马俑的劳动人民。没有他们，哪有什么兵马俑呢？

师：大家说得都有道理。如果我们要给这些原因排排队的话，你认为该怎样排呢？

生：我认为，首先还是应该感谢古代劳动人民，没有他们，秦始皇去发动谁实施这一工程？没有这一工程，那位农民到什么地方去发现兵马俑的陶片？没有农民的发现，兵马俑怎会重见天日？兵马俑不能重见天日，作者怎能写出这样的文章？

无可否认，前四名学生的发言都是他们心灵世界的展现，可谓他们的独特感受。但如果仅有前三名学生超越文本的独特，而缺少第四名学生对文本价值的解读；或者只有对文本价值的解读，而缺少其他三名同学超越文本的独特，教学效果都将大为逊色；而如果没有教师点拨引导下第五名学生的综合梳理，

效果也会大打折扣。

可见，提倡尊重和珍视学生的独特感受，就必须以突出文本价值的取向为前提，以个性化感悟促进文本价值的生长，坚持双方的有机结合。

三、让独特感受接受文本价值取向甄别

尊重学生的独特感受，既表现为对"精彩"的赞扬，也表现为对"偏差"的点拨。不少教师把"尊重"与"赞扬"画等号，把"尊重"与"纠错"相对立。对学生认知中的问题不去引导，甚至对认识的偏差也置若罔闻。这是教学的严重偏向。语文学科的人文价值，在于使学生树立正确的思想、信念，提升其精神境界、文化品位和审美情趣。由于阅历和认识能力的限制，学生在语言解读中认知和情感出现偏差不足为奇，在追求独特感受的今天，"偏差"出现的频率更会相对增加。对此，教师须及时发现，巧妙点拨，正确引导，让学生的独特感受接受文本价值取向的甄别，从而把语言系统的丰富与精神境界的提升融为一体。如阅读《卢沟桥的烽火》一文中"守桥部队严惩敌人"这部分内容后，教师让学生谈感受，学生有的为我军严正拒绝敌人进宛平县城搜查感到畅快，有的为我军勇敢还击感到振奋，有的认为对日寇就该针锋相对、以牙还牙……但一名学生却说："如果敌人真有士兵失踪，我们为什么不让他们去搜查呢？如果让他们进城搜查，不就可以避免这一事件吗？"此见解与众不同，可谓独特，但它明显反映出该生对语言理解的浅显和情感感悟的错误。若不加以引导，学生不仅难以准确而深刻地理解内容，而且难以正确而深入地感悟情感，甚至会造成是非的混淆。此刻，教师没有简单纠错，而是先肯定了他敢于发表见解的精神，然后引导大家反复阅读，深入理解，发表看法。学生大胆陈述了见解：

"我认为日寇根本没有士兵失踪，如果真的失踪了，他们可在白天与我们交涉，为什么要在晚上呢？为什么还要偷偷摸摸的呢？这说明他们心中有鬼。"

"敌人肯定没有士兵失踪。如果失踪了，为什么要全副武装地与我们联系呢？可见，他们说士兵失踪是寻找借口，蓄意挑衅。"

"我认为他们是在耍阴谋。你的士兵失踪了，向我们查询，态度应该温和，为什么要气势汹汹呢？他们是要故意激怒我们，这是蓄意挑衅。"

……

在此基础上，教师又追问道："如果真有士兵失踪了，我们该不该让他们

进城寻找?""如果我们不严词拒绝,事情结果会怎样?"这样,学生就深刻地探究了语言,深切地感悟了情感,认清了鬼子的真实面目。

可见,独特感受一定要以文本的价值取向为导向来进行甄别,对独特感受的鼓励与呵护,绝不是对真与假、善与恶、美与丑等是非问题的含糊其辞。在语言解读中鼓励学生的独特感受,教师始终要保持清醒的头脑,对于错误要引导学生纠正,对于模糊之处要引导学生澄清。这样,才能在发展学生语言和思维能力的同时,培养学生正确的思想、信念和审美能力,达到丰富语言与提升精神的和谐统一。

四、使独特感受循着文本价值取向升华

语言解读中,无论是语言形象的构建还是语言意义的探究,无论是语言情感的感悟还是语言艺术的探究,答案都不是唯一的,而是丰富的;即使答案唯一,答案的展示形式又往往是多样的。当前,许多教师在阅读教学中,已经不再满足于参考给定的、预设的、人们公认的所谓"标准答案",而是经常启发学生换一个角度来思考,变一个角色来感受。这是可喜的。但珍视学生的独特感受,既要追求答案的丰富多彩,又要防止解读的过分发散;既要追求答案的灵活多样,又要防止浅层的机械重复;既要追求答案的大胆开放,又要防止评价的良莠不分。

由于文章是作者语言与精神同构共生的产物,语言形象的勾画、语言内涵的揭示、语言艺术的使用,都是为情感表达服务的。因此,引导学生解读语言,可以情感为主线,即以文本的价值取向为依据,对学生的独特感受进行处理。既重视引导学生以积极的思维,通过细心的解读去寻求丰富多彩的答案,防止答案中的"泡沫现象";又要引领学生以整体的观念,通过系统的梳理去提高答案的整合性,以防止答案的"零碎杂乱"。如《只拣儿童多处行》中有这样一句:"那几棵大海棠树,开满了密密层层的淡红的海棠花,这繁花从树枝开到树梢,不留一点空隙,阳光下就像几座喷花的飞泉……"这段话是课文的语言内容、语言情感、语言艺术的聚焦。一名教师引导学生细读句子,畅谈感受:学生有从语言内容上谈的,有从语言形式上谈的,有结合上下文和课外阅读来谈的……感受是丰富多彩的,表述是各不相同的。但如果就此打住,那这些丰富多彩的答案就是表面的、零碎的、浅层次的。在学生充分发表见解后,教师继续引导:"从大家的答案中,你知道我们可以从哪些角度来感受?"

引导学生对上述答案进行整体梳理，从而使学生明白：从情感上看，这段话表达了作者对花儿的喜爱、对春天的喜爱、对孩子的喜爱；从语言形式上看，作者把开满花儿的海棠树比作喷花的飞泉，蕴涵丰富，海棠树与喷花的飞泉形态是相似的，颜色是相近的，内涵也是相似的——喷泉释放她潜藏的能量，海棠树展示她蕴涵的生机。这样引导，就能以情感为重点启发学生多向感悟、独特感受、整体梳理，不仅提升了学生的精神境界，发展了学生的语言能力、思维能力，而且有效地培养了学生科学的思维方法。

多元解读的课堂调控

"多元解读"的教学情境充满张力和复杂性，这种张力和复杂性主要体现在学习情境的开放性、学习形式的多样性、学习反馈的即时性上。由于人生经验和学识资本的不足，学生在学习活动中信马由缰、不由自主的现象随时可能出现，在阅读感悟中浅尝辄止、出现偏差的现象也经常可以碰到。面对开放复杂的教学情境，教师要有清醒的头脑，综观全局，强化目标意识，重视教学调控。"预设"不当的要即时调整；"内存"欠缺的要给予补充，"火候"不足的要帮其调足，"思路"受阻的要给予疏通……使教学双方不断克服由于自身认识局限性所导致的主观偏差，使学生的思维进一步聚合到主题上来。

一、调整：切近教学实际

课堂的不可测因素很多，在预设的实施中总可能会遇到意外，或者是预设超越了学生的认识能力，学生力不从心；或者是预设未能顾及学生的认知特点，学生不感兴趣；或者是预设滞后于学生的实际水平，教学缺乏张力。不管遇到上述什么情况，教师都需对预设进行调整，使预设贴近实际、贴近课堂、贴近学生。

如《夜晚的实验》（苏教版第七册）教学前，一名教师设计了表格，想借此引导学生把握内容，进行语言转换的训练。但课前发现学生对下发的表格不感兴趣，便及时调整方案，通过现场采访来趣化教学形式，融合训练内容。

一上课，教师就一本正经地说："同学们，今天老师想带大家跨越时空，走向200多年前，去了解一次具有划时代意义的夜晚的实验；去见识、去采访、去认识一位伟大的科学家——斯帕拉捷，与他进行平等对话，进行心灵交流。"

听说要认识古代科学家，学生都表现得兴致勃勃。教师马上提醒道："要与斯帕拉捷对话，首先需要把课文读通、读好，准备好采访的问题，作好应对的准备。"很快，学生都全身心投入了阅读。

初读感知后，教师引导学生依据课文内容，进行质疑问难，确定采访话题；再进行想象拓展，预备应答话题。接着便引导他们进一步阅读思考，深入探究：如果你是斯帕拉捷，该怎样回答上面的问题？如果你是记者，对斯帕拉捷的提问该怎样应答？

学生细读探究后，分四人小组进行"对话"，两人充当科学家，两人充当记者，"科学家"尽力回答"记者"的提问，"记者"尽力向"科学家"介绍情况。此后，指名让学生登台，一会儿当记者，对斯帕拉捷（其他学生）进行采访；一会儿当斯帕拉捷，对记者（其他学生）进行询问。

这样调整，使课堂发生了根本变化，学生兴趣浓了，参与意识强了。这样，以推理为重点的思维训练，以转换为重点的语言训练，以形象为重点的内涵感悟，都得到了动态生长。

二、中断：确保思路贯通

在"多元解读"的课堂中，学生的学习有时会随探究空间的拓展而渐离学习目标，造成原有思路的中断。因此，一旦发现学生的学习探究出现信马由缰的现象，教师就应立即想法促使他们言归正传。如阅读《公仪休拒收礼物》时，教师让学生朗读管家送鱼和公仪休拒鱼时的对话，既而引导：管家和公仪休说的都是真话吗？你能从中感受到公仪休的什么特点？通过讨论，学生明白，两人的话都有真有假。教师便让他们说出真在哪里，假在哪里，以帮助他们理解人物的言外之意、弦外之音。在此基础上再引导他们比较两组句子：

第一组：

①大人，我家主人想求您办点儿事，特叫小人送两条活鲤鱼，给大人补补身子。

②大人，我家主人说，您为国为民日夜操劳，真是太辛苦了！特叫小人送两条活鲤鱼，给大人补补身子。

第二组：

①谢谢你家大人的盛情，可这鱼我不能收哇！我知道你家大人是想叫我办事了，因此，我不能收。

②谢谢你家大人的盛情，可这鱼我不能收哇！你不知道，现在我一闻到鱼

的腥味就要呕吐。请你务必转告你家大人。

通过比较，学生感受到主人的别有用心和公仪休的聪明机智。此时此刻，学生都在谈论主人的狡猾和公仪休的机智，而偏离了原有目标。教师便及时引导：一个狡猾、一个机智，你们从中到底感受到了什么呢？这样，学生就在对人物语言的深入探究和有机联系中，具体形象地体会了人物说话的技巧，并在说话技巧中感悟到主人的心怀叵测和公仪休的针锋相对，进而总结出了公仪休的清正廉洁。

三、点拨：及时矫正偏差

由于认识理解能力的限制，学生的语言理解和情感感悟易出现偏差，而这种偏差在"多元解读"中更为常见。及时有效地捕捉偏差，有的放矢地进行矫正，促进学生对语言的正确理解和情感的深入感悟，是提高"多元解读"效果的重要环节。为此，教师要善于察微观细，及时发现偏差，采取相应对策，引导学生矫正：或提示思路，为学生导向；或运用归谬，促学生顿悟；或引导反思，让学生领悟……从而使学生始终沿着正确的方向进行学习研究。如阅读《一路花香》时，在自读课文、把握内容后，教师要学生说说感受。有的学生说："我觉得好水罐不如破水罐，因为破水罐既运了水，又浇了花，功劳比好水罐还大。"这表明学生对课文缺乏全面的理解。为此，教师这样引导：文中水罐的本职工作是什么？在什么情况下挑水工夸它？夸破水罐是不是意味着对好水罐的否定？通过讨论，学生明白：运水是水罐的任务，好水罐在自己的岗位上尽心尽力，是值得称道的，只是它不该骄傲。破水罐有缺陷，但挑水工考虑它的特点，发挥它的特长，使它与好水罐一样，为人们作出了贡献。由此可见：人要正确认识自己，发挥聪明才智。自己条件优越，要充分发挥优势，不能骄傲；自己条件不够，要善于扬长避短，不能自卑。这样，寓意的理解就全面了。

四、抛出：借助学生解围

在"多元解读"的课堂中，学生往往有说不尽的困惑、问不完的问题，而其中不少问题都会令教师始料不及，难以招架。这是好事，教师切不可因问题刁钻，难以解决而敷衍了事；更不可因问题乖僻，而自乱方寸，迁怒学生。有效的办法是通过对问题的权衡，分别采取有针对性的措施。如问题与教学目标关系不大，可坦诚相告，让学生课后共同去研究；如问题与教学目标关系密切，可当即抛给学生，让他们来为老师解围，同时也为自己赢得思考时间。如《诚实和信任》的阅读中，一名学生突然提出这样的问题："老师，我觉得文中的'我'不完全信任小红车的主人。如果信任，为什么要让他寄购货单据呢？"学生的问题确实有道理，如果信任对方，只要在电话里一问就行，无须对方寄购货单据。说实话，教师钻研教材时确实没想到这一问题。看着该生疑惑的神色，再看其他不少同学也同样不解，教师简单思考后，并没有形成让自己满意的答案，而后面听课的老师已开始窃窃私语。看来，仅靠教师单枪匹马来解决已无济于事，于是教师灵机一动，把问题抛给了学生：

师：这位同学读得真仔细，提出了这么有探讨价值的问题，不简单！这个原因能不能说明"我"对对方不信任呢？还请大家发表一下看法。

（学生有的静默沉思，有的私下议论。一会儿便有人举手）

生：我认为不是文中的"我"不信任小红车的主人，可能西方国家有这个习惯，以购货单据作为付款依据。

师：有道理，西方文化与我们国家许多地方就是不同，这可能就是其中的一点吧！

生：课文中的"我"，驾驶的可能不是私家车，赔偿是要报销的。口说无凭，因此，要向对方要单据。

生：我想汽车肯定投了保险，虽然问题不大，但保险公司要按规矩赔付，所以要对方寄单据。

生：我觉得不是课文中"我"不信任对方，从与对方的通话中，"我"已经感受到对方的通情达理。"我"担心的不是对方会多说，而是担心他不肯把真实的价钱告诉"我"，随便说一个比实际价钱少的数字，如果这样，"我"心里一定很不好受。因此，要对方把单据寄来。（教室里响起了热烈的掌声）

师：你想得真周到，能提出这么令人信服的理由，实在不容易。

此刻，到底为什么要寄单据已经并不重要，重要的是学生自己发现了问题，自己解决了问题。由此可见，在多元解读中，面对学生提出的冷僻的、教师难以应对的问题，可以及时地把问题抛给学生，让大家共同来讨论，这不仅是必要的，而且是有效的。

五、巧用：引领学生争辩

在"多元解读"的课堂中，学生思维活跃，思路开阔。面对同一个问题，他们能够发表不同的看法，陈述不同的见解。有时，他们的见解往往彼此格格不入，针锋相对。如果怕课堂出现混乱，要求学生静听老师讲解，又势必会影响学生的学习热情，也难以保证问题的真正解决；如果仅图省事，要求学生听候老师仲裁，又势必会挫伤学生的探究热情，难以保证让学生心悦诚服。因此，一旦课堂出现"两军对垒"的情况，教师不能简单仲裁，而应抓住契机，捕捉矛盾，制造"事端"，引导争辩。这样，不仅能求得对问题正确而深入的理解，而且能培养学生良好的思维品质和自主的探究精神。请看《穷人》的教学片段：

生：从抱孩子这件事上，我感受到桑娜"宁可自己吃苦，也要帮助别人"的可贵品质。

生：我并不这样认为，既然桑娜是一个"宁可自己吃苦，也要帮助别人"的人，为什么抱回孩子后那么慌张，那么害怕？

师：你善于思考，善于发现问题，不错！是啊，我也觉得桑娜的态度不够坚决。大家有什么看法？请联系课文谈谈自己的见解。说"坚决"也好，说"不坚决"也好，总得摆事实、讲道理，让人心服口服。

生：我觉得她不是十分愿意把孩子抱回家。要是我，既然抱回来了，就该坦然自若，高高兴兴的。

生：我认为她的态度是坚决的。当她发现西蒙死了，便马上"用头巾裹住睡着的孩子，把他们抱回家"；虽然她"不知道为什么要这样做，但是她觉得非这样做不可"。

生：既然这样，她为什么要那么慌张呢？你既然知道自己做了一件值得做的事，就应该从容地面对一切，为什么还要这样惊慌呢？

生：我觉得你是站着说话不腰疼。（笑声）你想想看，桑娜家生活那么艰难，这么恶劣的天气，丈夫竟然要冒着生命危险出海打鱼。她自己家中已有五个孩子，吃的只有菜和鱼，孩子不论冬夏都光着脚。再加上两个孩子，这生活还怎么过，她难道不要考虑吗？因此，我觉得她态度是很坚决的，只是生活所迫，她不可能那样理直气壮。

生：我觉得不至于吧！（笑声）孩子已经抱了回来，你慌张有什么用呢？

我看与其这样慌张，还不如镇静地面对现实。她这么慌张是担心自己挨打。

生：话不能这么说。（笑声）孩子抱回来了，虽然她担心丈夫可能会揍她，但她认为"揍我一顿也好"。为什么桑娜神色慌张，心里害怕呢？这是因为她想到：家里有五个孩子时生活就很艰辛，再抱回两个孩子能养得活吗？她真是担心，况且，这么大的事儿，她事先没有征得丈夫的同意。

生：我认为，桑娜虽然是慌张的，但态度是坚决的。虽然生活艰难，但她把孩子抱回来了，而且宁可挨丈夫的打也要把孩子留下。课文这样描写，具体而真实、形象而逼真地再现了桑娜抱回孩子后的心理，突出了她"宁可自己吃苦，也要帮助别人"的可贵品质。

读着上述案例，我们好像置身于学生辩论赛场，孩子们那严密的说理，叫人深信不疑；那热烈的气氛，令人心情振奋……经过紧张激烈的争辩，学生不仅对语言的内涵有了深刻的理解，对语言的情感有了深切的感受，而且他们的语言组织能力、现场交际能力、问题阐述能力，都得到了充分的发展。

六、开掘：确保思维深度

在多元解读中，学生一般青睐于思路的拓宽和背景的拓展，而面对拓展了的阅读空间和拓宽了的阅读背景，他们往往浅尝辄止，语言理解浮于表面，情感感悟缺乏深度。可见，实施"多元解读"，就必须重视思维广度与思维深度的融合，把思维广度作为思维深度的条件，把思维深度作为思维广度的指向，引导学生对众多材料进行系统梳理、综合处理、深入掘进，把他们的思维引向纵深处。如《狼和小羊》以"说完，狼就向小羊扑去"结尾，给学生留下了广阔的想象空间。为加深学生对寓意的理解，教师可这样引导：狼往小羊身上扑去的结果会怎样？对此，学生可能发散出多种结果：可怜的小羊被凶恶的狼吃掉了；小羊猛地一躲，狼没有提防，扑进水里淹死了；在危急关头，来了一位猎人，打死了狼；小羊想办法，用尖尖的角把狼顶进了河里……在此基础上，可继续深入引导：你们认为上述结果哪种比较合理？虽然教学对象是二年级学生，但只要引导得当，学生就会明白：最合理的是第一种，它能激发人们对狼的痛恨和对羊的同情，并使人们从这个可悲的故事中明白所蕴涵的道理；而其他情境都是特殊情况下的结果。这样把发散与集中有机结合，就能保证学生思维的深度。

第六章

寻求平衡：追求语文学习境界

　　《语文课程标准》指出："语文是最重要的交际工具，是人类文化的重要组成部分。工具性和人文性的统一，是语文课程的基本特点。"这一表述，使语文课程特点这一长期争论不休、悬而未决的问题得到了解决。但我们必须看到，语文的课程性质虽在理论上有了定论，但如何实现"工具性和人文性的统一"，对不少教师来说，仍是个难题。反思我国的语文课程改革，每次失误的主要症结不在改革本身，而在人们认识的片面和肤浅，行为的过激和盲从。"矫枉过正""物极必反"，真理再多前进一步就会变成谬误。也许《中庸》中的"极高明而道中庸"，正是新一轮课程改革的要诀——寻求平衡，在平衡中深化，在平衡中突破。说得直白些，平衡就是不要绝对化，不要形式化；说得哲理些，课程改革要进入关系范畴的研究，把握各类关系的和谐。引领学生拥抱语言，就必须切实处理好"语言与精神""知识与能力"等诸方面的关系，寻求各类关系的平衡协调，追求语文学习的和谐境界。

语言与精神的和谐同构

所谓工具性和人文性的统一就是说，语文教学既要完善和丰富学生的精神世界，又要优化学生的语言系统，两者必须统一在同一过程中，实现语言与精神的和谐同构。研究表明，语文教学，若离开了情感因素，语言系统的丰富就会缺乏生机活力；若舍弃了语言学习，精神境界的提升便会成为空中楼阁。从教学现状看，提到"语言训练"，有人就认为会忽视语文的人文性，而使教学陷入"机械拼装"的"文字游戏"的怪圈；提到"情感熏陶"，有人就认为会忽视语文的工具性，而使教学陷入"空洞说教"的"品德教育"的误区。其实，这就是没有把握好"语言训练"与"情感熏陶"的平衡。《语文课程标准》指出："应让学生在主动积极的思维和情感活动中，加深理解和体验，有所感悟和思考，受到情感熏陶，获得思想启迪，享受审美乐趣。"为实现语言发展与精神提升的统一，就必须带学生走进教材，以课文情境和情感、作者情感和情思、课堂情境和情趣，去撞击学生心灵，从而激起学生的精神共鸣，增强他们的情感体验，使他们在语言学习中得到言语的发展和情感的陶冶，使双基的扎实与情感的熏陶成为有机的统一体。

一、借助情感诱发，促进语言与精神的和谐同构

在现实生活中，遇到令人感动的人物和场景时，学生也会和成人一样情感涌动、言语飞扬。因此，在阅读教学中，教师可想方设法使语言文字转变成鲜活的情境，并引领学生走进情境，去亲历事情、感受场景、见识人物，以拨动他们情感的琴弦，引发他们涌动的情思，诱发他们心中的语言，达到精神提升与语言发展的统一。如《听爷爷说汉字》一文没有精彩的情节，为挖掘语言的情感因素，使学生受到情感的熏陶，得到语言的发展，一名教师这样导入："同学们，如果你身居国外，面对的是陌生的人群，听到的是陌生的语言，有

一天，你在街上散步，突然看到一个霓虹灯闪烁着一行汉字。此时此刻，你心情怎样？"让学生在孤独寂寞的情境中去感受祖国语言——汉字给自己带来的温暖和慰藉。学生有的说："看到汉字，我好像回到了祖国母亲的怀抱，看到了祖国妈妈的笑脸。"有的说："看到汉字，我仿佛看到了家乡无边的田野、弯弯的小河；好像看到了自家温馨的房间、妈妈慈祥的笑脸。"就这样，教师巧妙设疑，有机联系，使学生全身心进入了课文的情境中。在学生自读课文，了解了汉字的特点，感受了汉字的神奇后，教师又引导他们抒发自己对汉字的感受。有的学生说："汉字是中华民族智慧的结晶，是我们的骄傲和自豪。"有的说："汉字的博大精深，是任何民族的语言都不可比拟的。从小小的汉字中，我深深地感受到中国人民的聪明才智。"有的说："在人类文字的宝库中，汉字如同一颗璀璨的明珠，放射出耀眼的光芒，折射出中国人的聪明才智。"这样引导，就做到了语言与精神的同构。

二、进行角色转换，促进语言与精神的和谐同构

要达到语言和精神的和谐同构，还须以有效的方法让学生充当角色，让他们亲身去经历、去感受。有些课文，情感隐含比较深，学生难以领悟。对此，教师可通过教材的活化，引导学生充当角色，去经历生活、参与活动、舒展心灵、张扬个性、放飞语言，以得到语言训练和情感熏陶的双重收获。如阅读《世纪宝鼎》（人教版第十二册）时，在学生初读课文，了解"世纪宝鼎"的样子和内涵后，教师引出了"设计者、铸造者、赠送者、介绍者"等诸多鲜活的角色，并联系课文引导学生明晰了各角色的职责，又以"如果你是其中的角色，国家领导人亲自接见了你们，把为联合国准备礼物，表达我国政府和人民对联合国、对世界人民良好祝愿的任务交给了你们，你心情怎样"加以引导，并让学生自由选择角色，依据课文，揣摩不同角色的行动："设计者"精心选择礼品、精心设计造型；"赠送者"精心考虑语言、准确表达情感；"介绍者"有序介绍外观、逐步显化内涵……既而引导学生进行角色交流。这样，就能变语言的学习为情境的参与，变语言的阅读为精神的活动，就为学生参与现实生活提供了实验园地，为他们展示精神世界提供了情感场所。学生带着这样的情感去参与情境活动，去阅读探究课文，感受岂能不深呢？请看"设计者"的陈述：

我在"世纪宝鼎"设计成功后的今天，向大家介绍设计过程，真有一种说

不出的快慰和自豪。接到国家交给我们的为联合国 50 周年庆典设计礼品的任务，我激动得几天睡不着觉。向联合国赠送礼品，不仅要能表达良好的祝愿，还要能展示国家的形象。对苏州刺绣、杭州丝绸、景德镇陶瓷等工艺品，对书法、名画等，我们都有过考虑。有一次，我到大街上散步，想去寻找灵感，在市建行大厅内，看到了鼎，我不禁眼睛一亮。是啊，"鼎"在远古时候，是中国先民的一种炊具，后来又发展成为礼仪用具。从成语"钟鸣鼎食"和"一言九鼎"就可看出鼎在中国古代社会生活中的独特地位。而且鼎作为一种重要礼物，象征着团结、统一和权威，代表着和平、发展和昌盛。因此，以鼎作为礼物，不仅意义深远，而且可露天放置，供众多人参观，使它产生更大影响。你们看，最终定型的就是今天出现在你们眼前的鼎。依靠自己的努力为祖国争得荣誉，我们感到无比自豪。谢谢大家！

　　虽然"设计者"和其他诸多角色在"成果展示"中，都较多地引用了课文语言，但这不是简单的移植，更不是机械的套用，而是融入精神活动后的自由选择和自由组合。这样，原有的课文语言就转换成了他们自己的言语作品，变成了他们语言和精神同构的心灵成果。

三、引发精神生活，促进语言与精神的和谐同构

　　语言与精神和谐同构，就是要给学生语言的发展和精神的提升创造一个"场"，让这个"场"去激起学生心潮的涌动、心灵的颤动和情感的奔涌，使学生产生不吐不快，非吐不可的心理状态，从而借助合适的语言外化涌动的心潮、放飞震撼的心灵、抒发奔涌的情感。由于阅历和能力的限制，小学生难以与作者、教师、编者和文中的人物产生心灵共振和情感共鸣，在阅读教学中往往难以看到学生情感涌动带来的语言飞扬和流淌。结果"工具性"因"情感性"的缺失而难以发挥功能，"情感性"因"工具性"的失灵而显得苍白无力，从而影响了学生语文素养的提高。可见，坚持语言与精神同构共生，就必须采取有效的方法引发学生的精神活动，触发学生的心中积蓄，形成语言与精神同构的心灵产物。请看《冀中的地道战》的教学片段：

　　师：冀中人民想出这么巧妙的办法与日寇作斗争，这充分反映了他们的智慧和才能，反映了他们与敌斗争的顽强精神。日寇在我国犯下了滔天罪行，对他们，我们只有针锋相对，以牙还牙。有关日寇欠下的血债，你们知道吗？

　　生：我听爷爷说，1942 年 11 月的一天下午，驻扎在泰兴城的日本鬼子下

乡"扫荡"，村里人听到消息，赶紧跑掉了。鬼子进村后发现一个人也没有，就把能抢的都抢走了。临走时，又放了一把火，把全村 200 多间房子烧得一间不剩。多么狠毒的鬼子啊！

生：我从电影《南京大屠杀》中知道，日本鬼子在南京仅几天时间就屠杀了 30 多万中国老百姓。南京城尸体成山，血流成河！那情景惨不忍睹。鬼子见了谁都杀，连老人和婴幼儿也不放过，他们比豺狼还残忍。

生：我从课外书上知道，日本鬼子在中国实行"烧光""杀光""抢光"的"三光"政策，他们欠下的血债怎么说也说不完。

（其他学生发言略）

师：同学们，日寇在中国的土地上干尽了坏事，他们欠下的血债我们永远不会忘记。当日寇在中国横行霸道时，中国人民不屈不挠地与他们进行斗争，创造了许多灵活的斗争方式，冀中人民创造的地道战就是其中一种。从课文中，我们已知道了地道的结构和它神奇的作用。大家想一想，如果这一天鬼子下乡"扫荡"了，地道会如何显示出它的威力？你将如何让鬼子尝尝中国人民的厉害？大家可以对照自己所画的简图，一边看、一边想、一边写。

（学生写片段，然后同桌交流修改，最后教师有选择地让学生朗读）

在学生了解了地道的结构和作用后，教师没有引导他们随即想象描述冀中人民利用地道跟敌人作战的情景，而是引导他们控诉日寇的滔天罪行。这样，日寇下乡扫荡的画面，南京大屠杀的悲惨情景，一下子出现在学生面前，日寇的罪恶行径激发了学生的切齿痛恨。此时，再引导他们描述冀中人民利用地道与日寇作战的情景，就不再是简单的想象，也不再是简单的场景描述，而是学生心中火山的喷发、心灵怒火的燃烧。学生描述的不仅是冀中人民利用地道与日寇作战的情景，而且是自己在运用地道为中国人民报仇的情景。

可见，如果我们都能像案例中的教师那样，把学生引入"语言与精神"的"场"，那么，在阅读教学中，作者着意安排的每一个精彩内容，编者精心安排的每一个教学练习，教师精心设计的每一个教学情境，都会在学生心灵的回音壁上引起强烈的回响，学生语言系统的完善和精神境界的提升就能真正得到实现。

知识与能力的有机统一

《语文课程标准》指出，语文课程应"指导学生正确地理解和运用祖国语言，丰富语言的积累，培养语感，发展思维，使他们具有适应实际需要的识字写字能力、阅读能力、写作能力、口语交际能力"。可见，基础知识的学习和基本技能的训练始终是语文教学的重头戏。在语文学习中，知识与能力犹如一体两翼，它们互为依存而不能互相代替。缺乏知识基础的积淀，技能培养将成为无本之木；忽视语言技能的培养，知识基础将成为无骨之躯。综观语文教学的现状，不少教师对《语文课程标准》避开"语言训练"的提法理解偏颇，把"阅读感悟"与"语言训练"对立起来，无限夸大"阅读感悟"的作用，不仅想把知识学习和技能培养全部寄托于"阅读感悟"，而且难以摆平"知识"与"能力"的关系：或者忽视知识的学习，架空能力的培养；或者偏重知识的传授，企盼感悟的神效。殊不知，一切技能都只能在操练中形成。因此，实施语文课程改革，就必须平衡"语言"与"精神"的关系，而仅从"语言"的角度看，则必须平衡"知识"和"能力"的关系。教师既要开阔知识空间，拓展知识背景，为学生能力的形成奠定基础；又要拓展应用时空，增加训练机会，为知识的转化创造条件，从而使"知识学习"与"能力培养"成为提升学生语文素养的一对强健的翅膀。

一、完善训练结构，夯实"知能融合"的基础

知识传授与能力培养的脱节，是传统语文教学的主要弊端。在教学中，教师或者只重视知识传授，忽视能力培养这一重要归宿，使知识与能力失之交臂；或者只注重能力培养，忽视知识掌握这一必要基础，使能力培养失去依附。因此，研究并设计有效的训练结构，将语文教学纳入"知能一体"的轨道，是提高教学效益的重要基础。对重点词语，教师可先引导学生结合语境，

感悟词义，并通过剖析体会词语在情感表达中的作用；进而引导学生进行品味，让他们从理解的角度品出释词方法，从炼词的角度品出用词规律；最后可从词义、构词方法等角度引导学生列举相关词语，或引导他们进行词语的运用练习，以促进知识的巩固。对重点句子，可先引导学生联系语境，深入理解句子，思考句子对作者表达感情、突出中心的作用；进而理解构句方法（句式）及其对句义表达的作用，从而归纳释句造句的方法；最后进行相关句子的分析或相关句式的练习。对一些典型的段落，可在引导学生感知内容、感受情感的基础上，体会其对全篇构造的作用；进而体会文章中心与构段方法间的关系。事实表明，循着上述结构进行训练，就能保证知能融合的目标性、基础性、层次性和效益性。上述训练，是字词句篇知识学习、听说读写能力训练的重要措施，仅靠读书"感悟"是难以达成的。

二、引导发现规律，驾起"知能融合"的桥梁

知识与能力的融合，是以"知识规律"为中介的，因此，在阅读教学中，教师须重视这一规律的引发，通过中介条件的创设，构建知能融合的桥梁，以促进知识的积极迁移和能力的顺利形成。比较是引导学生发现规律的重要方法，教师要善于运用，引发规律，沟通知识与能力的联系。如阅读《穷人》时，理解"她的心跳得很厉害，她自己也不知道为什么要这样做，但是她觉得非这样做不可"，这句话可这样变更："桑娜想：西蒙死了，帮助她抚养孩子是天经地义的事，无论如何也得把孩子抱回来。"再引导学生与原文比较，看这两句话情感表达的异同。这样，学生在深入理解文章感情的同时必然明白：写文章要写出真情实感，才能感人；而写出真情实感不在于使用华丽的词句，而在于用词造句恰如其分。此外，还可使用列举比较的方法。列举可拓宽知识空间，开阔智力背景，丰富感性材料，以帮助学生体会到语言规律。如"的、地、得"的运用，学生较难掌握，教师可列举带"的、地、得"的词组，并引导学生进行观察比较，这样学生便会发现如下规律：修饰语＋的＋名词；修饰语＋地＋动词；动词＋得＋修饰语。这样引导学生发现规律，就能使他们在理解知识的同时抽象出最本质的东西，让学生把握知识的精髓，从而为能力的形成作好铺垫。

三、拓宽迁移渠道，落实"知能融合"的归宿

"理解、感悟、迁移"，这是"知能融合"的必然过程。而迁移运用知识，则是能力形成的必然过程。知识的理解、规律的掌握只是为知识的运用提供了条件，但它与能力的形成并无必然的联系。以有效的方法拓宽迁移渠道、激活迁移方法、强化运用实践，是促进知识迁移、能力形成的重要前提。在阅读教学中，教师要通过多角度的练习，促进知识的迁移；还要通过多层次的练习，促进能力的形成。如《黄山奇松》中有这样的句子："迎客松姿态优美，枝干遒劲，虽然饱经风霜，却仍郁郁苍苍，充满生机。它有一丛青翠的枝干斜伸出去，如同好客的主人伸出手臂，热情地欢迎宾客的到来。如今，这棵迎客松已经成为黄山奇松的代表，乃至整个黄山的象征了。"在这段话中，"饱经风霜"是重点词语之一，引导学生联系课文，具体理解它的形象内涵和情感内涵，并借助形象和情感，使词语贮存在学生的语言仓库之中，是引导学生阅读这段话的重要目标。为此，教师可这样引导：

首先是理解词语。"饱经风霜"是什么意思？课文中"饱经风霜"指的是什么？——初步理解词语意思；你能想象描述这么多年中，松树经历的"风霜"吗？——想象经历，加深理解；按道理，经历了这么多"风霜"，出现在我们眼前的松树应该是怎样的？——引导学生反向想象；而现在出现在你眼前的松树是怎样的呢？这说明什么呢？——感受作者情感。

其次是拓展形象。要学生联系词义，描述从现实生活中了解到的"饱经风霜"的事物，并具体描述它们在我们眼中的形象。

再次是引导运用。引导学生补充下列句子，促进词语内化：①这棵松树虽然饱经风霜，但是＿＿＿＿，你看＿＿＿＿；②这棵松树真是饱经风霜，你看＿＿＿＿；③这位老人虽然饱经风霜，＿＿＿＿；④这位老人年过七旬，饱经风霜，你看，＿＿＿＿。

这样引导，学生就能理解"饱经风霜"的形象内涵和情感内涵，一旦在生活中看到相关形象，他们的脑中就会出现相关的词语；同理，一旦在阅读中看到相关词语，他们的头脑中也会出现相关形象。这样，"饱经风霜"就变成学生的"私有物"了。

第3节

积累和运用的自然融合

《语文课程标准》指出："语文教学要注重语言的积累、感悟和运用"，可见，要提升学生的语文素养，教师就必须想方设法，挖掘语文资源，开阔学习空间，增加语言积累，促进语言运用。从处理积累和运用的关系上来看，仅仅增加库存还远远不够，还应采取措施，将学生的语言积累变成他们的积极库存，使语言的积累和运用有机结合，以积累为运用奠定基础，以运用为积累提供条件，从而使语言的积累成为学生解读语言、表达情感的活跃因素，并使他们对语言的理解在不断的盘活中增值。

一、词语的积累和运用

如今，形形色色的银行卡已走进寻常百姓家，在感叹使用方便的同时，笔者总是另有所思：如果学生有这样一张特殊的卡，能凭它随时进行语言的存兑该有多好！我们知道，重视积累，不仅是《语文课程标准》倡导的教学理念，也是传统语文教学的重要经验。词语是最基本的语言材料，是组合文字乐章的音符，一个人词汇量的多少，是衡量其语文素养高低的重要标志。学生在语文学习中的积累，不是语言文字的简单叠加，而是语言材料、语言形象、语言情感的综合存储。教师的重要职责，就在于创造条件，让学生凭借原有的语言库存，来解读新的语言材料，以促进语言库存的盘活和增值。可见，引导学生积累词语，要注重把词语的意思、形象、情感等一并贮存在学生的语言仓库中，再让他们凭借词语去解读新的语言材料，进行新的语言表达，从而让词语在积累和运用中不断增值。《广玉兰》一文中有这样一句："我也无法用文字准确形容那花瓣的质感，说它玉琢冰雕吧，它又显得那样柔韧而有弹性。"句中的"质感"是个新词，且意思抽象，学生难以理解。一名教师这样引导：

师：（要学生读带有"质感"一词的句子）"质感"是什么意思呢？

（学生面面相觑）

师：（取出一束鲜花）你们看，老师手里有一束花，不过不是玉兰，而是玫瑰，但这两种花的质感基本相似。你们先看一看，再摸一摸，然后把自己的感受说一说。

生：我观察了花瓣，它真的像冰雕的，而摸起来又是软软的。

生：初看，花瓣像用玉石雕刻的，但摸起来是柔软的，有弹性的。用手轻轻一捏然后松开，花瓣会马上恢复原状。

师：知道"质感"是什么意思了吗？（学生会意地点头）从"质感"一词，你能感受到作者的什么情感？能通过朗读来表达吗？

（学生朗读）

师：用"感"组成的词语实在太多了，学习语文重点要培养自己的——

生：情感。

师：情感是在任何学科中都要培养的，我是指语文学科特有的。

生：语感。

师：学音乐要培养自己的——

生：乐感。

师：看衣服的布料好不好，用手细细一摸，可以看它的——

生：手感。

师：水果的口味怎样，实际是指水果的——

生：口感。

在这里，教师把词语的理解和感悟、列举和运用有机融合，让学生通过看、摸，去感悟词语的意思，在此基础上提供相关生活背景，把学生从课上学到的和课外积累的词语，成串地展现在大家面前。这样，学生在课堂上"发现"的一系列词语，无论是在今后的阅读还是写作中，都可能会成为他们的活的库存。如果每一节课教师都能从课文中找出几个相关词语，帮助学生理解并及时运用，那么，其意义绝不仅仅是语言积累本身，而且是学生语文素养的整体提高。

二、名言的积累和运用

古今中外的无数名人，在为人类文明的发展、社会的进步创造物质财富和精神财富的同时，留下了许多名言警句。这些名言警句，生动地反映了他们睿智的思想、崇高的品格、高尚的情操、伟大的抱负、顽强的意志和卓越的见解。名言警句是无价的教育资源，能给人以人生的启迪和心灵的陶冶；名言警句也是精彩的语言资源，能给人以心灵的拓展和智慧的引导。在语文教学中，有针对性地引导学生走进名言的宝库，迈进警句的海洋，能在充实学生精神生活的同时，使他们的语言素养得到提高。

现行教材中的不少课文，实际就是对名人警句和人生格言的诠释。为了拓展学生的阅读空间，教师可引导他们搜集有关名言警句，为感受内容、感悟情感奠定基础。如在阅读《开国大典》《狱中联欢》《小英雄雨来》前，一名教师要学生围绕"反映革命先辈矢志追求、终生奋斗"的中心去寻找名言，并选择自己最喜欢的一句，用毛笔抄写下来，在展示板上展出，让所有同学利用课余时间来朗读。结果，学生寻找了大量名言：我是个公开的共产党员，应该表现出共产党员的崇高气节。我的行动关系着党的威信和影响，不能使社会上留下一丝不好的印象，哪怕是误传的印象，也不能留下——王若飞。我个人是渺小的，除了为人民，为广大的劳动人民服务，还能有什么——叶挺。要想做一个真正的革命者，就要经得起千辛万苦——杨靖宇……通过这些名言警句的搜寻、抄写、展示和阅读，学生就能透过这些闪烁着心灵光辉的语言，深深地感受到烈士那高尚的精神，崇高的人格，这样就为他们感悟课文情境，感受人物情感，奠定了基础。同时，他们还深切地感受到，新中国的成立与无数先烈英勇奋斗之间存在必然联系。

引导学生将名言贮存在自己的语言仓库中，并促进他们自觉能动地运用名言，为自己的说话和写作服务，不仅能有效地提高学生的语言素养，而且能有效地提升学生的精神境界。为此，教师可引导学生通过广泛的课外阅读，去搜集相关的名人名言，并为他们创造运用的机会，以促进名言的积累和内化。如一名教师引导学生开展了"搜集名言——理解名言——赠送名言"的活动。先让学生在课外搜集名言，再让学生选择自己最喜欢的名言在课上朗读，说说自己对名言的理解，进而创设情境，让学生进行名言的运用。当教师要学生为不喜欢看课外书的同学赠送名言时，学生举出了以下名言："读书使人成为完善的人。（培根）""书犹药也，善读之可以医愚。（刘向）""读书愈多，精神就愈健壮而勇敢。（高尔基）""书籍是人类进步的阶梯。（高尔基）""读一本好书，就是同许多高尚的人谈话。（歌德）""生活没有书籍，就好像没有阳光；智慧没有书籍，就好像鸟儿没有翅膀。（莎士比亚）"这样，这些名言，就成了学生心中的活的库存。

三、诗文的积累和内化

中国古诗文浩如烟海，博大精深。它们是中国文化长河中的精彩乐章，是中华民族宝贵的文化遗产，是滋润学生心田的文化精品。引导学生增加诗句的阅读积累，不仅可以提高学生的语文素养，而且可使学生得到情感的熏陶、人格的教化和品德的提升。语文教材之所以选择了一些优秀的诗篇，其重要目的是通过这"一枝枝红杏"让学生感受古代文化的"满园春色"。为了使古诗篇目的阅读和背诵任务得到落实，教师要在强化课堂教学，促进学生理解记忆的基础上采取以下措施：

首先是活动参与，快乐背诵。为提高背诵效果，使学生把古诗背诵当做趣事、乐事，可在课堂上开展一些趣味性活动，促使学生自觉参与、自主参与、积极参与。比如，可分年级提出背诵要求，完成背诵任务者发给相关证书，以资鼓励。低年级背诵50首可发给初级证书，中年级背诵100首发给中级证书，高年级背诵160首可发给高级证书，如超过200首，可发给特级证书。还可把背诵诗句作为登山活动，全班同学同时从山脚起步，规定背诵标准，随着登山进程的不断推进，随时公布背诵情况，激励学生登攀。最后，对登山情况进行总结，为先进的同学授予"登山小尖兵"的称号。

其次是引导运用，强化效果。小学生的记忆能力很强，但也容易遗忘，有很多学生背诵了不少诗句，但时隔不久，就逐渐淡忘。如果我们在引导学生背诵诗句时，注重让他们把诗句变成自己活的库存、活的语言，并最终成为听从自己调遣的活跃因素，那么，这样的背诵，就会使学生的语文素养得到长足的提高。为此，在诗句背诵的指导中，为增强学生理解、促进学生感悟、帮助学生记忆，教师须尽可能地引导他们运用诗句。一是借助课文情境，引导学生回忆诗句。不少课文与古诗具有相近的情境，教学中，教师可精心捕捉联系点，引导学生回忆诗句，从而促进理解、帮助记忆。如阅读《草原》，可回忆《敕勒歌》；阅读《放风筝》，可回忆《春居》；阅读《荷花》，可回忆《小池》。这样，课文情境与诗句情境就可以互为补充，课文情感与诗句情感就可以互相促进。经常进行类似的训练，诗句的背诵与相关课文的阅读感悟就能有机融合，学生背诵诗句就非常方便了。二是借助语境填充，引导学生运用诗句。为促进诗句的运用，教师可设计填充题，引导学生根据语言背景填写诗句。如"由于

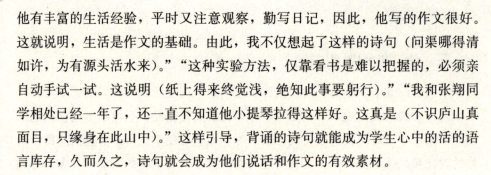

他有丰富的生活经验，平时又注意观察，勤写日记，因此，他写的作文很好。这就说明，生活是作文的基础。由此，我不仅想起了这样的诗句（问渠哪得清如许，为有源头活水来）。""这种实验方法，仅靠看书是难以把握的，必须亲自动手试一试。这说明（纸上得来终觉浅，绝知此事要躬行）。""我和张翔同学相处已经一年了，还一直不知道他小提琴拉得这样好。这真是（不识庐山真面目，只缘身在此山中）。"这样引导，背诵的诗句就能成为学生心中的活的语言库存，久而久之，诗句就会成为他们说话和作文的有效素材。

探究和接受的相机结合

"探究性学习"和"接受性学习"是互相依存的两种学习方法。提倡探究性学习，目的在于强化学生的自主意识，引领他们亲历知识的建构过程，让他们成为学习的主人；关注接受性学习，目的就在于根据学生的认识能力和知识水平，对学生独立探究和合作探究难以解决的问题，进行必要的讲解，以提高学习效益。因此，实施语文课程改革，必须正确处理"探究性学习"和"接受性学习"的关系，坚持两者的互为补充、有机融合。我们知道，探究性学习必须最大限度地调动学生的相关积累，通过有目的、有层次、既自主又合作的研究活动，达成学习目标。阅读积累的盘活和调动，除需要学生充分发挥自主能动作用外，还需要教师相机引导、适时点拨、适度讲解。因此，在探究中应合理地进行讲解，促使学生能动地接受；在接受中也应精心地指导，促使学生更好地探究。

一、调动学生的阅读积累

阅读，是对有限的人生经验和情感体验的重要补充和扩展，优秀作品的阅读量越大、越广，其精神视野越开阔，精神境界越高远，语言的解码能力也越强。我们知道，语文教材中的课文，是指导学生阅读的例子，安排这些课文，目的就在于使学生通过课内的阅读训练，掌握阅读的基本方法，去进行广泛的课外阅读。只有这样，学生的阅读能力才能得到根本提高。为此，教师须重视课内阅读与课外阅读的联系，注意调动学生的阅读积累，为课文的阅读感悟奠定基础。请看《燕子》的教学片段：

师：请认真读读下列片段（出示：二三月间，微风轻轻地吹拂着，毛毛细雨从天上洒落下来。千万条柔柳展开了鹅黄色的嫩叶），边读边想，你看到了怎样的画面？从这些画面中你能感受到什么？

生：我看到微风轻轻地吹起人们的头发，吹起人们的衣衫，是那样温暖、那样和煦。

生：我看到毛毛细雨悄无声息地向大地飘落，像给大地洒上了一层雪亮的油。

生：我也看到春风轻轻地吹着，麦苗翻滚着绿色的波浪，那景色真美！

师：看到微风中的人们，细雨中的大地，我们不禁想到了一些美妙的诗句，是不是？

生："沾衣欲湿杏花雨，吹面不寒杨柳风"。春天来了，杏花开了，蒙蒙细雨飘在身上，衣服似乎有点湿，春风吹在脸上没有一点冷的感觉。

生："随风潜入夜，润物细无声"，春雨悄悄地降落凡间，滋润着大地的一切。

师：你们还看到了怎样的画面呢？

生：春姑娘轻轻地摆弄着柳树的枝条，柔软的枝条在微风中轻轻地摇动，多动人啊！

生：柳树在春风中梳理自己的长发，一定是在梳妆打扮呢！

师：看到春风中的柳树，你又想到了怎样的诗句呢？

生："碧玉妆成一树高，万条垂下绿丝绦"，这句诗就是描写春风中的柳树的。

生：春天的柳树，像一颗颗碧玉装饰成的，那么青翠，那么俊俏，柳枝像一条条绿色的丝线。

（其他学生发言略）

师：联系课文内容，结合精妙诗句，想象自己也走进春天的怀抱，你能对自己眼中的春天进行另一番描述吗？

（学生练笔后交流）

生：在鸟儿的引领下，我们来到潺潺的小河边，这里的空气中弥漫着泥土的芬芳。小草随风摆动，有的长了大半截，有的刚刚发芽，长长短短的草摆动着，有如几个高低不同的小矮人在点头，似乎在欢迎我们的到来呢！

生：来到小河边一看，河水变绿了，河底的鹅卵石看得一清二楚，岸边的柳树姑娘梳洗着自己的长发。这时，"碧玉妆成一树高，万条垂下绿丝绦"的诗句，又回响在我的耳边。

生：我细心地欣赏春天的小精灵的绝佳表演：蜜蜂一会儿飞到这里，一会儿飞到那里，嗡嗡的歌声真是动听；蝴蝶一会儿飞到空中，一会儿钻进花丛，翩翩的舞姿真是优雅。听，喳喳喳，一阵甜美的鸟叫声从头顶传来。啊，蜜蜂在劳动，蝴蝶在跳舞，小鸟在唱歌，我不禁想起"留连戏蝶时时舞，自在娇莺恰恰啼"。

学生之所以能感悟出丰富的形象、真切的情感，是因为教师运用点拨，调动了学生的阅读积累，使学生从语言材料中获取了更加丰富的形象画面，并在形象画面的自然介入中深刻领悟了文章丰富的情感内涵。试想，如果学生没有一篇篇课文和诗句的积累，上述丰富的形象就不可能产生。这样，教师再怎么去引导，也不能使学生构成这么丰富的形象画面。同时原有的语言积累和阅读积累若不能及时唤醒，就不可能在新语言的解码中发挥作用，而且可能因长期沉睡而使学生淡忘。可见，我们既要把学生引向广泛的课外阅读，让学生在丰富多彩的课外阅读中汲取丰富的语言营养，增加语言的积淀，还要巧妙捕捉课文内容与课外阅读的联系，让学生在联系中构筑知识和情感的丰富画面，以加深对课文内容、课文情感的感悟。可见，在语文学习中，一旦"接受性学习"与"探究性学习"彼此融合，学生的学习主动性和积极性才能充分地调动起来，教师的引导和讲解也才能真正发挥作用。而在学生进行探究学习的过程中，教师的讲解的着力点并不一定在于知识的直接传授，还有很重要的一点是为学生课文阅读与课外阅读构建通道，使得学生从课外阅读中获取的知识的、情感的积累能顺畅地融入新的阅读活动中去，成为构建新的知识体系的重要基础。

二、调动学生的生活积累

教材中的课文，大多是对客观世界和现实生活的描述，因而文中的诸多画面与现实生活有着紧密的联系。如果根据学习目标，让学生借助生活来感受语言画面，领悟语言内涵，感悟语言情感，那么，生活就成了促进阅读研究的基础，阅读就成了学生认识生活的条件。在教学实践中，我们往往发现，虽然阅读教材与学生生活存在着千丝万缕的联系，可学生就是发现不了这样的联系，仅凭课文语言，他们对语言文字描述的画面怎么也难以获得真切的感受。因此，在学生的探究性学习中，教师的重要职责就是善于发现阅读与生活之间的联系，通过沟通和点化，形成阅读与生活的通道，使得学生生活的源头活水自然地融入语言文字的解读实践中来，成为阅读理解语言文字的重要基础。如

《早春》中"草色遥看近却无"一句的意境，是教学的重点，而学生在阅读中往往会提出这样的疑问：为什么远远看去地上一片绿色，而走到近处却看不清楚呢？为借助生活积累帮助学生理解，一名教师这样引导：

师：读了"草色遥看近却无"一句，你感到奇怪吗？为什么？

生：为什么绿色的小草在远处能够看到，到近处却看不清楚呢？

师：在你们的生活中，有类似的情境吗？

（学生一个个进入思考，片刻便有人举手）

生：那天我去上学，街上逢集，我远远看去，集市上人山人海，没有一点儿空隙，我真担心，这么多人，怎么才能穿过去呢。可是我走到近处一看，人虽然多，但人与人之间的空隙还有很多，我不费力气就穿过了集市。

生：去年冬天的一天，我去外婆家，正巧外婆所在的镇上在搞水利建设。老远一看，水利工地除了人多外，旗也很多，简直就是旗帜的海洋。我想，怎么会有这么多旗帜？但当我走到近处一看，旗帜虽的确不少，但并不像在远处看到的那么多，那么密。

生：由这一句诗，我想起去年在家和爸爸一块儿抛秧的情景。在秧田边，我发现田里的秧苗稀稀疏疏，零零星星；可当我们远离秧田再回头一看，发现秧田里一片绿色，几乎看不见水了。

（其他学生发言略）

师：你们看，这么一联系，我们对诗句所描写的意境就有了具体、真切的感受。可见，这首诗的作者一定是在认真观察早春景色的基础上才写出这首诗的。

理解"草色遥看近却无"，如果仅靠诗义的抽象演绎，缺乏必要的形象支撑，学生对诗句意境的感悟怎么也不会真切。然而，学生生活中，类似的画面、相近的意境却司空见惯。只要教师善于去激活、去运用，它就能成为接纳诗句语言的精神同化点。久而久之，就能使学生形成独立地盘活生活库存、服务于阅读的能力。在学生难以准确领悟诗句意境的时候，教师以"在你们的生活中有类似的情境吗"这个问题，使学生一个个进入思考，陷入沉思，唤醒了他们心中沉睡的生活图景。有了这一个个生活画面、亲身经历的奠基，诗句的理解就不再是枯燥的意义，而是丰富的形象；诗句的情境就不仅是作者的体验，同时也是学生的自我感受。这样，学生不仅深切领悟了"草色遥看近却无"的丰富意境，而且具体感受了这句诗对这一情境描述的准确性。因此，要提高学生的阅读能力，除了要想办法丰富学生的生活，为学生感受语言奠定基础外，还必须在学生的探究性学习中，捕捉语言画面与学生生活的联系，引导学生发现并运用这些联系，进行语言画面的还原、语言情境的构建和语言情感的感悟。这样，就达到了"探究性学习"和"接受性学习"的最佳融合。

三、调动学生的情感积累

情感是语言文字的内核和灵魂，阅读教学中的探究性学习，正是以文章的情感感悟为指向的。在探究性学习中，只有抓住情感这一核心，才能使语言形象的构筑、语言内涵的挖掘、语言技巧的品味有所凭借。随着生活积累的不断增加，学生的情感积累也不断丰富，这是他们解读语言、感悟情感的重要条件。在探究性学习中，教师只要把握课文与学生生活的联系点，引导学生借助自我的情感积累来感受语言情感，就可以促使学生与作者和文中人物想在一起，使情感的阅读体会与情感的自我感受有机融合。在阅读教学中，怎样引导学生深切地感悟语言情感呢？很重要的一点就是要处理好"探究性学习"与"接受性学习"之间的关系，一旦发现学生对情感的体会产生障碍，就要毫不犹豫地进行引导、提示、点化，从而让学生对语言情感获得真切的、深刻的感悟。如《月光曲》中哥哥与妹妹的对话，包含着兄妹互相理解、互相体贴的深厚情意，它是故事情节发展的重要原因，是《月光曲》产生的重要前提。因此，这段对话是引导学生进行研究阅读的重点。在探究中，学生虽能感悟兄妹俩互相体贴、互相关心的情感，但他们朗读中的情感表达却总是言不由衷。教师便这样引导：

师：读了这段话，我不禁想起这样一件事：去年四月的一天，校长递给我一本杂志，向我推荐了上面的两篇语文教学论文。他告诉我，文章是两位青年教师写的，嘱咐我仔细看看，并认真地说："要是这两位教师能到我校工作该有多好！"听他这样一说，我不禁脸一热，想想自己到校工作已经快十年了，可……我忙说："校长，都怪我们不争气。"校长一听，又是摇头，又是摆手："不，不，我是说着玩的。"望着校长，我心头一阵激动，不知说什么好。校长的话像重锤，一下敲在我的心上。从他的话中，我听出他对我们青年教师的希望，感受到他对我的理解和宽容。不知怎的，一读到《月光曲》这个片段，这件事就浮现在我的眼前。我想，在你们的生活中可能也有类似的事吧。

（学生陷入深思，片刻有三五人举手，又过了一会儿，竟有近三分之一的

学生举起手来）

　　生：那次，同桌张翔买了羽绒衫，可我身上老是那件棉袄。那天一到家，我便对妈妈说："妈妈，给我买件羽绒衫吧，看人家……""是啊，是该买了。"停了一会儿她说，"可是，一件像样的羽绒衫得 200 多块呢！"望着妈妈焦急的样子，再看看她满手的老茧，我不禁后悔起来，忙说："妈妈，我是说着玩的，其实，我这棉袄不一样防寒吗。"妈妈一下子把我搂在怀里，我一抬头，发现她眼圈红了。（说到这儿，该生声音低了下来，显出难过的样子）

　　（其他学生发言略）

　　师：不知怎的，读了兄妹俩的对话，想到校长跟我说的话，我就好像走进了课文所写的情境之中，就好像成了文中的人物，读的时候就特别动情。请听我读给大家听一听。（教师朗读，学生不断地点头。然后教师让学生朗读，学生大多读得声情并茂，情真意切）

　　兄妹俩的对话情感丰富，姑娘的向往、哥哥的内疚、妹妹的体谅，集中反映了他们的"同生死，共患难"。在教学中，对语言包含的情感，教师没有简单地引导学生归纳，没有抽象地进行提取，而是以课文情境唤醒生活情境，以生活情境诱发真情实感，让学生凭借类似情境，进入文中，感受其境；凭借相似情感，充当人物，感受其情。可见，在探究性阅读中，对情感丰富且学生难以深切体会的知识点，教师要想办法激起学生情感的浪花，让学生在自我情感的表露过程中感受课文的情感。这也就是探究性学习与接受性学习的有机统一和高度融合。在这里，情感的体会若仅仅依靠探究，学生对情感的感悟就会不够深刻；反之，如果仅仅依靠接受，学生对情感的感悟就会不够真切。

独立与合作的互相依存

人类社会已进入信息时代，人与人之间既需要合作又需要竞争是这一时代的重要特点。无数事实证明：现代的许多重大发现发明，大多是群体智慧的结晶。因此，引进合作学习，重视合作学习与独立学习的融合，是新一轮课程改革折射出的重要理念。《语文课程标准》指出，在语文学习中，要倡导自主、合作、探究的学习方法。教学内容的确定，教学方式的选择，评价方法的使用，都应有利于推进这种学习方式。在这里，"自主、合作、探究"的学习方式，既是语文"教材"的学习方式，也是指导学生学习其他形式的语文材料的学习方式，它应该贯穿于学生学习语文的全过程，甚至贯穿于学生一生的学习中。独立学习与合作学习是互为依存的两种学习方式，在语文教学中，要切实纠正用合作学习来"体现"教学理念、"装点"教学门面的偏向，妥善处理好它们之间的关系，把独立学习作为学生学习语文的主要方式，为合作学习提供依据和基础；把合作学习作为配套措施，为独立学习提供支撑和依靠，做到有机联系、相机运用、把握平衡、讲求实效。

一、独立与合作融合可凸显学科目标

阅读教学的过程，是教师传授知识、训练能力，学生获取知识、形成能力的过程。将独立学习与合作学习有机融合，能使课堂出现动静搭配、师生互动、生生互动的学习氛围，出现师生间、学生间目标同向、情感融合、气氛热烈的理想境界，从而全面地提升学生的语文素养。

1. 启迪学生智慧。开发智力、发展思维是提升学生语文素养的重要前提，语文教学的重要目标就是要让学生在语言实践的参与、语言材料的解读、语言背景的开拓中，得到智慧的启迪，使他们的思维越来越深刻。在阅读教学中，要想有效发展学生思维、启迪学生智慧，除了与教材智力因素的挖掘、教师教学方法的选择有关，还与教学的组织形式有关。坚持独立学习与合作学习的融合，可借助思维参与、思维碰撞的教学情境，在独立思考、合作探究中培养学生思维的深刻性；在齐心协力、攻坚克难中培养学生思维的变通性；在各抒己见、思辨争论中培养学生思维的合理性。这样，学生思维的火花就能一次次碰撞，创造的潜能就能一次次得到激发。

2. 陶冶学生情操。用蕴涵在语言文字中的情感雨露滋润学生的心灵，使学生得到心灵的陶冶和个性的完善，是语文学科本质特征的凸显，是语文教学的重要目标。事实表明，宽松和谐的学习氛围，可使学生心情舒畅、精神愉快，能最大限度地发挥学生自主学习的主动性和积极性，培养他们积极健康的心理品质，使他们的情感得到陶冶，性情得到熏陶。在语文学习中，要想将独立学习与合作学习有机地统一于以达成教学目标为指向的教学活动之中，首先应当淡化原有的角色模式，使师生之间建立起同学、朋友般的新型角色关系；其次可以在"独立"与"合作"的参与中，感受独立学习、合作学习带来的各种优势。这样，就可使课堂形成宽松、平等、和谐的学习气氛，使学生情绪自然、心境平和、身心放松、精神愉悦，以陶冶学生的情操。

3. 提升精神境界。研究表明，强调独立学习虽能培养学生自主学习的精神和独立学习的能力，但若总是让学生在闭塞的独立空间里学习，他们的精神品质往往会因学习空间的窄小和交流天地的有限而得不到自由生长。在阅读教学中，把独立学习与合作学习融合在一起，可通过困难时的互相帮助、迷惑时的互相启迪、争论时的目标趋同、成功时的共同享受，培养学生团结友爱、互助合作的良好品质和勇于竞争、合理竞争的健康心理。

4. 寻求整合效应。独立学习是合作学习的前提，合作学习是独立学习的延伸；独立学习中的难点可借助合作学习来解决，合作学习中的结论可通过独立学习来巩固。这样，就能寻求"1＋1＞2"的整合效应。

二、独立与合作融合须明确学习指向

小学生自控能力有限，在独立学习中，由于学生学习活动的空间相对较小，一般情况下他们还能对自身学习活动进行控制；而合作学习多以小组为单位进行，个体学习变成了群体学习，在获得合作效应的同时，也往往会产生相互间的干扰。如果为了组织教学方便，学习管理省事，就放弃合作学习；或者为了追求表面热闹，讲求合作形式，而不顾合作效果，都是有失偏颇的。为唤起学生注意，确保学生参与，教师须在精心组织的基础上，言明目标、讲明要求、明确合作指向、讲清合作要领，以保证合作中的每一个环节都集中指向教学目标。

1. 细化目标。合作学习中，学生一般都处于相对独立的群体中，面对各种复杂的情况，他们需要自己审时度势，见机行事，灵活调控。而学生的驾驭能力有限，有时很难对有关情况作出妥善处理。为此，无论是课内合作还是课外合作，教师都须对合作目标进行细化，让学生知道该做什么，怎么做。如阅读《苦柚》时，一名教师这样布置学习任务：第一步，自读课文，读懂了什么，先在书上标一标，再在书上写一写，也可到黑板上写一写。第二步，课文读完后，在四人小组内交流阅读所得，共同整理阅读收获，推选代表准备在全班交流。第三步，各自在四人小组里赛读，赛读中可互相启迪。此后，各小组抽签决定一名代表在全班朗读。第四步，全班朗读比赛。这样目标明确，才能保证学习效果。

2. 梯化程序。明确目标后，可梯化程序，为学生引出一条通向目标的道路。如阅读《一夜的工作》后，可组织"周总理永远活在我们心中"的主题实践活动，其目的就是要让学生通过有关资料的收集、整理和交流，激发学生对总理的怀念，形成一定的语言运用能力。此项活动可这样安排：一是分头寻找资料。在分组的基础上，让学生分头寻找有关介绍总理事迹的文字资料、图片资料、音像资料等。二是集中梳理资料。对本组收集的资料进行集中整理、分类。三是分头设计方案。各自根据本组收集整理的资料，自行设计一种介绍总理事迹的方案，对介绍的方式方法进行选择。四是集中讨论。通过设计方案的交流、比较，选择大家认可的方法，通过集体讨论，形成最理想的方案。这样引导，不仅目标明确，而且梯度明显，学生能够操作。

3. 趣化形式。为保证合作学习的效果，还必须精心考虑合作形式。如课内学习时，为让学生在课文阅读后能有感情地朗读课文，可采取"赛读"的方法，先是同桌共同练习；再在四人小组里比读，就如何读好课文进行讨论，互相指导；然后四人小组挑选或抽签确定一名代表在全班比赛。这样，就能让学生在充满乐趣的比赛中顺利达到目标。

三、独立与合作融合须切实把握时机

独立学习是学生学习活动的主要形式，合作学习是独立学习的补充，这是毋庸置疑的。因此，在学习活动中，独立学习也好，合作学习也好，其学习形式都必须取决并服务于学习目标的达成。为了最大限度地发挥独立学习和合作学习的功能，就必须处理好独立学习与合作学习的关系，能够独立的就无须合

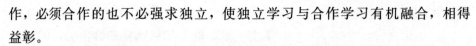

作，必须合作的也不必强求独立，使独立学习与合作学习有机融合，相得益彰。

1. 独立于合作之前。一般情况下，须把独立学习作为合作学习的基本前提和重要基础，把合作学习作为独立学习的必要补充和有机拓展，在学生独立读书、独立思考、有自己的见解后再去"合作"，既能给别人提供思考的材料，也能从别人那里获取经验，得到启发。因此，如果是在独立学习后进行合作学习，一般可以抓住以下几个时机：一是初读感知后。初读感知课文后，学生获取了关于课文内容的诸多信息，为他们交流自学所得提供了基础。二是检查质疑后。自学交流后，教师对学生的阅读难点已经有所把握。此时，可进行综合梳理，并根据课文特点和学习目标设计自学思考题，让学生进行新的合作。三是出现矛盾后。学生理解出现分歧时，教师不能简单仲裁，而应抓住矛盾，引导争辩，让学生在争辩中合作，在合作中理解。四是阅读总结后。在学生对课文内容和中心有了较明确而又充分的理解后，可再次引导他们进行合作，以深化课文理解。

2. 独立于合作以后。到底合作学习和独立学习的时机怎样把握，应当视课堂实际而定，把合作学习安排在独立学习之后，有助于最大限度地发挥个体学习的潜能；而把合作学习安排在独立学习之前，可提前解决学生独立学习中可能遇到的问题，从而使独立学习的目标更明确，重点更突出。如果把合作学习安排在独立学习之前，可抓住以下几个时机：一是初读感知前。如果学生还没有形成初步的学习能力，难以准确地确定学习目标，教师可以在独立学习前，安排学生进行小组合作学习，让学生根据自己对课题和课后作业的理解，根据课文的基本特点，确定学习的目标，较好地明确学习指向，为独立阅读、整体感知提供依据。这样，就能提高独立学习的效率。二是深入阅读前。为引导学生通过独立阅读深入感悟，且保证独立学习指向的明确和效益的提高，可在初读交流、初步感知的基础上，通过合作，明确进一步深入阅读的目标。这样，就既不会因为个体能力的限制而影响独立学习的效率，避免独立学习时无方向、无目标；又不会因为合作学习而影响个体潜能的发挥，影响学生素质的提高和能力的发展。三是课堂延伸前。为引导学生的思维向课外延伸，教师可在课文阅读结束后安排合作讨论，让学生搞清课外延伸是什么，课外阅读读些什么，综合实践干些什么，课外练笔练些什么，等等。这样，学生的课外延伸活动就必然会方向明确，富有成效。

真实和虚设的优势互补

　　《语文课程标准》指出："口语交际能力是现代公民的必备能力。应培养学生倾听、表达和应对的能力，使学生具有文明和谐地进行人际交流的素养。""口语交际是听与说双方的互动过程。教学活动主要应在具体的交际情境中进行。""努力选择贴近生活的话题，采用灵活的形式组织教学，不必过多传授口语交际知识。"语言是重要的交际工具，是人们进行沟通和联系的纽带。随着信息科学的飞速发展，通讯工具的不断更新及生活节奏的不断加快，口语交际的频率将越来越高，对口语水平的要求也越来越高。因此，语文学科中的口语交际训练已引起了许多教师的重视。但综观教学现状，口语交际训练存在的突出问题是：不少教师过多地依赖虚拟情境的创设，生活与语文的差距影响了训练的效果。有些学生在课堂上接听电话镇定自若、对答如流，而在实际生活中，却面红耳赤、吞吞吐吐；有些学生在课堂上招待客人彬彬有礼、大方得体，而在实际生活中，却举止拘谨、词不达意。其重要原因就在于虚拟情境与生活情境存在本质差异，使得学生一直以"演戏"的心态参与训练，他们难以真心投入，也无须真心投入。当然，虚拟情境下的训练对提高学生的交际能力是一种行之有效的方法，但虚拟情境是无法使学生得到精神生活的享受的。因此，为了提高口语交际训练的效果，切实提升学生的口语交际能力，在重视虚拟情境创设的同时，还要重视真实情境的捕捉和利用。

一、运用课文矛盾，进行"真实"的现场争辩

　　随着社会的发展，人的现场论辩能力在生活中显得越来越重要。因此，将"辩论"引入阅读教学，捕捉矛盾，发现话题，引发辩论，可有效培养学生的语言表达能力。这样的辩论与生活中的辩论相比，是虚拟的，但教师把着力点放在引导学生理解课文内容、感悟课文情感上，辩论就变成了真实的。毫无疑

问，这对于提高学生的阅读感悟能力和口语交际能力都是有效的。请看《"精彩极了"和"糟糕透了"》的教学片段：

主席（师）：现在我宣布，我班第一届辩论赛现在开始，今天的辩题是""'精彩极了'还是'糟糕透了'"。我自告奋勇担任评委会主席（生笑）。为便于大家参与争辩，我们分为甲乙双方，持"精彩"和持"糟糕"观点的同学面对而坐，一方辩手发言结束后，另一方的辩手才可以发言。大家要以课文为依据，摆事实，讲道理，据理力争，以理服人。

甲方：我们觉得这首诗"精彩极了"，要不然妈妈不会那样称赞，更不会那么高兴。

乙方：我方认为这首诗"糟糕透了"。因为爸爸是一家影片公司的重要人物，写过好多剧本，他对诗的好坏比妈妈更有判别能力。因此，我们觉得爸爸的评价更可信。

甲方：我们认为不能这样说。"我"是个七、八岁的孩子，又是第一次写诗，写得再差也是精彩的。

乙方：怎能说再差也是精彩的呢？正因为是七、八岁的孩子写的，又是第一次写诗，肯定写不好，爸爸是实话实说，的确是"糟糕透了"。（掌声）

甲方：我方认为，评价孩子的诗，不能用成人的标准，应站在孩子的角度。这是孩子的第一首诗，应得到充分肯定，应该给他"精彩极了"的评价。

乙方：正因为是第一次写诗，就更要让他知道评价的标准，如果本来就不像诗，还要大加赞扬，孩子就会飘飘然、翘尾巴，这对孩子的成长是不利的。（掌声）

甲方：对一个七、八岁的孩子，考虑这么多，未免有些小题大做了吧。我们都知道对孩子要以鼓励为主。

乙方：父亲对"我"最了解，知道"我"的特点，很可能是怕"我"会骄傲，因此他要这样说。

甲方：如果父亲了解"我"，母亲不更了解"我"吗？她更知道"我"需要的是鼓励。

（双方还有许多精彩的发言，大家各持己见，气氛相当热烈）

主席：请双方注意，这首诗到底是好还是糟，这个问题还没有解决。现在休息五分钟，本组可以再统一一下意见，还可以把课文再读读。

甲方：经过刚才的争辩，我方认为就这首诗本身来说，绝不像妈妈说得那么"精彩"，也不像爸爸说得那么"糟糕"。说精彩是因为它是一个七八岁的孩子写的，而且是第一次写诗，应该给予肯定，让孩子享受成功的喜悦。说这首诗糟糕，是因为它毕竟是七八岁的孩子写的第一首诗，不可能写得很好。再说，为了让孩子经受磨炼，让他知道写诗不是轻而易举的，这也是对的。（掌声）

乙方：我方同意甲方的意见。下面想请主席对这个问题谈谈看法。

主席：我想，要总结的你们都已经说清楚了。无论怎样评价，父母的目的都是表达自己对孩子的爱，都是为了孩子更好地成长，只是爱的方式不同罢了。由于双方在辩论中语言精彩、说理透彻、表现非常突出，比赛结果——甲乙双方都获得了优胜奖！（热烈的掌声）

经过紧张激烈的争辩，学生不仅对语言的内涵有了深刻的理解，对语言的情感有了深切的感受，而且他们的语言组织能力、现场交际能力、问题阐述能力，都得到了充分的发展。如果语文教学中多些类似的争辩，学生就不会感到"味同嚼蜡"，而会"乐此不疲"。学生从中得到的，就不再是抽象的语言含义，而是丰富的情感、浓浓的情趣；学生获得的，就不仅是语言文字的训练，而且是精神境界的提升和个性品质的发展。如果把学生对生活现象的不同看法作为辩论话题，那现场争辩的天地就会更广阔。

二、及时捕捉情境，引导"真实"的现场解说

在现实生活中，现场解说的使用频率越来越高，诸如体育比赛的解说、参观访问的介绍、综艺节目的直播等。凡听过或看过现场转播的人，无不佩服解说员那敏锐的观察能力、准确的判断能力、科学的推理能力、灵活的思维能力和过人的表达能力。以现场解说的方法对学生进行口语交际训练，引导学生现场观察、现场表达，不仅能锻炼学生的口语表达能力，而且能培养学生的观察能力、思维能力、想象能力，使他们的语文综合素质得到提高。教师可捕捉契机，把学生引向社会、引向生活、引向自然，让他们面对现场，边看边说。如一名教师要求学生带来录音机，在学校或学校附近，捕捉情境，现场解说，并及时录音，然后在班级播放，引导学生们进行评议。下面是一名同学的解说录音：

四（1）班正在上体育课，你看，体育老师正带领同学们做准备动作。跳跃运动结束了，同学们在做下蹲运动。现在老师开始给同学们讲跳高的动作要

领。老师讲完了，就做起了示范动作。只见他直起身子，使劲地原地跳了跳，算是做准备动作吧！随后，只见老师躬着身子，不紧不慢地开始助跑。渐渐地，他加快了步伐，步子也越来越大。到横竿了，他猛地刹住脚步，左脚尽力蹬地，右脚尽力向上抬起，身子像矫健的燕子飞了起来。眨眼间，他飞过了横竿，身子轻轻地落在垫子上。同学们都啪啪地鼓起掌来。

三、留心学生生活，形成"真实"的采访情境

"现场采访"是信息社会中使用频率颇高的一种交际形式，是现实生活中常见的交际方法。在阅读教学中引入"现场采访"，围绕教学目标创设情境，师生之间、学生之间互相采访，不仅能激发学生兴趣，促进他们对课文的感悟，而且可训练学生思维的敏捷性和灵活性，提高其语言的流畅性和规范性，从而促进他们语文整体素质的提高。请看《马背上的小红军》的教学片段：

师：同学们，如果你就是小红军，面对陈赓的救助，你为什么要这么做呢？（走到一名学生面前）小红军啊，陈赓让你骑马，你为什么要装出满不在乎的样子呢？

生：我看老红军十分疲惫，身体也很虚弱，怎么忍心骑他的马呢？我知道自己身体瘦弱，稍不留神，就会被老红军看出破绽。因此，我要装出满不在乎的样子。

师：（走到另一名学生面前）小红军啊，你是怎样想的呢？

生：我看老红军那么疲惫，再看那匹马也那么疲惫，我不忍心连累疲惫的老红军，也不忍心连累疲惫的马。因此，我要装出满不在乎的样子，以免引起老红军的怀疑。

在这里，教师以采访者的身份出现，抓住重点句子，随机提出问题，让学生设身处地，充当文中角色，叙谈感受。这不仅能使学生具体而深刻地感受小红军的可贵品质，而且提高了学生的思维能力、想象能力和表达能力。与走向社会的采访相比，这种采访的情境是虚设的，但就课文的阅读感悟而言，这种情境又是真实的。经常进行此类训练，学生便能形成一定的采访能力，教师便可进一步拓展空间，引导学生走向生活进行采访。

四、走向社会，进行真实的"推介"

随着社会的不断发展，产品销售已逐步成为一个重要的职业。产品的销售

能力不仅是个人语言能力的充分体现，而且是道德素质、语文素质、心理素质、人格品质等的综合反映。因此，在语文教学中，结合课文的阅读进行相关产品的推销训练，不仅可提高学生的交际能力，而且可加深学生对课文内容的理解。如在《新型玻璃》《电脑"管家"》的阅读中，就可引导学生以课文内容为依据，为新型玻璃和电脑做广告。这样既能引发学生的阅读兴趣，又能加深学生对课文内容的理解，还能有效地提高学生的社会交际能力。

当然，课堂中的推介与实际生活中的推介毕竟有一定的差距，为让学生在真正的推介实践中形成一定的交际能力，可让学生或陪同家长前往市场推销产品，或独立进行推销。如为了引导学生用自己赚的钱为生病的孩子献爱心，一名教师要求学生通过合理的方法去赚钱。下面是一名学生推销《扬子晚报》后记下的日记：

下午四点，我捧着几十份《扬子晚报》上了街。望着来去匆匆的人们，我真是为难。终于我硬着头皮走近了第一个顾客："请问，您要《扬子晚报》吗？""好吧！"我没听错吧！这时我才抬起一直不敢抬起的头，看着眼前的老爷爷，直到他把钱递给我，我才小心翼翼地将报纸递给了他。"嘿，小孩儿，来张晚报。"一个戴眼镜的叔叔招呼我。我赶紧给他拿了一份报纸，他递给我一张五元的票子。"哎呀，我找不开。叔叔你有没有零钱？"我把自己的钱包翻了个遍，还是凑不够零钱。"你为什么不预备零钱呢？"叔叔为我着急。我眉头一皱，计上心来，忙对那位叔叔说："要不您买两份报纸吧，这样我就找得开了。"叔叔笑了，说："一个人买两份干什么？"说完便丢下了报纸，拍拍我的肩。一会儿，下班的人流涌了过来，有几次我居然被包围了。"嗨，小孩，你倒是快点找钱那，我都等半天了！""这张报纸是坏的，你得给我换一换。"我忙得汗流浃背，但总算把这些报纸卖出去了。仔细一算，竟也赚了四元钱。明天就拿这些钱先向李倩献上第一份爱心吧！

第7节

同构与异构的分寸把握

这里的同构与异构，是就教材而言的。同构就是指正确地理解教材、运用教材，领悟编者的意图，并在教学过程中很好地体现编者意图；异构就是充分沟通教材与学生的联系，在联系中拓展教材的广度和宽度，提高教材运用的效率。从教学现状看，不少教师难以处理好教材同构和异构的关系，有的教师仍然固守陈旧的教材观，在教材的选择和运用上，始终处于奴性的地位，始终跳不出教材的限制；有的教师对教材不屑一顾，舍本逐末，把主要精力放在教材的延伸、拓展上，甚至离开教材去补充大量的课外阅读材料，使语文教学陷入了误区。《语文课程标准》指出："教材要有开放性和弹性。要在合理安排基本课程内容的基础上，给地方、学校和教师留有开发、选择的空间，也为学生留出选择和拓展的空间，以满足不同学生学习和发展的需要。"这就提示我们，教师是教材使用的决策者，教科书只是教学工具，教师与教材之间必须形成同构与异构的关系。教师要坚持同构与异构的平衡，把握同构与异构的分寸，要从"教材的执行者"转向"教材的创生者"，既要以执行者的态度对待教材的选用，实现对教材的合理同构；又要以创生者的态度对待教材的拓展，实现对教材的异构。

一、平衡体现在教材拓展的科学上

虽然现行教材重视增加学生的阅读量，但学生语文素养的提高，仅靠教材提供的语言材料还是远远不够的。教师必须根据学生实际、教学实际和生活实际，进行有针对性的补充。教师可以课本为扩散点，拓展教材空间，充实阅读内容，借助丰富的文学作品，滋养学生的心灵。教师可根据各单元的课文特点，每单元增加一到两篇文章，连同原有的阅读课文一并作为略读课文，再增加两到三篇作为自读课文。还可引导学生查阅背景材料，或直接将材料提供给学生阅读。如《詹天佑》一文的学习前后，教师可让学生到图书室或上网查阅背景资料，还可向学生推荐《伟大的铁路工程师——詹天佑》《少年时代的詹天佑》《留学国外时的詹天佑》《马尾海战中的詹天佑》《令外国人目瞪口呆的詹天佑》《京张铁路通车以后》等短文。这样，随着语言感知量、积累量的不断增加，学生的精神空间也会不断拓宽，从而不断增强他们的领悟能力。

二、平衡体现在教材取舍的合理上

曾楚风在《中国语文忧思录》一书中曾经这样说："有关国外的内容，多半是描写'压迫''黑暗'与'贫穷'的，相关教材中的预习提示多半是'我们的童年是多么幸福……'硬要说明世界上绝大多数人民都生活在水深火热之中。这种眼光是多么奇怪！这种观念是多么遥远！使人难以相信这是 90 年代的课文。不是说这些文章不好，而是太单一，与现代相距太远！我们要让孩子们通过这些文章面向世界、认识世界吗？真实的世界越来越远了。"现行教材已增加了反映时代特征的内容。但由于教材具有相对稳定的特点，对编者而言，要保证教材与时代发展同步是有困难的。但作为教师，应把眼光瞄向现实世界和真实生活，引进新信息、充实新内容，使教材永远保持鲜活。教师经过深思熟虑，认为不妥的课文，可作为自读课文，甚至可以删去。像与现实社会相距甚远的《卖火柴的小女孩》《凡卡》，与学生生活距离较大的《绿色的办公室》《三味书屋》，与现实生活有所矛盾的《大森林的主人》《高大的皂荚树》等，都可这样处理。这样合理地舍去，有助于大量地引进富有时代气息的内容，使教材显示出勃勃生机。

对教材中的"思考．练习"和"积累．运用．习作"等版块，也不能简单拿来使用，而要认真选择、科学取舍、合理变通。如人教版五年制第九册第五单元的写作题是"每个人都有美好的童年。本组的好几篇课文都是回忆童年的。你的童年也一定有许多趣事，请你选择一两件最有趣的写下来。"现实生活中，并非每个孩子都有美好的童年，家庭的困难、父母的离异、亲人的去世、身体的残疾等，往往会使少数孩子难以获得童年的欢乐。因此，本题可这样变通：每个人都有难忘的童年，童年可能是幸福的，也可能是不幸的。童年的许多事情一定给你留下了深刻的印象，请你选择一两件事写下来。这样，学生就有话可说了。

三、平衡体现在教材调整的灵活上

随着教材的不断修订，新的教育理念和教研成果在教材中得到了充分体现，这为我们依据《语文课程标准》来具体实施教学提供了条件。而人本思想的确立是科学运用教材、挖掘教材潜力、发挥教材功能的前提。因此，教师须以学生的发展为本，以提高学生的语文素养为目标，对教材进行居高临下的审视和科学灵活的处理。不管使用什么版本的教材，都要在认真钻研，把握编写体系，领悟教材特点的基础上，把教材的运用与学生语文素养的提高紧密结合起来，对教材的编排从微观上进行必要的调整。如人教版五年制第九册第一单元安排了《桂林山水》《林海》《阿里山的云雾》《古诗三首》《生活多么广阔》几篇课文，在这之后又安排了《鸟的天堂》《第一场雪》《索溪峪的"野"》等。为让学生在写景课文的阅读中，感受祖国美的山河、作者美的情感、语言美的魅力，进而把握写景文章的读、写规律，可把后面的课文调整到第一单元。这样，通过相关课文的比较感悟，桂林山水的奇特美、林海景色的变化美、阿里山云雾的朦胧美、"鸟的天堂"的和谐美、第一场雪的整体美、索溪峪景色的野性美，就会给学生留下深刻的印象；作者情感的美和课文语言的美也会使学生深有所感；学生对写景文章的阅读和写作方法也会有所领悟。

四、平衡体现在教材选编的及时上

要使语文教学跟上时代步伐，教师就必须树立动态的教材观，使教材常变常新；还要树立开放的教材观，使教材涵盖面广；还应树立自主的教材观，使教材富有个性。因此，在教材的选择和使用、理解和挖掘上，要打破时空限制，在用好所选教材的同时，自行选择并补充新内容，使教材变得更充实。

首先是挖掘特色资源。地方特色资源是极其宝贵的语文资源，像环境特色资源、生活教育资源、科技教育资源、文化特色资源等，只要充分加以挖掘和运用，就能为学生提供充满活力的教材。比如，黄桥烧饼是江苏泰兴的特产。昔日，黄桥烧饼曾因黄桥战役而出名；如今，黄桥战役又因黄桥烧饼而流传。为发挥这一特色资源的语文教育功能，一名教师围绕黄桥烧饼的"光辉历史""典型故事""历史演变""营养价值""诗句歌曲""新的发展"等内容，引导学生采取走访调查、上网查询、阅读史志等方法，搜集有关资料，进而编写成

"黄桥烧饼——泰兴人的骄傲"这一校本教材，引导学生进行阅读，效果很好。

其次是关注信息资源。当现实生活中发生牵动人心的大事时，有关这些事情的报道和介绍，就是珍贵的语文资源。如我国申奥成功后，一名教师就要求学生在报纸杂志上选择有关报道申奥过程、祝贺申奥成功的文章阅读，还要求每人选择最感兴趣的一篇，剪贴到班级专栏中，向全班同学推荐。教师又集中了大家的意见，从中挑选了几篇最优秀的作品，打印下发，并进行适当的阅读指导，引导学生进行阅读感悟。这样的教材由学生自行选用，能顺利地走进学生的情感世界，拓宽学生的心灵空间，使学生言语能力的提高与精神境界的提升有机融合。

五、平衡体现在经验引进的有效上

知识的建构有赖于既有知识和直接经验的支撑。只有教师将孩子们随身带至学校的知识作为教学的起点，孩子们才能学有所得。在阅读教学中，充分激活学生的已有积累，引导他们以自己的语言库存、生活积累、情感积累为基础，去深入解读语言，对于促进他们深入感悟语言内涵，增强情感体验，促进思想境界的提升、言语能力的发展、个性品质的完善是很有必要的。如"人要做有用的人，不要做只讲体面而对别人没有好处的人。"（《落花生》）这句话含义深刻，如果直接就句子讲句子，学生难以深刻领悟。为此，一名教师这样引导：

师：这句话你是怎样理解的？由这句话你想到了哪些人？请联系实际说说你佩服哪些人，为什么佩服他们。

生：我佩服挑山工，别看他们衣着朴素，但是他们终年辛劳，挑物上山，为游客服务。没有他们的辛苦，就没有游人的欢乐。

生：我佩服清洁工，他们每天起早贪黑地打扫街道，他们穿着普通，精神感人。没有他们的劳动，就没有人们舒适的环境。

生：我佩服建筑工人，他们夏天头顶烈日，冬天面对寒风，从不计较穿着。没有他们的辛苦，就没有人们舒适的居住条件。

师：那我们是不是不应该讲究穿着呢？

生：我认为只要能为人们做出有益的事，只要条件许可，讲究穿着也不是不可以。比如，我们看到的那些空姐、空嫂，她们穿着非常讲究，但她们所做的一切，也都是为了服务别人。因此，我认为，人要把主要精力放在为他人做

事上，不要片面追求外表的好看。

在上述教例中，学生对句义的感受非常深刻，非常真切。可见，语言的感受就是生活的感受，培养学生语言的感悟力，实际就是培养学生对生活的洞察力。这表明，语言感悟的训练，必须与生活紧密联系，让生活为语言感悟奠基，让感悟促进生活理解的升华。

当然，这里所说的经验，还包括学生的阅读积累，这些都是语言解读的重要基础。但是，这里的生活引进，绝不是追求时髦，也不是追求热闹，而是为语言情境的感受、语言情感的感悟、语言情理的体会提供支撑。如果离开了课文情感的感悟，结果只能适得其反，不但于阅读教学效果的提高无益，于学生语文素养的提高也是无益的。

预设与生成的高度统一

课堂教学是预设与生成、封闭与开放的矛盾统一体。难以想象，如果教师准备仓促，备课马虎，课上能出现想象之中的精彩；也难想象，如果教师只是按图索骥，实施教案，课上能形成出人意料的精彩。可见，精彩的课堂教学应该是教师智慧释放和学生潜能放飞的有机融合，应该是教师课前精心准备与课堂相机调控的必然结果。综观教学现状，不少教师处理不好预设与生成的关系，或者认为，课堂教学是师生情感的沟通和心灵的碰撞，精彩与否取决于师生的临场发挥；或者认为，课堂教学是教师备课的实施和学生学习的检验，精彩与否取决于双方的充分准备。上述看法都有失偏颇，预设和生成是精彩的课堂教学不可或缺的两个方面。如预设精彩且能完整实施，这样的课充其量只能算成功的；唯有预设精彩且能不断生成，这样的课才是精彩的。过分强调预设和封闭，缺乏必要的开放和生成，课堂教学就会变得机械、沉闷和程式化，缺乏生气和乐趣，师生的生命力得不到充分发挥；单纯依靠开放和生成，缺乏精心的准备和必要的预设，课堂教学则会变得无序、失控和过度自由化，缺乏目标和计划，师生的生命力在课堂中得不到高效的发挥。可见，要使语文课堂充满生命活力，就必须处理好预设与生成的关系，在精心预设的基础上，针对课堂教学实际进行灵活调控，追求动态生长。

一、适时调整，促进预设与生成的融合

课堂是一个开放的系统，其中的不可测因素很多，预设在实际运用中总可能会遇到意外。或是预设超出学生的认识能力，学生力不从心；或是预设未曾顾及学生的认识特点，学生不感兴趣；或是预设滞后于学生的实际水平，课堂教学缺乏张力。不管遇到什么情况，教师都需要对预设进行适时调整，使预设贴近实际，贴近课堂，贴近学生。如《夜晚的实验》（苏教版第十册），一名教

师在预设中设计了表格，旨在借助表格引导学生把握内容，进行思维训练和语言训练。但课前该教师发现学生对表格不感兴趣，于是及时调整了教学方案，通过现场采访来趣化教学形式。

一是导入新课，引发兴趣。教师这样导入：同学们，今天老师想带大家跨越时空，走向200多年前，去了解一次具有划时代意义的夜晚的实验（板书课题：夜晚的实验），去采访、去见识、去感受一位伟大的科学家。知道他是谁吗？（板书：斯帕拉捷）

二是初读课文，促进感知。教师告诉学生，要采访斯帕拉捷，须把课文读通，读好。很快学生便全身心地开始朗读课文，那种认真劲儿令人欣喜。

三是引导讨论，确定话题。为让学生能走近斯帕拉捷，在初读课文、感知内容后，引导学生质疑问难，共同梳理采访话题。

四是深入探究，促进感悟。引导学生变换角色：如果你就是斯帕拉捷，在别人采访自己时，该怎样回答上述问题？从而让学生在双重角色的扮演中去深入阅读感悟。

五是现场采访，促使内化。分成四人小组，两人充当科学家，两人充当记者，进行平等交谈，"科学家"尽力回答"记者"提出的问题，"记者"尽力向"科学家"介绍相关情况。

其实，这样调整，教学目标、教学重点都没有变，只对教学形式进行了变更，而正是这样的调整，使课堂教学发生了根本性的变化：学生兴趣浓了，参与意识强了，参与率高了。以推理为重点的思维训练，以转换为重点的语言训练，以形象为重点的内涵感悟，都得到了动态的生成。

二、捕捉点化，促进预设与生成的融合

课堂教学活的资源的生成，需要教师发挥"信息重组者"和"学习指导者"的作用，充当课堂各类信息向教学资源转化的"催化剂"。这是新型教学活动中教师必须承担的角色。课堂信息大多稍纵即逝，教师必须眼观六路，耳听八方，整体权衡，精心选择，巧妙运用，促使课堂教学在预设的基础上不断生成。如《诚实和信任》（苏教版第七册）的教学中，一名教师发现学生对诚实的感受和理解比较困难，他们的理解或浮于表面，或出现偏颇。而理解"我"的诚实，是理解"信任"，进而理解诚实与信任的关系，最后理解中心的重要前提。为此，教师可根据课堂实际，引导学生在角度的变换中进行感悟。

首先是变换角度，理解环境。文章开头，进行了具体的环境描写："一天深夜，我驱车从外地回布鲁塞尔。天很黑，又有点雾，尽管有路灯，能见度仍很差。"这段环境描写，交代了事情发生的起因，也为写"我"的诚实奠定了基础。在学生理解了这段内容后，教师这样引导：作者为什么要写这些？学生讨论得出，这段描写交代了起因：因为天黑，加上下雾，能见度很差，因此"我"没有看清前边的车辆，说明"我"不是有意的。在此基础上，教师这样引导：如果天不是很黑，而且不下雾，事情结果会怎样？这说明了什么？这样，学生就明白了环境描写对人物特点的衬托作用。

其次是变化角度，理解行为。课文在交代事情起因时，还这样写道："我往回走了五六米，看见一辆小红车停靠在路边，左侧的反光镜已碎了。这辆车的车头超出停车线二三十厘米，但它毕竟是停着的，责任应该在我。"从这段话中可以看出，"我"撞了人家的反光镜情有可原。教师这样引导：如果"我"不向那人打招呼，你会责怪吗？为什么？而"我"并没有这么做，你又怎样理解？这就使学生从角度的变换中深刻理解了作者严于律己，诚实可信的品质。

再次是变换角度，理解语言。作者着重对人物在电话中的对话进行了具体描述，以逐步揭示中心。教师这样引导："我"已经向那人打了招呼，"我"如果不准备向他赔偿，你会责怪吗？为什么？而"我"是怎样做的？你是怎样理解的？这样，学生就在条件的变更中，深刻理解了"我"的诚实，理解了那人对"我"的信任。

由此可见，在阅读教学中，巧妙地捕捉学生阅读理解中的难点和疑点，作为不可多得的教学资源加以运用，可以有效地保证课堂教学调控的针对性和有效性，促进预设目标的达成，同时也可以促进新教学目标的生成。

三、质疑问难，促进预设与生成的融合

质疑是激疑引思、以疑引趣的有效方法，是了解学情、发现学生学习落差的有效手段。在教学中，教师对学生质疑的众多信息可进行整体把握和细心梳理，选择与教学目标紧密相关的问题加以巧妙运用，对强化预设、促进生成、提高教学效果很有必要。如《广玉兰》（苏教版第十册）的教学中，在引导学生感受花的美丽时，一名学生突然提出这样的问题："作者把含苞欲放的和已经盛开的花儿描写得那么令人喜爱，我们能理解，但为什么作者能把已经凋谢的花儿也描写得那么让人喜爱呢？"对此，教师课前确实没有思考。快速浏览

句子后，教师眼睛一亮，便来了个将计就计：

师：请大家把描写凋谢的花儿的句子（先前热热闹闹开过的广玉兰呢，花瓣虽然凋谢了，花蕊依然挺立枝头，它已经长成近两寸长的圆茎。圆茎上面缀满了像细珠似的紫红色的小颗粒。这就是孕育着新生命的种子）读一读，读后说说自己的感受。

（学生朗读感悟，进行交流）

生：我觉得已经开了的花是美的，没有开的花苞是美的，即使是凋谢的花儿也是美的，这就是广玉兰的特殊之处。

生：我总认为，开了的花儿美，凋谢的花儿肯定不会怎样美，可经作者这样一写，两者完全可以媲美。

（其他学生发言略）

师：大家再读读这样的句子（学生朗读时，教师对句子进行改写：先前热热闹闹开过的广玉兰呢，花蕊依然挺立枝头，它长成了近两寸长的圆茎。圆茎上面缀满了像细珠似的紫红色的小颗粒，这是孕育着新生命的种子，但是花瓣凋谢了），从中你悟到了什么？

（学生自读感悟后进行交流）

生：我觉得虽然对花的描写基本没有变，但读了这段话后有一种失落感，再美它也凋谢了。

生：读了以后，我感到很可惜，这么美的花儿，还是凋谢了。

生：我读了以后，觉得有些伤感，为什么这么好的花儿还会凋谢呢？

师：为什么同是描写凋谢了的花，却表达了不同的情感呢？大家细细读读，看看到底是什么原因？

（学生阅读思考后进行交流）

生：我知道了，原因是"花儿凋谢了"改变了位置，"虽然"也变成了"但是"。课文中的句子，重点引导人去欣赏它的美丽，而不去注意它的凋谢；而改后的句子，则把人的目光吸引到了它的凋谢上，让人感到心中不快。

师：听听下面的句子，你有什么感受？

第一组：

虽然你成绩进步了，但是还比较差。

虽然你成绩还比较差，但是你进步了。

（学生听读后进行交流，他们对句子的意思和表达的情感理解比较深刻）

师：你能根据下面的句子，在括号里填上合适的词语吗？

第二组：

诗人望着渐渐下山的太阳，（　　　）地说："夕阳无限好，只是近黄昏。"

诗人望着渐渐下山的太阳，（　　　）地说："虽是近黄昏，夕阳无限好。"

从学生完成的情况看，他们对句子的理解准确而深刻。可见，学生学习中的问题，都是宝贵的教学资源。只要教师细心捕捉，精心筹划，巧妙运用，就能使之成为优化预设、促进生成的重要基础。

四、捕捉火花，促进预设与生成的融合

"人们无法预料教学所产生的成果的全部范围。没有预料不到的成果，教学也就不成其为一种艺术了。"（布鲁姆）教学过程是师生交往、互动的过程，学生不是作家笔下的人物，不是配合教师上课的配角，而是具有主观能动性的人。他们作为一种活生生的力量，带着自己的知识、经验、思考、灵感、兴趣参与课堂活动，才能使课堂教学呈现出丰富性、多变性和复杂性。课堂教学不应是一个封闭的系统，也不应拘泥于预先设定的固定不变的程式，预设的目标在实施过程中需要开放地纳入直接经验，要鼓励学生在互动中大胆超越、即兴创造。在课堂教学中，只要学生的学习积极性和主动性被充分调动起来，只要他们的思维处于积极紧张的运转状态，他们的智慧火花就能时时迸发。教师的责任就在于及时发现、着意运用，以寻求意外的教学效果。如阅读《记金华的双龙洞》时，在理解"随着山势，溪流时而宽，时而窄，时而缓，时而急，溪声也时时变换调子"一句时，有学生发表了"溪声变换调子与溪流的走向有关系"的见解，使教师产生了灵感，抓住了语言与思维融合的契机，进行了及时引导：

①完善句式。先引导学生思考：溪声时时变换调子是说什么？（水声时而高，时而低）接着引导学生搞清楚：这句中的"宽"和"窄"是说水面的，"缓"和"急"是说水速的，"高"和"低"是说水声的；最后引导学生填空：水面_____（时而宽、时而窄），水流_____（时而缓，时而急），水声_____（时而低，时而高）。

②理解关系。先引导学生口头填空：水面宽时，水流_____，水声_____；水面窄时，水流_____，水声_____。再变换句式：水流急时，这里的水面一定_____，水声_____；水流缓时，这里的水面一定_____，水声

_____；水声高时，这里的水面一定_____，水流_____；水声低时，这里的水面一定_____，水流_____。这样，不仅能使学生深刻感受到溪水的美，而且能有效地进行句式变更和逻辑思维的训练。

综上所述，阅读教学应该成为对成长中的人的整个生命的成全。对智慧没有挑战性的课堂教学是不具有生成性的；没有生命气息的课堂教学也是不具有生成性的。从生命的高度来看，每一节课都是不可重复的激情与智慧综合生成的过程。

《名师工程》系列丛书

征 稿 启 事

《名师工程》系列丛书是西南师范大学出版社策划、组织出版的大型系列教育丛书。丛书以新课程下的新教学为背景，以促进施教者的教育能力为落脚点，以提高教育质量、提升教师水平为宗旨。

丛书首批推出的"名师讲述""教学提升""教学新突破""高中新课程""教师成长""大师讲坛""教育细节""创新语文教学""教育管理力""教师修炼""创新数学教学""教育通识""教育心理""创新课堂""思想者""名师名课""幼师提升""优化教学""教研提升""名校长核心思想系列""名校""高效课堂""班主任专业化"等系列，共110多个品种，其余系列也将陆续出版。为了让广大教师有一个交流、借鉴的机会，同时也为了给广大教师提供更多、更好的图书，《名师工程》系列丛书编辑出版委员会特向全国教育工作者征集稿件。

稿件要求：

1.主题鲜明、新颖，有独创性。

2.主题以提升教育能力为主，也可适当外延。

3.主题要有一定规模、有典型案例支撑。

4.案例要贴近教育实际，操作性强。

5.文章、书稿结构清晰，语言精彩。

书稿作者在选题确定之后，请及时与我们做好沟通，具体事宜确定好之后再进行创作；也欢迎用已经完稿的稿件投稿。一线教师如希望参与图书案例的创作，可联系我社策划机构，由策划机构备案，在适合的图书中参与创作。

真诚欢迎各位教师踊跃投稿。

联系方式：

西南师范大学出版社高教分社

电话：023-68254356　　　E-mail：zcj@swu.cn

西南师范大学出版社高教分社北京策划部

电话：010-68403096

E-mail：guodejun1973@163.com

西南师范大学出版社
《名师工程》系列丛书目录

系列	序号	书　　名	主编	定价
高效课堂系列	1	《让作文更轻松——小学作文高效教学36锦囊》	李素环	30.00
	2	《让研究性学习更高效——研究性学习施教指导策略》	欧阳仁宣	30.00
	3	《让母语融入学生心灵——提升学生语文素养的高效施教艺术》	黄桂林	30.00
班主任专业化系列	4	《神奇的教育场——打造特色班级文化创新艺术》	李德善	30.00
优化教学系列	5	《让教学更生动——激发兴趣让学生快乐认知》	朱良才	30.00
	6	《让教学更高效——策略创新让教学事半功倍》	孙朝仁	30.00
	7	《让教学更开放——拓展延伸让学生触类旁通》	焦祖卿　吕　勤	30.00
	8	《让教学更生活——体验运用让学生内化知识》	强光峰	30.00
	9	《让知识更系统——整合与概括让学生建构体系》	杨向谊	30.00
	10	《让思维更创新——思辨与发散让学生思维活跃》	朱良才	30.00
名校长核心思想系列	11	《成为有思想的校长》	赵艳然	30.00
名校系列	12	《好学校，从关注每个学生开始——石梅小学优质教育多元感悟》	顾　泳　张文质	30.00
教研提升系列	13	《今天我们应怎样评课》	张文质　陈海滨	30.00
	14	《今天我们应怎样进行教学反思》	张文质　刘永席	30.00
	15	《一节好课需要的教育智慧》	张文质　姚春杰	30.00
幼师提升系列	16	《全国优秀幼儿健康教育活动课例评析》	教育部教育管理信息中心	30.00
	17	《全国优秀幼儿艺术教育活动课例评析》	教育部教育管理信息中心	30.00
	18	《全国优秀幼儿社会教育活动课例评析》	教育部教育管理信息中心	30.00
	19	《全国优秀幼儿语言教育活动课例评析》	教育部教育管理信息中心	30.00
	20	《全国优秀幼儿科学教育活动课例评析》	教育部教育管理信息中心	30.00
思想者系列	21	《教育，细节的深度反思》	许传利	30.00
	22	《追寻教育的真谛——许锡良教育思考录》	许锡良	30.00
名师名课系列	23	《名师如何炼就名课》（美术卷）	李力加	35.00
教师修炼系列	24	《班主任工作行为八项修炼》	杨连山	30.00
	25	《教师心理健康六项修炼》	李慧生	30.00
	26	《教师专业化五项修炼》	杨连山　田福安	30.00
	27	《课堂教学素养五项修炼》	刘金生　霍克林	30.00
	28	《高效教学技能十项修炼》	欧阳芬　诸葛彪	30.00
	29	《教师新师德六项修炼》	王毓珣　王　颖	30.00

系列	序号	书　名	主编	定价
创新课堂系列	30	《如何实现三维目标——让学生与文本共鸣的诵读教学》	张连元	30.00
	31	《想说　会说　有话可说——突破作文瓶颈的三维教学法》	杨和平	30.00
	32	《综合课的整合创新教学》	周辉兵	30.00
	33	《如何打造学生喜欢的音乐课堂》	张　娟	30.00
	34	《理想课堂的构建与实施——一个教研员眼中的理想课堂》	张玉彬	30.00
	35	《小学语文：决定教学质量的关键策略》	李　楠	30.00
	36	《用〈论语〉思想提升数学教育智慧》	胡爱民	30.00
	37	《童化作文——浸润儿童心灵的作文教学》	吴　勇	30.00
创新数学教学系列	38	《小学数学：名师教学目标落实艺术》	余文森	30.00
	39	《小学数学：名师高效教学设计艺术》	余文森	30.00
	40	《小学数学：名师易错问题针对教学》	余文森	30.00
	41	《小学数学：名师魅力课堂激趣艺术》	余文森	30.00
	42	《小学数学：名师同课异教》	林高明　陈燕香	30.00
	43	《小学数学：名师抽象问题艺术教学》	余文森	30.00
教育通识系列	44	《做最受学生欢迎的老师》	赵馨　许俊仪	30.00
	45	《做有策略的校长——经典寓言与学校管理智慧》	宋运来	30.00
	46	《做有策略的教师——经典故事中的教育启示》	孙志毅	30.00
	47	《从学生那里学教书》	严育洪	30.00
	48	《突破平庸——提升教育质量的31个跳板》	严育洪	30.00
	49	《教育，诗意地栖居》	朱华忠	30.00
	50	《好班规打造好班级》	赵　凯	30.00
	51	《做学生成长的引领者——学生终身成长的素质培养》	田祥珍	30.00
	52	《如何管出好班级——突破班级管理的四大瓶颈》	刘令军	30.00
	53	《青春期性教育教师实用手册》	闵乐夫	30.00
教育心理系列	54	《做最好的心理导师——中学生心理健康咨询手册》	杨　东	30.00
	55	《每天学点教育心理学》	石国兴　白晋荣	30.00
	56	《学生心理拓展训练与指导》	徐岳敏	30.00
	57	《好心态成就好学生——学生心理问题剖析与对症教育》	李韦遴	30.00
教育管理力系列	58	《名校激励管理促进力》	周　兵	30.00
	59	《名校安全管理执行力》	袁先潋	30.00
	60	《名校师资团队建设力》	赵圣华	30.00
	61	《名校危机管理应对力》	李明汉	30.00
	62	《名校校本研究创新力》	李春华	30.00
	63	《学校文化力建设策略》	袁先潋	30.00
	64	《名校长核心教育力》	陶继新	30.00
	65	《名校长高绩效领导力》	周辉兵	30.00
	66	《名校行政管理细节力》	杨少春	30.00
	67	《名校教学管理提升力》	张　韬　戴诗银	30.00
	68	《名校学生管理教导力》	田福安	30.00
	69	《名校校园文化构建力》	岳春峰	30.00
创新语文教学系列	70	《小学语文：享受对话教学》	孙建锋	30.00
	71	《小学语文：名师教学目标落实艺术》	刘海涛　王林发	30.00
	72	《小学语文：名师魅力教学设计艺术》	刘海涛　王林发	30.00
	73	《小学语文：名师魅力课堂激趣艺术》	刘海涛　豆海湛	30.00
	74	《小学语文：单元整体教学构建艺术》	李怀源	30.00
	75	《小学作文：名师情趣课堂创设艺术》	张化万	30.00

系列	序号	书　　　　名	主编	定价
教育细节系列	76	《名师最具渲染力的口才细节》	高万祥	30.00
	77	《名师最有效的沟通细节》	李燕　徐波	30.00
	78	《名师最有效的激励细节》	张利　李波	30.00
	79	《名师培养学生好习惯的高效细节》	李文娟　郭香萍	30.00
	80	《名师人格教育的经典细节》	齐欣	30.00
	81	《名师营造课堂氛围的经典细节》	高帆　李秀华	30.00
	82	《名师最有效的赏识教育细节》	李慧军	30.00
	83	《名师最有效的批评细节》	沈旎	30.00
大师讲坛系列	84	《大师谈教育心理》	肖川	30.00
	85	《大师谈教育激励》	肖川	30.00
	86	《大师谈教育沟通》	王斌兴　吴杰明	30.00
	87	《大师谈启蒙教育》	周宏	30.00
	88	《大师谈教育管理》	樊雁	30.00
	89	《大师谈儿童人格塑造》	齐欣	30.00
	90	《大师谈儿童习惯培养》	唐西胜	30.00
	91	《大师谈儿童能力培养》	张启福	30.00
	92	《大师谈早恋与性教育》	闵乐夫	30.00
	93	《大师谈儿童情感教育》	张光林　张静	30.00
教师成长系列	94	《学学名师那些事》	孙志毅	30.00
	95	《给新教师的建议》	李镇西	30.00
	96	《教师心灵读本：成为有思想的教师》	肖川	30.00
	97	《教师心灵读本：教师，做反思的实践者》	肖川	30.00
高中新课程系列	98	《高中新课程：教师角色转变细节》	缪水娟	30.00
	99	《高中新课程：班主任新兵法细节》	李国汉　杨连山	30.00
	100	《高中新课程：教学管理创新细节》	陈文	30.00
	101	《高中新课程：更有效的评价细节》	李淑华	30.00
教学新突破系列	102	《把教学目标落实到位——名师优质课堂的效率管理》	冯增俊	30.00
	103	《拿什么调动学生——名师生态课堂的情绪管理》	胡涛	30.00
	104	《零距离施教——名师和谐师生关系的构建艺术》	贺斌	30.00
	105	《一个都不能落——名师提升学困生的针对教学》	侯一波	30.00
	106	《让学习变得更轻松——名师最能吸引学生的情境设计》	施建平	30.00
	107	《让知识变得更易学——名师改造难学知识的优化艺术》	周维强	30.00
教学提升系列	108	《方法总比问题多——名师转变棘手学生的施教艺术》	杨志军	30.00
	109	《用特色吸引学生——名师最受欢迎的特色教学艺术》	卞金祥	30.00
	110	《让学生爱上课堂——名师高效课堂的引导艺术》	邓涛	30.00
	111	《拿什么打开思路——名师最吸引学生的课堂切入点》	马友文	30.00
	112	《没有记不牢的知识——名师最能提升学生记忆效果的秘诀》	谢定兰	30.00
	113	《让学生的思维活起来——名师最激发潜能的课堂提问艺术》	严永金	30.00
名师讲述系列	114	《施教先施爱——名师讲述班主任的核心教导力》	杨连山　魏永田	30.00
	115	《在欢乐中成长——名师讲述最具活力的课堂愉快教学》	王斌兴	30.00
	116	《让学生做自己的老师——名师讲述如何提升学生自主学习能力》	徐学福　房慧	30.00
	117	《引领学生高效学习——名师讲述如何提高学生课堂学习效率》	刘世斌	30.00
	118	《教育从心灵开始——名师讲述最能感动学生的心灵教育》	张文质	30.00